旅游地茶文化空间
对旅游者审美体验的影响研究

An Investigation into the Impact of Tea Culture Spaces
in Tourists Destinations on Tourists' Aesthetic Experiences

杨飞飞 著

中国科学技术大学出版社

内 容 简 介

本书围绕旅游地茶文化空间对旅游者审美体验的影响展开，系统梳理了学界相关研究成果，对旅游者茶文化空间感知与旅游者审美体验二者的概念及内涵进行了科学探究与界定，并在此基础上深入分析了旅游地茶文化空间与旅游者审美体验构成的结构维度，剖析了旅游地茶文化空间对旅游者审美体验的影响过程机制，并构建了相关理论模型，实证检验了旅游地茶文化空间对旅游者审美体验的影响关系模型。最后，对旅游地面向旅游者的文化空间再生产以及如何提升旅游地文化体验的质量提出了相关建议。

本书可供高等院校旅游管理专业本科生、研究生、教师以及相关领域的科研人员阅读参考。

图书在版编目(CIP)数据

旅游地茶文化空间对旅游者审美体验的影响研究 / 杨飞飞著． -- 合肥：中国科学技术大学出版社，2024.12． -- ISBN 978-7-312-06096-0

Ⅰ．F592.3；TS971.21

中国国家版本馆 CIP 数据核字第 202451W1S9 号

旅游地茶文化空间对旅游者审美体验的影响研究
LÜYOUDI CHA WENHUA KONGJIAN DUI LÜYOUZHE SHENMEI TIYAN DE YINGXIANG YANJIU

出版	中国科学技术大学出版社
	安徽省合肥市金寨路 96 号，230026
	http://press.ustc.edu.cn
	https://zgkxjsdxcbs.tmall.com
印刷	合肥华苑印刷包装有限公司
发行	中国科学技术大学出版社
开本	710 mm×1000 mm　1/16
印张	11.75
字数	244 千
版次	2024 年 12 月第 1 版
印次	2024 年 12 月第 1 次印刷
定价	48.00 元

前　言

在文化与旅游融合发展的背景下,旅游地文化特色以空间形式呈现于旅游者面前,为旅游者带来了丰富多彩的旅游体验。文化空间要注重凸显人文关怀,从"表象空间"向"深层次意义空间"过渡,旅游地文化展示要挖掘当地文化内涵,以文化的符号意义为核心,凝练文化意象,强调地方性特征。

在文化展示方式上,应选择合适的展示方式及载体表征文化的内涵,在遵循地方特色的基础上以静态、动态相结合的方式,打造以旅游者体验为核心的场景,进而加深旅游者对展示文化内涵意义的理解,提升旅游目的地的吸引力。总之,面向旅游者的旅游地文化空间要从整体上考虑文化表征的空间形式。具体来说,既要考虑空间中的物质展示,又要考虑文化内涵,即对符号意义的挖掘与展示,还要注意空间整体环境氛围的协调,正如《消费社会》中提到的:物品变成消费的符号,以及形塑空间环境、氛围、价值,形成整体空间符号意义。因此,作为旅游供给者,在融合不同要素对旅游地文化进行展示时,既要关注文化展示外在空间的表征,也要关注空间表征、文化内涵与旅游者之间的联结。通过文化空间的整体形塑,为旅游者提供不同层次的审美体验,进而使旅游者达到以"在场"洞见"不在场",实现对"他者"及"自我"的关注与认同。

另外,旅游是一种审美活动,是人与景的交融,审美主体与客体存在着双向互动关系。关于旅游中的审美体验,要先从美学体验说起。马克思主义美学认为,美学应该回归到对人的关注,即关注人的感性价值。关于美学体验,参与者要从心智上进行参与,并且借助思考与想象来感悟事物的美。美学体验过程中包括三类设想:对过去的回忆、事物引发的情感以及对事物的思考。德国美学家特奥多尔·立普斯(Theodor Lipps)的"移情说"认为在美学体验中,主体向客体呈现的空间意境投射以情感,而朱光潜先生则将这种"移情"解读为主体将自身的感觉、想法、意识、情感等投射到某个客体上,达到"情与景"的融合,并与之产生共鸣。

因此，从旅游者的角度来说，当旅游者置身于旅游地文化空间时，其作为空间构成的一部分与空间发生交互，旅游者的审美体验正是一种外在与内在同时发生的活动，旅游者先对外部空间事物特性产生感知，然后关注主体内在心理空间，外部空间事物与主体内在心理空间在不断互动中达到同形，进而产生愉悦的情感体验。有学者提出，旅游审美是"诗意的对话"。在审美活动中，主客体不是对立的而是融合的，旅游者在与旅游情境的不断交互中，追求审美存在和生命创造的内心感受，在其过程中既达到了对世界的理解，也达到了对自我的理解。

鉴于上述内容，本书在理论层面旨在探究以下问题：

（1）探究旅游地茶文化空间的概念及内涵，以及旅游者对旅游地茶文化空间感知的结构维度。

（2）探究旅游者在旅游地茶文化空间获得的审美体验的概念、内涵及结构维度。

（3）基于第三空间理论，剖析并构建旅游者茶文化空间感知对旅游者审美体验的内在影响机制。

（4）通过实证检验在第三空间理论下，旅游者茶文化空间感知对审美体验的影响机制模型。

（5）实现对旅游审美体验、旅游者文化体验及第三空间等理论研究的推进与创新。

在实践应用层面，本书旨在结合对上述理论问题的研究过程与结论，分别从旅游地与旅游者视角、从体验过程到体验结果几个方面，综合提出提升旅游地文化空间品质及提升旅游者对旅游地文化空间审美体验的管理建议。

本书的研究和出版得到了福建省自然科学基金项目（No：2022J05266）、福建省中青年教师教育科研项目（No：JAS22166）和武夷学院引进人才科研启动经费（No：YJ202411）的资助，在此表示衷心感谢！

限于笔者的水平，书中难免存在疏漏之处，恳请广大读者批评指正！

目　录

前言 ……………………………………………………………………（ⅰ）

第1章　绪论 ………………………………………………………（1）
　1.1　研究背景与研究问题 ……………………………………（1）
　1.2　研究目的与研究意义 ……………………………………（5）
　1.3　研究思路与技术路线 ……………………………………（7）
　1.4　研究内容与研究方法 ……………………………………（9）
　1.5　研究重点与研究难点 ……………………………………（11）

第2章　文献述评与理论基础 ……………………………………（12）
　2.1　基本概念界定 ……………………………………………（12）
　2.2　相关理论依托 ……………………………………………（20）
　2.3　相关文献述评 ……………………………………………（23）
　2.4　本书中核心概念应用的理性辨析 ………………………（40）

第3章　旅游者茶文化空间感知对审美体验影响机制的理论构建 …（45）
　3.1　研究设计 …………………………………………………（45）
　3.2　旅游者茶文化空间感知概念维度构建分析 ……………（54）
　3.3　旅游者茶文化空间审美体验概念维度构建分析 ………（62）
　3.4　旅游者茶文化空间感知对审美体验影响机制的理论构建 …（70）
　3.5　质性研究的理论发现与内涵阐释 ………………………（78）

第4章　研究假设 …………………………………………………（85）
　4.1　旅游者茶文化空间感知对审美体验的影响 ……………（85）
　4.2　旅游者茶文化空间感知对审美联想与审美理解的影响 …（89）
　4.3　审美联想与审美理解在茶文化空间感知与审美体验之间的
　　　中介作用 …………………………………………………（90）
　4.4　研究假设汇总 ……………………………………………（93）
　4.5　理论模型 …………………………………………………（94）

第5章　问卷设计、数据收集与基础检验 ………………………（96）
　5.1　研究问卷设计 ……………………………………………（96）

5.2　预调研与量表修订 …………………………………………（102）
　5.3　正式调研数据收集 …………………………………………（116）

第 6 章　旅游者茶文化空间感知对审美体验影响机制实证检验 ………（120）
　6.1　大样本数据检验 ……………………………………………（120）
　6.2　验证性因子分析 ……………………………………………（122）
　6.3　旅游者茶文化空间感知对审美体验影响机制模型检验 ……（131）

第 7 章　研究结论与展望 ………………………………………………（145）
　7.1　研究结论 ……………………………………………………（145）
　7.2　理论贡献与管理启示 ………………………………………（157）
　7.3　研究不足与展望 ……………………………………………（166）

参考文献 ……………………………………………………………………（168）

第1章 绪　　论

本章主要阐述本书的研究背景与研究问题、研究目的与研究意义、研究内容与研究方法，以及本书的研究思路与逻辑框架。

1.1 研究背景与研究问题

1.1.1 研究背景

1. 政策背景：国家重视弘扬传统文化以及文化与旅游融合发展

2009年8月，文化部和国家旅游局《关于促进文化与旅游结合发展的指导意见》提出，要高度重视文化与旅游的融合发展。2009年，《国务院关于加快发展的意见》提出，丰富旅游文化内涵，就要将文化内涵渗入旅游发展的各个环节。2017年，中共中央办公厅、国务院办公厅印发的《关于实施中华优秀传统文化传承发展工程的意见》强调，弘扬传统文化要利用历史文化资源，深挖文化内涵，激发文化活力，同时注重需求与供给、形式与内容的结合。另外，《加强文化遗产保护传承 弘扬中华优秀传统文化》是习近平总书记有关重要论述的节录，文章指出系统梳理传统文化资源，让收藏在禁宫里的文物、陈列在广阔大地上的遗产、书写在古籍里的文字都活起来。加强文物保护利用和文化遗产保护传承，提高文物研究阐释和展示传播水平。深入挖掘、继承、创新优秀传统乡土文化，让我国历史悠久的农耕文明在新时代展现其魅力和风采。[1] 2018年3月，国务院办公厅印发的《关于促进全域旅游发展的指导意见》中也指出，要加强文化面向旅游者的展示。2019年1月3日—4日，全国文化和旅游厅局长会议上强调，习近平总书记高度重视文化和旅游融合发展，文化与旅游融合要尊重规律、因地制宜、鼓励创新。[2] 2019年3月，在全国两会上，文化和旅游部部长雒树刚提出，要通过文化内涵来提升旅游的品质，通过旅游来激发文化的活力、促进文化的传播，在文化与旅游融合中，要以人为中心，关注文化与旅游融合的品质，多推出能够修身养性的优质旅游产品。

由此可见，国家高度重视文化与旅游的深度融合，文化与旅游融合是时代的发展方向，在这一融合过程中要尊重规律性，因地制宜，将文化融入、贯穿旅游的各个环节,用文化提升旅游的内涵品质,用旅游激发文化的活力,从而更好地传承、传播文化。因此,对旅游目的地面向旅游者的文化展示进行系统研究,紧跟文化与旅游融合发展的时代步伐,深刻领会国家对文化与旅游深度融合发展的政策内涵,有利于促进旅游地文化与旅游融合的科学发展。

2. 需求背景:文化体验是当代美好生活视域下旅游者对高品质旅游的重要诉求

旅游和读书一样,在于修身养性,也是新时代人民日益增长的美好生活需求的重要内容之一。现代旅游已经不仅仅停留在游山玩水的观光旅游层面上,而是演变成了一种综合性的审美实践活动,旅游者的旅游动机也随之转变为求异、求新、求知、求文化。[3]例如,遗产旅游者的主要诉求是对文化的学习和体验。[4]2007年10月,某机构的《中国旅游业认知调查》指出,海外游客最感兴趣的是历史文化。其次,全球旅游市场竞争激烈,旅游目的地越来越具有可替代性。在此背景下,旅游目的地之间的竞争不能仅仅依赖山水风光,"文化"成了旅游目的地之间竞争的重要力量,旅游地应借助文化内涵与魅力来提升旅游品质、旅游目的地整体吸引力和形象、旅游者体验质量,进而实现旅游目的地更长远、可持续的发展。

另外,新时代美好生活视域下,旅游的发展正由"美丽风景"向"美好生活"转变,随着全域旅游与高品质旅游的兴起与发展,旅游中若增加对旅游地文化的体验,更能使旅游者放松身心并感受到生活的美好与品质。因此,文化与旅游融合,要关注人们对美好生活品质的追求,并将其作为理论与实践导向。[5]

3. 供给背景:旅游业进入品质化发展阶段,但旅游目的地文化与旅游融合仍存在"重资产化"、文化展示盲目性等问题

当前中国经济发展面临由高速发展向高质量发展的转型,旅游业进入品质化发展阶段,《"十三五"旅游业发展规划》中提出,旅游业的发展要把"需求的品质化"作为重要标准。因此,在国家高质量发展战略下,旅游业发展品质旅游就是对这一战略的响应。然而,当前旅游目的地文化与旅游的融合中仍存在"重资产化"现象。北京大学文化产业研究院副院长陈少峰提出,各地在发展文化与旅游项目时过多地关注硬件建设,存在"重资产化"的问题,实际上,应该用思考文化的方式来思考如何结合旅游者的需求,将传统文化元素转变成旅游体验的元素。[6]旅游是展示文化的平台,当今旅游的发展应该将文化元素嵌入进去,丰富目的地面向旅游者的文化空间,使目的地文化展示更有内涵。另外,旅游目的地营销(地方文化、形象的网络化呈现)与旅游者实际体验、行为不对称。新媒体的广泛应用使得展示愈加扁平化,旅游目的地在公开平台上利用新媒体呈现的目的地形象吸引潜在旅游者,刺激旅游者的出行意愿,却在某种程度上导致旅游地文化网络化展示与旅游者实地体验割裂。例如,田逢军等对江西省城市形象的网络化展示的研究表明,江西省的部分城市在网络上的知名度和美誉度较低,原因为旅游目的地形象的网络化呈现与旅游者体验及行为规律脱节。[7]再者,旅游目的地还存在文化展示盲目性的问题。例如,将文化符号任意拼凑,破坏了旅游目的地整体文化生态,造成旅游目的地文化资源的浪费，也无法形成具有文化品牌个性的旅游目的地，进而影响旅游者的体验与忠诚度。[8]

4. 理论背景：旅游研究中的"空间"与"文化"转向及旅游地文化展示和旅游者文化体验理论不足

对文化与旅游融合的重视以及当代旅游者对文化体验的需求为传统文化以及文化遗产的活化与传承保护带来了新的发展机遇。"文化展示""文化建构""文化消费""文化空间"等成为旅游研究的热点问题。

20世纪以前，人们对时间的关注遮蔽了空间的重要性，亚里士多德提出的"有限的空间"认为空间是事物存在、运动的方式，是有限、虚空的区域。牛顿"力学的空间"认为空间是静止的。康德认为空间是一种观念的、主体的、内在的结构。[9] 以上解释都认为空间是静止的、非辩证的。20世纪五六十年代，随着西方城市化浪潮的兴起，西方学者基于马克思历史唯物主义开始展开对空间的研究，西方社会科学与政治研究中也开始关注"空间"问题。20世纪下半叶，亨利·列斐伏尔的"空间生产"以及索亚的第三空间等从三元辩证的角度对空间问题开启新的思考，打破了在此之前长期存在的关于"空间"问题"物质-精神"二元对立的思想。杰克·格林尼从文化与社会学的角度提出文化空间是一种物质空间或社会空间，其特性取决于特定群体的行为与生活习惯。[10] 文化地理学关注文化的空间分布等文化的"地域性"问题。新文化地理学关注文化空间的生产与再生产，以及文化空间建构与解构中的权利因素与社会冲突。人文地理学代表人物段义孚认为，地方就是不同文化作用于客观自然地理空间而产生的结果。[11] 爱德华·索亚的第三空间把空间解读为有深刻文化内涵的文本。[12] 哲学研究领域的文化空间，是从空间考察世界的存在形式与人的身体、精神的关联的。[13]

"空间转向"后，在旅游研究领域中，学者开启了对文化与空间的探讨。整体上看，旅游中对"空间与文化"的研究涉及非物质文化遗产和民俗文化[14-18]，文化旅游的空间形态[19]，文化演艺对旅游者活动空间的影响[20]，文化街区[16]，社区的空间生产[21]，仪式演变中神圣空间生产[22,23]，空间生产与居民体验[24]，空间生产与游客游轮体验[25]等。

综合以上分析可以看出，从空间角度探讨旅游者对旅游地文化体验的研究较为罕见。文化与旅游融合发展的背景下，旅游地文化面向旅游者展示的有效性对合理利用旅游地资源及提升旅游者体验、目的地形象及竞争力具有重要作用。从空间视角探讨旅游地文化展示与旅游者对旅游地文化的体验，需要将"文化""空间"以及"体验"进行融合思考。首先，中华文化的一大特点是"诗性"，空间的诗性在于意境的营造，而诗的意境是一个情景交融的境界。其次，旅游活动的本质在于体验，从审美心理角度看，旅游与审美之间具有密切关联，旅游体验的实现与审美关照紧密相关，因此有学者提出，体验的核心价值在于审美，旅游是一种综合性的审美活动。[26] 再次，美国学者爱德华·索亚基于"空间生产"理论在认识论层面提出第三空间,旨在启发人们跳出"物质-精神"二元对立的框架,以一种全新的视角来认识思考空间。胡田基于哲学与美学,从第三空间视角探讨了旅游的审美意蕴,并提出旅游是一种空间活动,空间是旅游审美构成中的基本要素,如果说旅游审美的最佳境界是旅游者与旅游空间相互作用达到主客交融并步入自由王国的审美境界的话,那么,我们可以认为旅游审美所追求的就是索亚提出的第三空间。对旅游者来说,旅游审美的最高境界就是要从物质性的第一空间步入感觉生动、想象丰富的第二空间,进而升华至象征高度自由的第三空间。[27]

目前,旅游研究领域从第三空间视角对旅游地文化空间与旅游者审美体验结合的研究还比较罕见。因此,本书借用空间生产理论与第三空间,对旅游地茶文化空间和旅游者在旅游地茶文化空间获得的审美体验进行研究,既是对文化体验与审美理论在旅游研究领域的深化,也是对第三空间理论外延的拓展。

1.1.2 研究问题

旅游体验不仅与外界事物刺激有关,还与旅游者在受到外界刺激后产生的内在心理活动有关。当旅游者置身于旅游地文化空间时,其作为空间构成的一部分与空间发生交互,即外在空间对旅游者感官产生刺激,旅游者在接收到刺激后调动内在已有经验、经历、知识,对外在刺激产生反馈,这一反馈体现在旅游者的外在行为与内在心理思想活动。其中,内在心理思想活动表现为旅游者受到外在环境刺激时,促使脑海中记忆的大门打开,产生与过往相关的联想(或创造性想象)或加深对事物背后内涵意义的理解,通过此过程,使旅游者产生不同程度的旅游体验。

因此,作为旅游供给者,在融合不同要素对旅游地文化进行展示时,既要关注文化展示外在空间的表征,也要关注空间表征、文化内涵与旅游者之间的联结,通过对文化空间的整体形塑,为旅游者提供不同层次的审美体验,进而使旅游者达到以"在场"洞见"不在场",实现对"他者"及"自我"的关注与认同。因此,为补充旅游地文化空间与旅游者审美体验之间关系研究的不足,本书旨在聚焦旅游地茶文化空间,并围绕上述问题在理论与实证层面作出回应,具体研究问题如下:

(1)核心变量结构维度。具体包括:① 旅游地茶文化空间感知结构维度;② 旅游者在茶文化空间获得的审美体验结构维度。

(2)变量之间的关系探讨。探析第三空间理论下,旅游者茶文化空间感知对审美体验的影响机制。

(3)研究模型的实证检验。实证检验旅游者茶文化空间感知对审美体验的影响关系模型。

(4)研究结论与展望。总结研究内容及结论,将研究结论与现有文献进行对照,提出本书在理论与实践层面的研究贡献、研究不足,展望未来研究方向,旨在从理论与实践层面为提升旅游地文化空间品质与旅游者对旅游地文化体验质量作出贡献。

1.2 研究目的与研究意义

1.2.1 研究目的

在理论层面,本书旨在探究以下问题:

(1) 探究旅游地茶文化空间的概念、内涵,以及旅游者对旅游地茶文化空间感知结构维度。

(2) 探究旅游者在旅游地茶文化空间获得的审美体验的概念、内涵及结构维度。

(3) 基于第三空间理论,剖析并构建旅游者茶文化空间感知对旅游者审美体验的内在影响机制。

(4) 通过实证检验在第三空间理论下,旅游者茶文化空间感知对审美体验的影响机制模型。

(5) 实现对旅游审美体验、旅游者文化体验及第三空间等理论研究的推进与创新。

在实践应用层面,本书旨在结合对上述理论问题的研究过程与结论,分别从旅游地与旅游者视角、从体验过程到体验结果几方面综合提出提升旅游地文化空间品质及提升旅游者对旅游地文化空间审美体验的管理建议。

1.2.2 研究意义

在文化与旅游融合发展的背景下,旅游地文化以空间形式呈现于旅游者面前,为旅游者带来丰富的旅游体验。从空间视角研究旅游地文化展示与旅游者对旅游地文化体验二者之间的关系对提升旅游地文化展示水平及旅游者对旅游地文化的体验质量具有重要意义。然而,学界结合空间三元论对旅游地文化展示进行的研究较分散,而基于第三空间理论对旅游者在旅游地文化空间获得的审美体验研究更是几近空白。因此,本书的理论意义与实践意义如下:

1. 理论意义

(1) 本书关注旅游者对旅游地茶文化空间的感知及审美体验,目的在于从空间及审美视角解析旅游者对旅游地文化的体验。第一,从空间角度研究旅游者对旅游地文化的感知及体验,旨在强调要关注旅游者身体与旅游地文化空间之间的相互作用。第二,从审美角度探讨旅游者在旅游地文化空间的体验,在于关注旅游主体即旅游者的感性体验,探析旅游者与空间的"对话"及主体间性的作用,回归对人的感性价值的关注。

（2）本书重点探讨旅游者对旅游地茶文化空间感知的结构维度、旅游者在旅游地茶文化空间获得的审美体验的结构维度以及第三空间理论下旅游者茶文化空间感知对审美体验的内在影响机制。通过对以上问题的系统研究，丰富旅游地面向旅游者的文化空间、旅游者文化体验以及旅游者审美体验的相关理论研究。

（3）本书重点关注旅游者茶文化空间感知影响旅游者审美体验的内在机制，关注旅游地茶文化空间与旅游者内在经验互动后，二者对旅游者审美体验的共同作用，由此来丰富旅游者在文化空间中审美体验形成机制的研究，同时呼吁旅游体验研究中应关注旅游者所处空间环境与旅游者自身内在经验的互动过程及结果。

（4）本书结合空间生产理论探讨旅游者对旅游地茶文化空间的感知，同时基于第三空间理论分析旅游者在旅游地茶文化空间获得的审美体验的结构及其产生机制。

以上几个问题的研究将扩大旅游地面向旅游者的文化展示与文化体验的研究范畴，同时深化审美体验的研究情境、结构维度及形成机制的研究。另外，本书还将拓展第三空间理论的外延。

2. 实践意义

（1）本书基于空间生产、第三空间等理论，深度剖析旅游者对旅游地茶文化空间感知与旅游者在茶文化空间获得的审美体验的结构维度，以及旅游者茶文化空间感知对审美体验的影响过程机制，旨在为提升旅游者文化体验质量及旅游地文化空间品质提供理论支撑和实践参考。

（2）本书探讨旅游者茶文化空间感知对审美体验的影响，其实质是关注可感知的外在空间与旅游者内在经验的互动。同时，对审美体验的研究更是对旅游者感性体验价值的关注，研究结果将有利于旅游管理者及社会关注人们（旅游者）的文化自觉性及对传统文化的保护、传播与传承。

（3）本书将有利于增强旅游地旅游者的归属感与认同感，有利于对旅游地文化的保护与传承。随着经济水平的不断提高，旅游地文化成了满足旅游者求异、求新、求品质的重要旅游吸引物，将旅游地文化合理、有序地进行展示是对旅游者体验质量的保证，这就促使旅游地主体更多地、更深入地了解所具有的文化，以积极的态度、恰当的方式与旅游者分享，从而增强文化认同感以及对文化的保护与传承。

1.3 研究思路与技术路线

1.3.1 研究思路

本书围绕旅游地茶文化空间及第三空间理论下旅游者对旅游地茶文化空间审美体验等关键要素,按照"提出问题—文献解读—理论探析—问卷设计—实证检验—研究结论与展望"的研究思路展开研究,具体内容如下:

1. 提出问题

本书基于当前旅游发展中的政策背景、需求背景、供给背景及相关理论背景,将旅游者作为研究主体,深入剖析旅游者在旅游地茶文化空间获得的体验,旨在关注新时代空间视角下旅游地文化展示结构、旅游者文化体验结构以及文化体验的形成机制等关键问题。

2. 文献解读

阅读并梳理国内外与旅游地文化展示、文化空间、旅游审美体验等相关的文献,旨在系统地了解相关研究进展及本书所需依托的理论知识,为后续研究奠定基础。

3. 理论探析

研究核心概念的内涵、结构维度及相互之间的关系。通过采用扎根理论对访谈资料的分析,构建旅游者茶文化空间感知、旅游者在茶文化空间获得的审美体验的结构维度以及二者之间的内在影响关系理论模型。

4. 问卷设计

本书问卷设计包括两部分内容:第一,结合相关基础理论与文献以及质性研究阶段的分析结果,选取已有文献中适用于本书的量表,遵循问卷设计方法与原则,设计适用于本书的调查问卷。第二,使用设计的调查问卷进行预调研,通过对预调研数据的分析,检验问卷的适用性与有效性,在此基础上进一步完善问卷,为正式调研做准备。

5. 实证检验

在确保设计问卷适用性的前提下,进一步使用问卷进行数据收集,利用数理统计分析方法对清洗后的问卷数据进行分析,实证检验本书第3章构建的旅游者茶文化空间感知对审美体验的内在影响关系理论模型。

6. 研究结论与展望

本部分包括:研究结论与讨论,理论贡献与管理启示,不足与展望。本部分内容对本书研究内容及研究发现进行总结,同时将研究发现与现有文献进行对话,提出本书与过往研究相比的创新之处,提炼本书理论贡献,并进一步围绕具体研究结论有针对性地提出提升旅游地文化空间品质及提高旅游者对旅游地文化体验质量的相关管理建议。

1.3.2 技术路线

基于以上研究思路,具体研究技术路线如图1.1所示。

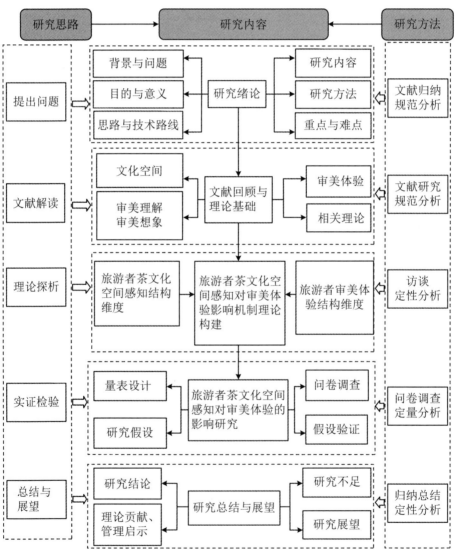

图1.1 研究技术路线

1.4 研究内容与研究方法

1.4.1 研究内容

本书围绕旅游者对旅游地茶文化空间感知与旅游者审美体验两个核心变量展开,主要研究内容如下:首先,基于对现有文献和理论基础的梳理,分别对旅游者茶文化空间感知与旅游者审美体验二者的概念内涵进行科学探究与界定。其次,在文献阅读的基础上,围绕研究目标,对旅游者进行访谈,深入分析旅游者茶文化空间感知与旅游者审美体验二者的结构维度,剖析旅游者茶文化空间感知对审美体验的影响机制及影响过程中涉及的相关变量。最后,实证检验旅游者茶文化空间感知对审美体验的影响关系模型。本书具体章节如下:

第1章:绪论。本章包括研究背景与问题、研究目的与意义、研究思路与技术路线、研究内容与方法、研究重点与难点。

第2章:文献述评与理论基础。本章包括四部分内容:相关概念界定、相关理论依托、相关文献述评以及本书核心概念之间关系的理性辨析。

第3章:旅游者茶文化空间感知对审美体验影响机制的理论构建。本章包括研究设计(案例地介绍与选择说明、研究方法与步骤)、旅游者茶文化空间感知概念维度构建,旅游者审美体验概念维度构建,旅游者茶文化空间感知对审美体验影响机制的理论构建。

第4章:研究假设。本章基于相关基础理论与文献,对第3章构建的旅游者茶文化空间感知对审美体验的影响关系理论模型进行阐释,并围绕构建的理论模型提出相关研究假设。

第5章:问卷设计、数据收集与基础检验。本章内容结合文献阅读及本书第3章中质性分析研究结果,设计适用于本书的调查问卷,使用初步设计好的问卷进行预调研,通过对预调研结果的分析进行量表修订,进而形成正式调查问卷。

第6章:旅游者茶文化空间感知对审美体验影响机制的实证检验。本章内容通过使用 SPSS 24.0 与 AMOS 24.0 两个数据分析软件,围绕第3章构建的旅游者茶文化空间感知对审美体验影响机制模型,对正式调研收集并整理的数据进行直接效应以及间接效应的检验分析,并对检验结果进行总结及进一步的讨论。

第7章:研究结论与展望。本章对研究的过程、内容以及结论进行总结,通过将研究所得结论与现有相关文献进行对照,提出本书的创新之处与理论贡献点。另外,围绕研究内容与结论,有针对性地提出提升旅游地文化空间品质与提升旅游者对旅游地文化体验质量的管理建议。最后,提出本书的不足与未来的研究方向。

1.4.2 研究方法

本书遵循社会科学研究范式,基于社会学、心理学、哲学、管理学等多学科的基础理论知识,依据各部分研究内容,采用规范研究与实证研究、定量研究与定性研究混合的研究方法展开研究,具体研究方法论及研究方法如下:

1. 研究方法论

(1) 规范研究与实证研究

本书采用的规范研究主要用于对旅游者茶文化空间感知与旅游者审美体验等核心变量的概念内涵、影响因素、结构构成、理论模型的初步构建以及相关假设检验的提出等内容的研究,以此形成对相关基础理论知识系统且清晰的理解。本书实证研究主要用于两部分:一是通过对访谈资料的获取与分析,探究旅游者茶文化空间感知、旅游者审美体验等核心变量的结构维度及二者之间的关系理论模型;二是通过对问卷调研数据的分析,针对以上构建的理论模型,提出假设检验,并进行实证检验。

(2) 定性研究与定量研究

为了系统、具体地剖析旅游地文化展示、文化空间及旅游者审美体验的相关内涵及内在机理,研究采用定性与定量混合研究方法。其中,定性研究主要用于通过对访谈资料的质性分析深入探究旅游地茶文化空间感知及旅游者审美体验的特征、结构及二者之间的影响机制。定量研究主要用于对问卷收集数据的分析以及对相关理论假设进行实证检验。

2. 研究方法及工具

研究采用的具体方法包括文献分析法、访谈法、扎根理论分析法及数理统计分析法等,研究工具包括 NVIVO 12.0、SPSS 24.0、AMOS 24.0 等软件。

(1) 文献分析法

对现有文献进行总结与理性辨析、厘清当前相关研究现状、归纳相关基础理论知识,以此形成对事实的科学认知。本书通过阅读国内外相关文献,梳理并辨析旅游地文化及文化展示、旅游地文化空间及旅游地茶文化空间、旅游体验与旅游审美体验等概念内涵及相关研究现状;阐释空间生产、第三空间等理论的核心内容;将依托的相关理论与本书内容进行关联性思考与理性辨析,进而为后续构建理论模型、提出研究假设及模型检验等提供理论研究基础。

(2) 访谈法

研究旨在通过面向旅游者的访谈获取一手质性研究资料。本书访谈对象为旅游者,在资料获取阶段采用电话访谈与面对面访谈两种方式,以期获得较为翔实的事实。访谈内容主要围绕旅游者对旅游地茶文化空间体验过程及体验结果展开,旨在从旅游者视角了解旅游地茶文化空间、旅游者在茶文化空间获得的体验结果的内容构成,以及二者之间存在的内在影响关系。

(3) 扎根理论分析法

本书以文献阅读为基础,将旅游者对旅游地茶文化空间体验过程、体验结果以及茶文化空间与旅游者体验结果之间的作用机制等问题扎根于具体情境与现象,使用扎根理论分析法,借助质性分析软件 NVIVO 12.0 对访谈获取的一手质性材料进行自下而上的层层抽象分析与归纳,旨在根植于访谈获取的原始数据进行理论构建。

(4) 问卷调查法

结合文献中相关研究与本书中质性研究阶段的分析结果,遵循问卷设计原则与流程设计本书的调查问卷,旨在对质性研究阶段构建的理论模型进行实证检验。研究中问卷调查法将用于两部分内容的研究:一是线上进行预调研,本阶段在于通过对预调研收集数据的分析修改、完善调查问卷;二是采用线上与线下实地调研结合的方式进行正式问卷数据的调研,以期对前期定性研究结果进行进一步的定量检验,使本书更具系统性与完整性。

(5) 数理统计分析法

本书使用 SPSS 24.0、AMOS 24.0 以及 SPSS 24.0 中的宏插件 PROCESS 定量分析工具对问卷调研收集的数据进行分析,目的在于对本书质性分析阶段构建的理论模型进行实证检验。具体分析内容包括描述性统计、信度效度分析、探索性因子与验证性因子分析及结构方程模型分析等。

1.5 研究重点与研究难点

1.5.1 研究重点

旅游者对旅游地文化空间的审美体验是一个尚未被系统性研究的领域。本书以旅游者在旅游地茶文化空间的体验为研究对象,重点探究旅游者在旅游地茶文化空间获得的审美体验的形成机制。具体涉及四方面内容:一是旅游者茶文化空间感知结构;二是旅游者在旅游地茶文化空间获得的审美体验结构维度;三是旅游者茶文化空间感知对审美体验的内在影响机制理论模型;四是旅游者茶文化空间感知对审美体验的影响机制理论模型。

1.5.2 研究难点

本书的研究难点在于对旅游者茶文化空间感知结构维度、旅游者审美体验结构维度以及第三空间理论下旅游者茶文化空间感知对审美体验的影响机制理论模型的构建与检验。

第 2 章 文献述评与理论基础

本章首先对旅游地文化与旅游地文化展示、旅游地文化空间与旅游地茶文化空间、旅游体验与旅游审美体验等相关概念进行辨析与界定。其次,对研究依托的空间生产理论、第三空间理论等相关基础理论进行回顾与阐释。再次,对与本书相关的文献进行系统梳理、归纳与评述。最后,结合所依托的基础理论对本书核心概念之间的关系进行理性辨析。

2.1 基本概念界定

清晰界定相关概念内涵有助于明确研究的边界与指向,为后续研究提供基础知识铺垫。本书涉及的主要概念包括旅游地文化与文化展示、旅游地文化空间与旅游地茶文化空间、旅游体验与旅游审美体验等。

2.1.1 旅游地文化与文化展示

1. 旅游地文化

艾德加·莫兰认为,文化的意义在于它是一种生存经验与知识之间的对话体系。[28]哲学、文化学、人类学研究领域的学者都认为,文化是一个符号学的概念,是一种通过运用符号来阐释人类生存意义的象征形式。[29]本书借鉴了从符号学角度对文化的阐释,认为文化就是借助符号传达意义。

西方旅游语境下对文化内涵的阐释可以沿着其对文化旅游的定义追寻。夏西肯特·格波特和罗伯特·麦金托什提出"文化旅游是旅游者去别处了解他者历史文化与生活的活动"[30],这里的文化包括历史文化和他者的生活方式与思想。1985 年世界旅游组织把文化旅游界定为"出于文化动机而进行的移动,诸如研究性旅行、表演艺术、文化旅行、参观历史遗迹、研究自然、民俗和艺术、宗教朝圣的旅行、节日和其他文化事件旅行"[31],这里的文化除遗产文化外还涵盖民俗、节庆以及其他文化艺术。2017 年,世界旅游组织提出"文化旅游是一种游客出于学习、寻求、体验和消费当地的物质或非物质文化吸引物/文化产品的本质动机的旅游活动"[32],这些产品包括反映一个特定社会鲜明物质、精神、智慧和情感特征的建筑、艺术、美食遗产、文学、音乐创意产业以及生活方式的活态遗产、价值、信仰与传统[32,33]。由此可见,文化旅游中文化的内涵不断得到扩展,由物质、非物质文化遗产延伸至旅游地一切有吸引力的历史、传统及现代社会艺术文化。

在实践层面,1978年邓小平同志的"黄山谈话",鼓励要通过挖掘地方历史与传统文化来吸引国外游客。[34]2009年《关于促进文化与旅游结合发展的指导文件》明确文化与旅游融合的形式有演艺产品、节庆等。[34]2017年,习近平总书记在文艺工作座谈会上的讲话强调,要系统梳理传统文化资源并通过相关技术手段的应用对其进行有吸引力的展示。[1]

综上所述,本书认为:旅游地文化是创造并运用符号传达意义的领域,包括旅游地的文化遗产、历史文化、传统文化及现代艺术文化。

2. 旅游地文化展示

《现代汉语词典》(第7版)对"展示"的解释是:清楚地摆出来;明显地表现出来。

与之相近的词有:

展出:展览出来给人观看。

展览:陈列出来供人观看。

陈述:有条有理地说出。

解说:解释说明。

陈列:把物品摆出来供人看。

展现:显现出;展示。

呈现:显出;露出。

《牛津词典》中与"展示"相关的词有:

display(展示,陈列,显露,表现):to put something in a place where people can see it easily; to show something to people。

exhibit(陈列,展览):to show something in a public place for people to enjoy or give them information。

presentation(呈现,显示,显出,表现):showing, revealing, producing (a play), or a performance of a play。

show(展览,展示,上演,呈现,显出,表现,说明等):to make something clear; to let somebody see something; to make something visible; to guide somebody to a place。

interpret(用语言、表演进行解说、说明):to explain the meaning of something; to perform a piece of music, a role in a play, etc, in a way that shows your feelings about its meaning。

另外,《巴拉宪章》中用interpretation一词来表示展示某地文化遗产内涵、价值的方式。《国际古迹遗址理事会关于文化遗产诠释与展陈宪章》用 presentation 表示对遗产的展示,并将 presentation 界定为"通过对文化遗产地解释性信息、物理访问以及指示性基础设施的安排来更具体地展示精心设计的解释性的内容",同时用 interpretation 来指代对文化遗产的诠释,将 interpretation 定义为"所有可能的旨在提升公众意识、加强理解文化遗产地的行为活动";英国遗产解释协会对 interpretation 的解释是"把一个地方或物品的意义传达给他人,加强人们对遗产和环境的理解,进而增强他们的保护意识"[35]。

关于旅游地的文化展示,邓明艳在其博士论文中提及,旅游目的地文化展示是通过对其文化的选择,将文化内涵外化,向旅游者传递文化信息的过程;是通过形塑体验场景和文化氛围等强化文化信息,进而塑造有吸引力的旅游环境及形象。[8]

本书结合邓明艳对旅游地文化展示的定义,以及上述对展示、文化展示含义的梳理与界定,综合采用 presentation 和 interpretation 的含义,将旅游地文化展示定义为:旅游地为了提高其吸引力,采用静态或动态方式将文化内涵外化、形塑空间场景和文化氛围来展现和诠释文化信息,旨在供人体验并了解其文化内涵及价值。

2.1.2　旅游地文化空间与旅游地茶文化空间

1. 旅游地文化空间

要探讨旅游地文化空间的概念,首先要理清"空间"概念在各学科研究领域中内涵的演变。中国古代最早从形状、距离、方位等空间感知与空间经验中抽象出空间的概念,刘文英从"道""物""心"三个方面剖析古代的时空观念,认为"道"和"物"指时空的客观性,而"心"指主观能动性。[36]由此可见,中国古代的空间观既有对空间形式和属性的客观存在的探讨,也不乏从哲学层面探讨时空之"理"。西方关于"空间"的认识中具有代表性的观点有亚里士多德的时空关系论、笛卡儿提出的"有形实体—无形实体"主客二分空间观、牛顿的"绝对静止空间"、黑格尔的"绝对精神空间"、康德的"先验空间"。可以看出,西方对空间的认识涉及物理学、天文学、数学与哲学等领域。[37]而在社会理论研究中,涂尔干首次提出"社会空间",认为空间是社会的产物,有社会意义。[38]西美尔认为空间是"心灵的互动",拓宽了社会学的空间想象。[39]现象学研究中,梅洛-庞蒂提出"身体的空间"与"知觉的空间"。[40]加斯东·巴什拉认为空间是人类意识的幸福居所。[41]20 世纪 70 年代,列斐伏尔的《空间的生产》成为空间研究的代表,探究了空间的物质、精神属性,并进一步提出社会空间范畴。[42]爱德华·索亚深化了列斐伏尔的三元辩证空间,反对空间的"物质-精神"二元对立,提出第三空间的概念,认为空间是物质空间与精神空间交互的整体,同时索亚还从文化视角解读空间,实现文化与空间的融合。[43]

从以上空间概念的不断演变可以看出,对空间的理解从物质层面演化到精神层面再到社会层面,由二元对立到对空间的各个层次产生互动与融合性的思考,显现出一种由偏到全的认知规律。空间的内涵涉及物理、哲学、社会学、现象学等领域,空间演变为一种综合研究视角。另外,对空间的思考与文化有着紧密的内在联系,空间概念越来越多地进入文化研究视野,文化研究的"空间转向"成为人文社科研究的重要内容。潘泽泉总结提出,社会空间的理论研究框架包括四个向度:主体性存在的场所、社会权利关系、符号体系、情感体验。[44]

而关于文化空间的研究,国内外主要关注其概念及内涵,研究领域主要集中在人类学、地理学、文化社会学与都市的研究中。具体来看,人类学一开始用文化空间指代非物质文化遗产的一种类型。1998年,联合国教科文组织提出"文化空间是特殊价值的非物质文化遗产的集中表现",并于2001年将文化空间定义为"一个集中举行流行和传统文化活动的场所"。[45]因此,有学者认为,文化空间就是非物质文化遗产的专有表达[45],是指在特定时间场所举行的传统文化活动,也可以扩展为包括经济、文化环境等的非物质文化环境及文化的再生产[17]。文化学与社会学研究中的文化空间指物质或社会的空间,取决于这一空间中特定群体的生活模式与行为习惯。[10]国内学者把文化空间当成人和其文化生存与发展的场所[46],强调文化空间的精神性、象征性、符号意义与交流传播。地理学视角下的文化空间是人文地理与文化地理关注的共同领域,表现为具有相似人类活动、文化特质与传统的地理区域,强调文化的空间地域性[47],具体来说人文地理关注的焦点在于从地域空间探讨人文活动与特征的分布规律[48],以及文化地理关注景观与人文活动之间的关系[49]。例如博厄思提出的"文化区",指过去遗留下的文化会分布在当代的空间中,透过空间的文化特质,可以重建一个族群的文化历史。[50]都市研究中的文化空间考虑建筑空间中"人"的要素,阿莫斯·拉波波特提出"文化空间和人的行为与心理空间关系紧密,是举行各种活动的公共空间的集合"。[13]还有学者认为,文化空间是一种与人的行为活动、空间原型及周围特征相关的城市空间[47],这种城市空间是一个地理空间结构与文化意义系统相互作用、相互制衡的有机进化系[51]。国内都市研究者直接把文化空间看成城市公共文化场所,并认为文化空间是一种文化实践与社会空间相互作用的活态存续[52],有记载、传播、生产与消费的功能。由此可见,都市研究视角下的文化空间概念突出了文化空间的实践性与活态传承,但缺陷在于它只关注了城市主流文化与空间的关系,忽略了亚文化空间。

不同学科对文化空间的界定由于侧重点的不同而不同。目前,国内外学者对于文化空间的概念还没有形成统一的定义,但无论从人类学视角还是文化学、社会学或者都市研究视角,都可以看出,学者认为可以通过空间来研究人文活动与社会关系,且文化空间的构成成分包括人、物质形态、活动以及空间意义(或场所)。

因此,综合以上观点,本书将旅游地文化空间定义为:旅游地为提高其吸引力,以某种文化为主题,采用静态或动态方式对文化进行展现和诠释的不同实景与演艺空间的集合,旨在供人体验并了解其文化信息、内涵及价值。

2. 旅游地茶文化空间

对旅游地茶文化空间的界定，首先要追溯到中国古代文人对品茗环境的描述，例如"品茗宜精舍……宜松风下，宜花鸟间，宜清流白云……"，再如"凉台静室，明窗曲几……"。由此可见，古代文人认为，品茗环境可以在室内，也可以在室外，并且古代文人对品茗环境的描述中渗透着审美思想，关注品茗环境氛围的营造，这都对当代更广泛意义上的品茗空间的形态塑造产生了重要的影响。而"品茗空间"一词的产生在品茶层面上界定了这一空间的内涵，即品茗空间就是指品茗时的场所与建筑。[53]吴凯歌研究了明代品茗空间及意境，并提出品茗空间在内涵上是以茶为主题，以品茶为目的，通过采用不同手段营造一定的氛围环境，表达某种特定情感的空间；在外延上，品茗空间不仅仅在功能上为人们提供一个品茶的空间，在氛围上还是一个具有审美的空间，明代品茗空间类型有三类：茶室、茶屋等专设品茗空间，寺院、亭台等人工品茗空间以及自然环境品茗空间。[54]

周新华提出，茶文化空间既包括以茶文化内涵设计出的、由茶文化元素构成的室外或室内的审美空间，也包括以茶文化为主题的演艺活动，是茶室等实景空间与演艺活动等结合的空间，也是充斥着丰富茶文化符号的意境空间。[55]伴随社会经济的不断进步以及旅游业的发展，旅游地出现了融合人文景观、自然景观以及茶俗、茶文化历史、茶道、茶艺等面向旅游者的茶文化展示活动，旨在供游客体验、品味与茶相关的文化、自然生态环境以及旅游地居民的生活方式，进而获得精神上的满足。[56]

本书将旅游地茶文化空间定义为：旅游地为提高吸引力，以茶文化为主题，采用静态或动态方式，对旅游地茶文化进行展现和诠释的不同实景空间与演艺空间的集合，旨在供人体验并了解其茶文化信息、内涵及价值。在操作定义层面，本书认为，旅游地茶文化空间包括与茶文化相关的茶室、茶厂、茶山、茶园、户外品茶场所等实景空间与以茶文化为主题的演艺活动空间。

2.1.3 旅游体验与旅游审美体验

1. 旅游体验

旅游体验的研究始于布尔斯廷提出的旅游体验是一种流行的消费行为。[57]马康纳认为，旅游是追求"真实性"，是人们想去其他"地方"寻求精神家园。[58]科恩关注旅游者在与环境互动中获得的体验。[59]普雷姆认为，旅游体验是游客对可感知、可认知事物的整体印象，并从中获得舒适与愉悦。[60]谢彦君教授认为，旅游体验是旅游者与当下情境深度融合时，其内在心理与外在客体呈现的表面形态及内在含义相互作用而获得的身心一体的畅爽感受。[61]另外，还有一些学者分别从符号、体验的内容与体验的特征角度对旅游体验进行了定义。例如，邹统钎等认为旅游体验是对符号的解读，旅游者解读并重构了某种文化符号体系。[62]堪莉提出旅游体验包括精神与物质的体验,既包括对事物表面的观察,也有理性的思考。[63]另外,樊友猛与谢彦君结合生命哲学视域下的体验、身体现象学下的体验等提出,旅游体验内涵属性具有生成性、具身性以及情境性等,旅游体验的研究回归对旅游主体(旅游者)的关注,即关注其在旅游体验过程中的感知、行为与情感。[64]

综合以上对旅游体验概念的研究,本书借用谢彦君教授提出的观点,认为:旅游体验是旅游者与当下旅游情境深度融合时,其内在心理与外在客体呈现的表面形态和内在含义相互作用而获得的身心一体的畅爽感受。

2. 旅游审美体验

(1) 审美与审美体验

对审美体验的理解要回到对"审美"的认识。关于"何为审美"的问题,具体分为从客观与主观两个视角展开的讨论。主观学派认为,美与客观事物没有关系,美的事物之所以美,是因为这一事物与人具有主观上的联系及情感上的契合,例如,康德说:"美若没有对主体的情感关系,它本身就一无所有。"[65]立普斯主张移情说,并认为审美是审美主体把自己的情感倾注于审美对象的一个移情的过程,在他看来,审美欣赏不是对一个对象的欣赏,而是对自我的欣赏。[66]柳宗元提出"美不自美,因人而彰",也就是说审美主体去发现"美",自然之景才具有美感,强调审美主体在"景"中体验到的情感。审美客观派认为,审美是由客观事物自身结构和特质决定的[67],与主体的主观情感无关。格式塔心理学调和了审美主-客观念之间的矛盾,用同形同构或者异质同构阐释了美既与事物的客观性质有关,又与主体情感有关。

后来,学者们综合认为,审美既是对审美对象的客观欣赏与反映,也是审美主体与客体互动过程中形成的主观的感知与体验,体现了审美者的情感、意志等主观心理状态[68],正如朱光潜的观点,美不仅在于外物,也不仅在于人心,而是外物与人心婚媾后产生的婴儿[69]。卡尔森认为,审美属于哲学领域的范畴,并提出当事物影响我们的感官或者使我们产生愉悦的感受时,我们就会欣赏它。[70]布莱克本认为,审美是对我们认为美好和崇高的事物的欣赏而产生的情感和判断。[71]今道友信认为,任何人都有美感和对美的思索,而这种美感和对美的思索就叫作审美体验。[72]王岳川认为,审美体验以设身处地、丰富的想象及物我两忘为主要特征。[73]王苏君在探究艺术本质的角度时提出,审美体验是连接审美客体与主体的纽带,它既是审美主客体互动的中间环节,也是这一交互作用产生的结果[74]。

由此可见,对审美的理解由主观演变到客观,进而演变到审美体验既与审美客体相关,也与审美主体相关。审美体验是审美主体与审美客体经过互动产生的感受。通过以上分析还可以看出,当前对审美体验的不同定义大都基于心理学及哲学视角,围绕审美过程的发生及审美结果进行阐释。

(2) 旅游审美体验

旅游是一种审美活动[26],是人与景的交融,审美主体与客体存在双向互动关系[75]。还有学者提出,从审美心理层面看,旅游体验的核心意义就是审美,其特征具有浸入性、主体性与互动性等。[76]哈里森认为,游客在旅游过程中获得的审美体验就是旅游审美,旅游审美存在于旅游者感知的美,这种美给予旅游者感官和身体上的愉悦且能引发积极的情感反应。[77]国内学者从审美体验形成的过程与特性对其进行不同的定义。例如,谢彦君提出,旅游审美体验是一种外在与内在同时发生的活动,先对外部空间事物特性产生感知,然后关注主体内在心理空间,外部空间事物与主体内在心理空间在不断互动中达到同形,进而产生愉悦的情感感受。[61]曹诗图提出,旅游审美是"诗意的对话",审美活动中主客体不是对立的而是融合的关系,旅游审美是诗意地对待世界的方式,是对人类本体的反思,在其过程中既达到对世界的理解也达到对自我的理解。[78]潘海颖提出,旅游审美体验是旅游者在与旅游情境的不断交互中,追求审美存在和生命创造的内心感受。[79]

从以上审美体验概念可以看出,构成审美体验的关键要素包括审美主体(旅游者)以及审美对象(一般而言,审美对象包括景观、他者、活动)。审美体验的过程是人的身体、内在心理与外部环境不断互动,最终获得的结果是感官及情感上的审美愉悦感受。综合本书对旅游地文化空间构成要素及学界对审美体验的讨论,本书认为,构成审美体验的要素包括审美主体(旅游者)、审美对象(景观、他者与活动)及审美情境(环境及氛围)。

另外,旅游是极具大众性的审美活动之一,旅游中获得的审美体验受到不同审美主体的审美价值及审美趣味的影响,大众化旅游时代使得旅游中获得的审美体验已经不仅仅是"高大上"的审美,它推动审美标准的"去精英化"和"去中心化"。因此,不同主体在旅游活动中获得的审美体验不同,而即便同一个审美主体在旅游审美实践活动过程中获得的审美体验也具有不同的程度,正如李泽厚在探讨审美体验时将其分为三个层次:悦耳悦目,悦心悦意,悦志悦神。

综合以上分析,本书认为:旅游中获得的审美体验是旅游者身体受到审美对象及审美情境所呈现的表面形态刺激时,调动内部心理活动,最终获得的具身愉悦感受。

2.1.4 审美联想

联想或想象是重要的审美心理要素之一,是人特有的思维方式,是对未知事物或者记忆的浪漫化的主观建构以及再现。[80]罗纳德提出,想象是一种力量,它可以使人们对自然物的关注灵活地从一个方面转向另一个方面,或者从近处转移到远处,从文字性的细节转换成整体环境。[81]在心理学上,联想或想象是通过加工记忆中的表象来创造新的思维表象的过程。段义孚在《空间与地方:经验的视角》一书中借用尼尔·波尔与维尔纳·海森堡参观科隆城堡时的对话来诠释空间想象:"身为科学家,我们相信自己欣赏的是由建筑师堆砌而成的建筑,但一想到哈姆雷特过去在这住过,这个城堡马上就变得不可思议……没有人能证明哈姆雷特确实存在过,更别说曾经在这里住过,但大家都知道莎士比亚说过'to be or not to be…'"。巴什拉从记忆角度解读审美想象,认为记忆与想象是相通的,记忆溶解在人的身体里,身体记忆与联想能力使感知与记忆相通,记忆能深化人们对空间体验的关注,具体来说,人们在受到空间刺激时,使得当前的体验与记忆相互作用,形成一种想象,这种想象是人类的自觉行为,它促使审美主体与客体进行对话,产生情感上的共鸣。[82]到感觉与知觉体验后,经过主动的心理活动创造行为,上升为理解、产生情感的过程。[83]其中,空间联想是指在空间中感知到各种元素刺激后,人们联想到过去的经验或相似的空间与形象,产生情感共鸣。相比空间联想,空间想象是在审美过程中产生的一种更自由的、具有创造力的活动过程。

本书关注旅游者在旅游地茶文化空间产生的审美联想,并认为:审美联想是审美主体感官在对当下空间构成元素产生感知后,引发的对过去经验或相似空间与形象的相关联想,它是建立在过去经验与记忆的基础上的,是将审美主体与审美对象联结起来的一种强化情感联结、深化审美体验的一种动力机制。

2.1.5 审美理解

审美理解建立在感知的基础上,既可以与普通理解一样把握事物的本质,同时又渗透着自己独特的情感特征。[84]王朝闻将审美理解定义为:人们在审美活动中对审美对象的内容、形式和事物的相关联系及其规律的认识、把握与领悟。[85]滕守尧在其所著的《审美心理描述》中把审美理解分为三个层次:第一层次的审美理解用于区分"真实"与"虚幻",即把现实生活中与审美艺术中的事件、感情区分开来;第二层次是理解事物的内在含义等,这一层次要求人们全面把握事物的表层与深层含义;第三层次是对形式中融合的意味的把握,即运用情感把握事物内在的意蕴。[86]由此看来,审美理解强调的是一种与知觉相关的领悟力,它不仅仅是对事物客观理性的理解,更是融合了主体的情感产生的一种深层的领悟。

本书将审美理解定义为:人们对审美对象的内容、形式和事物的相关联系及其规律的认识、把握与领悟,同时渗透着自身独特的情感。

2.2 相关理论依托

2.2.1 空间生产理论

1974年,亨利·列斐伏尔提出"空间生产"这一概念,并认为空间不应该被当成背景,而应是生产要素本身,"空间生产"的提出,深刻揭露了资本主义生产从"空间中生产"到"空间本身的生产"的转变。[87] 在列斐伏尔看来,空间是一种基于价值与意义的社会建构,而这种意义与价值又反过来影响空间实践与感知,所以,空间是社会关系的载体与媒介,是影响社会关系的物质产物。

空间生产理论的提出,批判了物质空间与精神空间的二元对立,并认为物质空间与精神空间是融合统一的,二者相互作用的结果要远大于二者的简单相加。其核心价值在于,列斐伏尔将空间理解为一种隐含着人与人关系的"社会空间",是人类从事社会活动的结果与产物。具体来看,列斐伏尔提出的空间生产三元关系包括空间的实践、空间的表征和表征的空间。其中,空间的实践关注空间的物理层面,强调空间生产过程中生产与再生产的行为过程(实践活动)和社会生产的结果(物质空间),它是具有物理形态、可以被人感知的维度。空间的表征,是构想出来的精神的空间,是设计师、规划师、科学家脑海中的知识性、概念化的空间,通过语言、文本、概念、意识、符号等表现出来,这个层面的空间是意义的空间的表征。表征的空间,是一种直接经历和体验的生活的空间,是社会的空间,它既包括第一个层次的物理空间,又包括第二个层次的精神空间,但又不限于前面两者的简单叠加。

当前,空间生产理论不仅用于城市空间环境生产、再生产的研究与政治经济学的研究,还开启了对他者化与空间认同的文化研究。[88] 本书借用列斐伏尔空间生产理论中的空间实践维度的内容(包括物质空间和空间实践活动)来探讨旅游者对旅游地茶文化空间的感知。

2.2.2 索亚的空间文化理论:第三空间与都市空间的审美呈现

1. 第三空间

在《第三空间:去往洛杉矶和其他真实与想象地方的旅程》中,索亚深化了列斐伏尔的空间生产理论,打破了传统空间分析中二元对立的思想,提出第三空间的概念,并且在书的开头提出,"这本书的写作目标就是鼓励大家用一种不同的方式,从一种不同的视角来思考空间的意义,而这种新的视野,就是'第三空间'"。[43,89]本书需要特别强调的是,索亚提出的第三空间不是第三个空间,而是基于列斐伏尔提出的空间三元辩证法,在认识论层面为大家提供一种认识空间构成的方法。具体来看,索亚提出的第一空间是真实的、可感知的物质形态的空间;第二空间是空间主体主观的、构想的空间;第三空间解决了第一空间与第二空间的二元对立,从"第三性"的视角对空间进行解读,因此,索亚提出的第三空间是一个包含一切真实与想象、具象与抽象、客体性与主体性的空间。也就是说,第三空间既包含物质性的第一空间与主观精神性的第二空间,又超越二者,它是实践层面与意识层面相互作用的空间。[90]在第三空间里,一切都是汇聚在一起的,索亚提出的第三空间是自由与开放的、具体与抽象的、物质与精神的,是一个有差异的综合体。

基于索亚对第三空间理论的基础阐释以及本书的研究内容与情境,现将第三空间理论作如下操作性概述:第三空间既包含物理性的第一空间、主体主观构想的第二空间,又远超越二者,如图2.1所示。另外,旅游体验结果的生成受到旅游地物质空间及旅游者主观构想空间交叠的影响。[91]因此,本书将借用第三空间理论从旅游地茶文化空间与旅游者结合的角度来探讨旅游者在旅游地茶文化空间获得的审美体验形成机制,并认为,旅游者第三空间的审美体验既受到物理性的第一空间的影响,又受到体验主体(旅游者)主观构想的第二空间的影响,而旅游者主观构想的第二空间是在旅游地茶文化空间(第一空间)刺激下,与旅游者内在经验文本(旅游者内心经验知识、经历、工作、生活等)建立联系而产生的,此内容将在本书第2.4.2小节作更进一步的理性探讨。

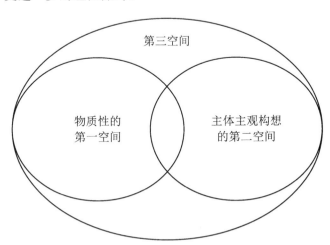

图 2.1 索亚的第三空间构成

2. 都市空间的审美呈现

索亚的"都市空间的审美呈现"[92],主张投入式审美,即沉浸在审美对象中获取审美愉悦,这与传统的康德提出的审美(关注主观精神层面)并不一致,索亚用都市空间的审美呈现来透视都市空间的生活及体验中感官的快适与价值的判断[93]。索亚对都市空间的审美呈现的探讨,透露出的审美态度包含投入式感官的享受与主观心理的审美鉴赏与审美愉悦。索亚认为,传统审美体验注重精神超越与精神活动,而都市空间呈现的审美在全球化与碎片化的拼凑下关注的是感官的享受与心理愉悦。另外,面对真实与想象交叠的都市空间,索亚提出两种审美的选择:"镜"与"灯",是在"镜"中看都市的影子还是以"灯"照亮都市的中心?这是两种不同的审美倾向,其中,"镜像"审美隐喻从镜子中反思达到对自我的省察,而"明灯"审美隐喻的是通过明灯照亮都市的中心,发现都市空间的价值,总而言之,"镜"与"灯"反映了审美的自我关照以及都市空间的存在价值。[93]整体来看,索亚在都市空间的审美呈现上关注感官身体的享受、主观心理愉悦、"镜像"审美之自我省察以及"明灯"审美之空间价值。

2.2.3 具身理论

具身理论(embodied theory)的基础是对笛卡儿身心二元论的思辨及梅洛-庞蒂的身体现象学的思考,身体现象学提出的"身体主体性"认为,人既不是可以脱离身体的心智,也不是可以脱离心智的机器。因此,具身理论关注心智对身体生理结构、身体图式及与空间之间的相互依赖和作用,强调人的所有的感觉、知觉、情绪等都是通过身体来实现的。[94]可以从以下三方面对具身理论进行解读:第一,心智以身体的生物条件为基础;第二,心智根植于身体,通过身体和外部环境交互;第三,身、心、环境是一个不可分割的整体。[95]

近年来,具身理论不断得到发展与应用。在理论层面上,具身研究带有一定方法论与认识论意义,"具身"意味着人们对外部世界的认识并不是简单的"映像"与"反映",而是在人的身体与外部世界不断互动中主动"建构"出的认识。[96]因此,"具身"前提下对认知形成的研究,在心理学上关注的重点不应仅在有机体内部,而应放大到整个身体与环境的互动,也就是说,将具身理论作为一种方法论来进行研究时,既要关注外部环境因素,也要关注人的身体行为及人的内在意识因素,应综合环境、身体、意识的整体影响来探究认知的形成过程。具体来说,首先,人的感官是认识外部环境的基础,能引发不同的感知,不同的感知触发不同的思维方式,成就不同人的特质。[96]其次,人是"处于情境中的人",人的行为与认知都发生在情境中,因此,具身认知的相关研究认为,"空间"与"感知对象"等情境与人的身体互动,进而共同影响人的认知。[97]另外,具身理论还认为,人的主观思维以身体为基础,后天形成的身体经验等也在很大程度上影响人的认知差别。[98]

2.2.4 符号互动论与旅游符号学理论

符号互动论诞生于米德关于社会学的有关研究中,该理论认为,人的心理、自我与社会都是在互动关系中产生的,具有社会意义。[99]布鲁默基于米德的研究进一步提出,社会是一种动态的存在,通过不断的符号化沟通与互动过程来建构意义。[100]布鲁默在《作为符号互动的社会》中对符号互动论作了以下三个解释:第一,人们依据事物对于自身的意义来采取行动;第二,意义来源于社会互动;第三,对某个情境赋予意义并基于意义采取行动需经历自身一个内在阐释的过程。[101]麦肯耐尔认为,旅游吸引物就是符号,从旅游地角度讲,旅游吸引物是被赋予了一定意义与价值的构建与编码;而从旅游者视角讲,很多情况下,人们被旅游吸引物吸引的原因不在于景观本身,而在于它们的符号意义,游客与景物、标志之间的关系就成了旅游吸引力。[102]科勒也进一步提出,大部分游客在旅游中去寻找文化吸引物所代表的印象与符号,为满足旅游者"想象的乌托邦",旅游地不断选择其文化符号,构建其文化体系。[103]赫伯特基于约翰逊的文化模型圈提出景观"表征"与游客"阅读"循环模型,该模型描述了景观编码者与解码者之间的互动关系,认为旅游符号的生产与编码是对旅游地的社会文化建构与表征,而旅游者对旅游符号的解码是旅游者的体验,因此,旅游符号的编码应重视旅游符号解码者的解码机制。[104]马凌认为旅游吸引物兼具客观属性与符号属性。[105]本书借用符号互动论与旅游符号学理论解读旅游地茶文化空间的构成及旅游者对其审美体验的形成,并在此基础上,提出旅游地文化空间再生产与提升旅游者对旅游地文化体验质量的管理建议。

2.3 相关文献述评

空间是旅游活动开展的重要载体,是旅游审美形成的基本要素。当旅游者身处某个自然空间或社会空间时,无论他是否具备人文素养,即使出于最朴素的情感或本能,旅游者也都会与旅游空间相互作用形成审美场,进而获得审美体验。因此,本书将旅游地茶文化空间作为切入点,从定性与定量两方面探讨旅游地茶文化空间对旅游者审美体验的影响机制。基于此,本节将对旅游地文化空间、旅游者审美体验、旅游地文化空间与审美体验之间的关系、本书依托的基础理论(第三空间理论)、审美联想与审美理解的结构、茶文化与旅游六部分内容进行综述。

2.3.1 旅游地文化空间的相关研究

1. 旅游地文化展示方式研究

文化展示始于18世纪[106],后来,博物馆、展览会等可供参观的公共空间的文化展示得到了发展。20世纪70年代,西方国家的一些城市利用传统节日与仪式活动来吸引旅游者、刺激当地经济,同时复兴当地传统文化。[107]之后,文化展示走出精英机构,走向普通大众,成为可参观的消费空间。[106]

整体而言,文化展示是对文化可参观性的生产,是有目的一种再生产实践,是景观创造和空间生产的过程,具体包括四种形式:第一种,以博物馆等场所为载体的物质文化展示,包括就地保护式的生态博物馆模式对活态文化遗产进行展示[108]。第二种,以表演仪式、传统节事为载体的非物质文化的展示,这种文化展示方法成为遗产活化与传统文化复兴的重要手段。第三种,以历史街区或城镇、建筑为载体的文化展示,将历史街区或城镇、建筑塑造成一种可参观性的综合性、商业性的消费空间。[34]近年来兴起的文化旅游,更是推动了空间生产由建构地方认同、实现文化传承的文化展示空间向文化消费空间转化。[109]第四种,以技术和主题空间为载体进行的文化展示[110],在展示文化的同时也给人提供具身的体验。

以上四种文化展示形式都以空间生产为主,从单纯物质展示给观众带来可参观性的视觉体验逐渐发展为通过营造空间文化氛围以及采用技术手段给观众带来具身体验,显示了文化展示水平的不断提升。

2. 旅游者文化空间感知结构研究

感知来自心理学范畴,是利用感官获取对事物的印象,空间感知是对实体空间、空间结构及空间关系的内在描述与认知。[111]本小节通过对当前相关文献的梳理,归纳旅游者对旅游地文化空间感知的结构维度。

通过对相关文献的整理发现,当前对空间感知的相关研究所关注的内容包括文化空间的物理空间构成、空间氛围、空间符号、空间主体与空间活动几个方面。然而,根据研究内容与研究侧重点的不同,当前学界对空间感知结构的划分有二维度结构划分、三维度结构划分、四维度结构划分与五维度结构划分。从空间感知二维度结构划分来看,林奇开启了空间感知的研究先例,将空间感知分为空间结构感知和空间要素感知。[112]徐英与谢彦君等在研究草原旅游场时,将其分为行为场和氛围场。[113]李波把旅游者对根祖空间的感知分为实体空间感知与仪式空间感知。[114]李凡等从物质空间和情感空间两方面分析了广州怀旧消费空间的地方建构。[115]。杨晓影与李彬在谈论美术馆空间的情感建构时提出,情感空间是一个建筑学与美学的共同范畴,包括建筑物内的结构、布局等物理空间与美感、温度等构成的诗意空间。[83]

从空间感知三维度结构划分来看,贝克从消费者视角把服务空间构成分为环境因素、设计因素及社会因素。[116]比特内则把服务场景空间分为背景特征、布局职能与符号象征。[117]波恩把遗产/文化景点空间分为空间设计布局、空间气氛与社交空间。[118]库瑞和陈峰仪提出民俗文化旅游空间构成包括民俗魅力、民俗环境以及民俗气氛。[119]侯兵等提出"文化空间"组成形态包括物质维度、时间维度以及区域维度。[19]席岳婷在分析文化空间形成机制基础上提出中国考古遗址文化旅游空间构成要素包括文化活动、游憩主体以及场所精神。[120]谢晓如等把消费者对书店这一微空间的感知分为对实体空间的感知、对商品文化的感知以及对人群品质的感知。[121]左迪等的研究中对文化消费空间感知进行了类似的划分,包括对实体空间的感知、对地方文化的感知以及对空间主体的感知。[122]刘彬等认为旅游者对餐厅消费空间的感知包括对实体空间、名人轶事及功能价值的感知。[123]刘彬与陈忠暖从实体空间、地方文化与功能价值三个方面分析了日常消费空间(茶馆)的地方性建构。[124]张健等将秦腔文化展演空间分为实体空间、空间主体以及文化空间。[125]唐元从剧场实时空间、文本历史空间及观众心理空间分析了《又见敦煌》文化演艺空间的建构与生产。[126]邓荷荷将旅游景区文化氛围感知的测量分为物质文化构成、精神文化构成、行为文化构成三个维度。[127]

从空间感知四维度结构划分来看,叶宗造在对农家茶庄氛围的研究中将空间感知分为室外感知、室内感知、布局装饰感知与人员感知。[128]朴松爱与樊友猛认为文化空间的目的是对文化进行展示,具体构成涵盖：中心理念、核心象征、活动主体、符号系统。[129]黄克已将宗教旅游景区空间感知分为外部空间感知、内部空间感知、布局感知及人员感知。[130]

从空间感知五维度结构划分来看,庞玮在研究宗教文化空间时提出,旅游者刚进入阈限空间时,对空间的感知是通过感官身体实现的较浅显的感知,表现为对显圣物、自然风光、人文特点、身体图式、旅游环境的感知。[131]李艳将游客对西安城墙旅游吸引物感知分为主题感知、氛围感知、节事感知、互动感知以及服务感知。[132]

通过上述整理可以看出,当前涉及空间构成的研究主要关注以下问题：首先,在空间内容上,文化空间要多凸显人文关怀,要从"表象空间"向"深层次意义空间"过渡[24],旅游地文化展示要挖掘旅游地文化内涵,以文化的符号意义为核心,凝练文化意象[133],强调凸显地方性特征[134]。其次,在文化展示方式上,研究强调文化的内涵应选择合适的展示方式及载体进行表征,在遵循地方特色基础上以静态、动态相结合的方式[129],打造以旅游者体验为核心的场景[135],进而加强旅游者对展示文化内涵意义的理解,提升旅游目的地的吸引力。

总之,旅游地面向旅游者的文化空间要从整体上考虑文化表征的空间形式,具体来说,既要考虑空间中的物质展示,又要考虑文化内涵即符号意义的挖掘与展示,还要注意空间整体环境氛围的协调,正如《消费社会》中提到的物品变成消费的符号,以及形塑空间环境、氛围、价值,形成整体空间符号意义[136]。纵观学者对旅游地文化空间结构的研究,本书对国内外不同学者关于文化空间感知结构划分整理见表2.1。

表2.1 文化空间感知结构划分

结构	年份	代表学者	组成成分
二维度	2001	林奇	空间结构、空间要素
	2015	李凡 等	物质空间、情感空间
	2018	徐英 等	行为场、氛围场
	2019	李波	实体空间、仪式活动
	2019	杨晓影,李彬	物理空间、诗性空间
三维度	1986	贝克	环境因素、设计因素、社会因素
	1992	比特内	背景特征、布局职能、符号象征
	2007	波恩	空间设计布局、空间气氛、社交空间
	2009	库瑞,陈峰仪	民俗魅力、民俗环境、民俗氛围
	2011	侯兵 等	物质维度、时间维度、区域维度
	2013	席岳婷	文化活动、游憩主体、场所精神
	2016	刘彬 等	实体空间、名人轶事、功能价值
	2018	刘彬,陈忠暖	实体空间、地方文化、功能价值
	2018	唐元	实时空间、历史空间、心理空间
	2018	张健 等	实体空间、空间主体、文化空间
	2019	左迪 等	实体空间、地方文化、空间主体
	2020	邓荷荷	物质文化、精神文化、行为文化
四维度	2010	叶宗造	室外气氛、室内气氛、布局、人员
	2012	朴松爱,樊友猛	中心理念、核心象征、活动主体、符号系统
	2013	黄克己	外部氛围、内部氛围、布局氛围、人员氛围
五维度	2017	庞玮	显圣物、自然风光、人文特点、身体图式、旅游环境
	2019	李艳	主题、氛围、节事、互动、服务

注:本表根据相关文献整理。

3. 旅游者文化空间感知测量研究

当前关于空间感知测量的研究主要关注物理空间的构成要素与空间中的活动。

首先,关于对物理空间构成要素的感知,学界基于不同主题消费微空间、历史街区、民俗村、文化空间,探讨了主体对空间布局、风格、色彩、气味、装饰等要素的感知。关于消费者对消费微空间的感知,刘力等的研究提到,感知的旅游购物环境包括有形设施和无形气氛,其中无形气氛包括灯光、色彩、声音、气味、装饰布置及货品陈列。[137]靳谐美认为书店的物质空间构成包括光线、彩色、空间形态及材质。[138]陈忠暖提出消费者对老茶馆物质空间的感知要素主要包括茶馆格局、内部装修风格与材质等。[124]何淼探讨了城市更新中历史街区的空间再生产,并认为其物质空间构成包括空间设计布局、建筑风格、空间色彩、空间构成元素材质、景观小品等方面。[139]张莹的研究中提出民俗村物质空间感知包括空间设计、建筑风格、装饰品、空间色彩以及空间布置摆设、音乐、美食等内容。[140]李波基于国家认同视角对根祖文化空间感知进行研究,其中提到实体空间感知包括空间结构感知和空间要素感知两个维度,其中空间结构感知包括空间方向及空间层次丰富度两个方面,空间要素感知包括空间风格、结构、色彩等方面。[114]

其次,关于空间活动感知的研究,学界关注人与符号空间以及空间中人与人之间的互动。例如,麦肯耐尔提出旅游吸引物符号系统包括旅游者、景物与标识物,互动空间既包括人与人之间的互动,也包括人与空间的活动。[141]张莹研究了陕西袁家村民俗文化的美学体验,提出旅游者与符号空间的互动包括参与手工艺制作、参与美食制作、参与游戏互动以及农耕体验。[140]陈晔等直接将游客之间的互动分为积极互动与消极互动两个维度,并采用8个题项进行测量。[142]Shi S. S.等依据亲密程度理论采用定性研究将民宿空间中的互动分为旅游者与旅游者之间的互动(4个测量题项)、旅游者与东道主之间的互动(3个测量题项),以及活动参与(3个测量题项)。[143]

最后,从空间整体感知内容与测量的研究来看,贝克认为空间可分为环境因素、设计因素以及社会因素三个方面。其中环境因素包括声音、气味、洁净程度与空气质量;设计因素包括美观性(包括建筑、颜色、规模、形状、风格等)、功能性(包括布局、舒适性、标识);社会因素包括顾客与服务者行为及仪表等。[116]波恩将遗产/文化景点空间氛围测量分为空间设计格局、空间气氛及社交空间三个维度,共11个题项。[118]叶宗造将旅游者对农家茶庄氛围感知分为室外感知、室内感知、布局装饰感知及人员感知四个部分,共采用23个题项进行测量。[128]陈靓将游客对红色旅游景区的空间感知氛围分为对基本氛围、核心氛围与互动氛围的感知,共23个题项进行测量。[144]黄克已将宗教旅游景区的空间感知分为外部氛围感知、内部氛围感知、布局氛围感知及人员氛围感知四个维度,共采用18个题项进行测量。[130]

4. 研究述评

综合来看,现有对旅游地文化空间的研究多采用质性研究方法探讨文化空间构成,较少研究从定量角度研究旅游者文化空间感知测量工具。从研究尺度上看,现有研究多聚焦旅游地某个具体范围的消费微空间或文化空间,缺乏从整个旅游地的视角对某种文化主题空间进行综合探讨。从文化空间感知测量内容上看,当前研究缺少对旅游地文化空间主体进行的不同实践活动的关注。整体而言,当前对旅游地尺度下旅游者文化空间感知的研究还较零散。然而,旅游者对旅游地文化体验的研究首先是建立在旅游者对文化空间初步感知的基础上的,虽然现有研究涉及旅游者空间感知对旅游者体验产生的影响,但仍缺乏系统、具体的研究,将旅游者对文化空间体验聚焦审美体验,进而剖析旅游者文化空间感知与旅游者的审美体验之间的关系。

2.3.2 旅游审美体验的相关研究

1. 旅游审美体验的特征

对于旅游中的审美体验,要先从美学体验说起。马克思美学认为,美学应该回归到对人的关注,关注人的感性价值。[145]关于美学体验,参与者要从心智上进行参与,并且借助思考与想象来感悟事物的美。[146]芬纳提出美学体验过程中有三类设想:对过去的回忆、事物引发的情感以及对事物的思考。[146]德国美学家立普斯的"移情说"认为,在美学体验中,主体向客体呈现的空间意境投射以情感[147],而朱光潜先生则将这种"移情"解读为主体将自身的感觉、想法、意识、情感等投射到某个客体上,达到"情与景"融合,并与之产生共鸣[148]。

旅游研究领域,潘海颖认为旅游审美的本质是对生命的归属以及探寻文化价值,其终极意义在于成就审美的人[149],他从以下三个方面探讨了旅游审美:

第一,旅游审美旨在实现"情境相融";第二,旅游审美趣味是多元化的;第三,休闲旅游视角下,旅游审美体验呈现出一种感性的超越,从认识论角度看,观光旅游审美体验的核心要素是异质性,而休闲旅游的审美体验则是一种"诗意的栖居",是旅游者通过沉浸、反思与冥想去体悟的。[149]此外,潘海颖还提出,从审美心理学角度看,旅游体验具有主体性、浸入性、互动性及不确定性。其中,主体性指游客融进旅游环境,体会其中之美,进而获得情绪、情感等;浸入性指游客和旅游情境互动,获得全方位的感官刺激、想象与情感;互动性指游客既是审美体验的感受者,又是创造者。[79]曹诗图与孙天胜认为,旅游审美体验是诗意的对话,旅游审美活动是主体与客体的一种双向交流,是主客交融地把握世界的方式,进而达到自由开放的审美境界。[78]杨鹏飞提出审美体验的本质是超越,它能超越时空的局限,获得对于美的无限感受;在审美体验中,意识超越了物的实体存在,摆脱了现实时空的有限性,体验到的是审美意象的幻想;另外,这种超越性还在于审美体验的过程充满着艺术的想象与感悟。[150]

加斯东·巴什拉在其《空间的诗学》一书中提出"想象力现象观",也阐明了主体通过意识将客体加以想象,产生诗歌意象,这些诗歌意象或符号在想象与象征的隐喻下，营造出一种诗意的审美空间。[151]

值得一提的是，传统的美学研究敌视身体而抬高灵魂，然而，身体的投入与浸入性是审美体验的典型特征，并且对心理及精神层面获得的审美体验具有重要影响。因此，本书所探讨的审美体验包括旅游者在旅游地文化空间所获得的身体感官层面的愉悦与解放。

综上所述，本书认为，旅游审美体验是旅游者与外在空间交融的产物，虽然不同学者对于审美体验的表述有所不同，但都传递着审美体验的特性，即审美体验源自主体的设身处地感知，升华于主体的想象（包括创造性想象、相关联想与对文化的理解，本书后续实证研究主要涉及后两者），触发丰富的情感与妙悟，最后达到对"他者"文化价值与自我的认同。

2. 旅游审美体验的结构研究

目前，学界关于审美体验结构的研究可以从两个视角进行分析：一个从审美过程与审美心理角度探讨审美体验的结构，另一个将审美体验作为体验的结果来探讨审美体验的构成。本书中的审美体验是旅游者在旅游地文化空间获得的关于不同层次"美"的体验结果。通过对现有相关文献的梳理，本小节将审美体验结构归纳如下。

从旅游审美体验心理因素及审美过程来看，潘海颖从审美感知、旅游审美想象以及旅游审美情感三个方面探讨了旅游体验的审美精神论。[79]王德菊从审美感知、审美理解、审美情感、审美联想四个方面研究了"禅宗"审美体验心理要素。[67]周敏慧与陈荣富基于古代山水诗谈论旅游者的审美心理，认为旅游审美过程包括审美感知、审美联想、审美情感、审美理解四个方面。[152]姜辽与徐红罡通过对访谈与网络资料进行扎根理论的分析，得出文学旅游审美消费包括审美感知、审美想象、审美理解与审美情感，它们相互作用，形成审美愉悦。[153]李西建认为要在文化内涵、审美设计的特殊价值、审美体验的情感魅力以及审美享受的娱乐功能四个方面来激活非物质文化遗产的美学效用。[154]张庆芳和徐红罡研究了自然旅游中的审美体验，并探讨了审美质量、审美判断、审美情感、文学联想与旅游者忠诚度之间的关系。[155]林源源与周勇将探险旅游中的审美体验分为审美价值、审美感知、审美想象、审美理解以及审美情感五个部分。[156]

从旅游审美体验结果研究来看，张莹从消费符号与空间的角度对陕西袁家村进行研究，得出其美学体验包括感官体验、通感体验、参与体验、移情体验、跳脱现实，以及观看窥视的美感。[140]陈庆娜研究了当代都市茶馆作为公共休闲空间的审美特征，提出茶馆的审美特征在于茶馆是一个给人提供物质与精神关怀的公共休闲空间，这个空间让人的身体与精神都得以放松，恢复审美意识，注重人的精神建设，强化民族身份及文化的认同，使生命呈现诗意。[157]本书对不同学者关于旅游审美体验结构划分整理见表2.2。

表 2.2　旅游审美体验结构划分

划分标准	结构	年份	代表学者	组成成分
审美体验心理要素	三维度	2012	潘海颖	审美感知、审美想象、审美情感
	四维度	2001 2013 2017	周敏慧,陈荣富 王德菊 姜辽,徐红罡	审美感知、审美理解、审美想象、审美情感
		2019	李西建	审美文化内涵、审美价值、审美享受、审美情感
		2020	张庆芳,徐红罡	审美质量、审美判断、审美情感、文学联想
	五维度	2017	林源源,周勇	审美价值、审美感知、审美想象、审美理解、审美情感
审美体验结果	三维度	2014	陈庆娜	身体放松、精神体验、身份与文化认同
	六维度	2018	张莹	感官体验、通感体验、参与体验、移情体验、跳脱现实、观看窥视的美感

注:本表根据相关文献整理。

3. 旅游审美体验测量研究

当前旅游研究领域关于审美体验的研究较少,现有关于旅游审美体验的研究主要有三类主题:第一类是从整体角度阐释旅游是一种审美活动,第二类是基于质性研究围绕旅游审美体验展开分析,第三类则是以定量方法进行的研究中涉及旅游审美体验相关内容。本小节对当前研究中涉及审美体验相关测量的内容梳理归纳如下。

蒋长春等研究了明山风景区书法景观在游客地方感知中的作用,提及游客审美体验的整体测量包括3个题项:您非常投入书法景观的意境中,这里的书法景观给您带来震撼,没有任何一个景区可以给您与这里相似的文化体验。[158]张莹对陕西袁家村民俗文化的美学体验进行了研究,提出袁家村空间消费的美学体验包括物质空间方面的美学体验,即感官体验(视觉、味觉、触觉等方面);个人心理方面的体验(通感式体验、参与式体验、移情体验);社会方面的美学体验(对文化空间认同及通过文化空间展现自我及态度而获得的愉悦)。[140]姜辽与徐红罡构建了文学旅游中的审美消费模型,研究得出审美感知包括对门票、景观、音乐、演出、美食的欣赏;审美想象包括联想人物、联想往事、联想故事情节、联想环境、联想其他;审美理解包括理解景观、理解人物、理解环境;审美情感包括赞扬文人、评价人物、评价小说、感叹今事以及自我励志。[153]

4. 研究述评

旅游审美体验回归对主体"人"及人的感性价值的关注。整体而言,在旅游研究领域,学者注意到审美价值和审美体验的重要性[159-161],但缺少系统的研究。从数量上看,当前对旅游中审美体验的研究数量仍相对较少。从内容上看,目前对旅游审美体验有限的研究呈现三种情况:第一种是从整体上探讨旅游的本质,认为旅游活动从本质上看是一种审美体验;第二种从整体上对旅游审美体验的特征或对某一情景下的旅游审美进行定性讨论[27];第三种将审美体验作为旅游体验的一个维度[162],探讨其在某种消费服务与营销情境下的作用[163, 164]。

旅游的本质是体验,而体验关注的是旅游者身体及其内在的情感反应,对于旅游地文化的体验更是旅游者对文化本身及文化环境与自我之间联结的寻觅与感悟。纵观目前旅游领域研究,对旅游者审美体验或从审美视角对旅游地文化空间体验进行的系统性的实证研究非常有限,因此有学者建议,应从定量角度对旅游审美体验进行更多研究。

鉴于此,本书对旅游审美体验的研究聚焦于旅游地茶文化空间,通过质性研究探析旅游者审美体验作为结果变量的结构维度及旅游者茶文化空间感知对审美体验的影响机制模型。此外,本书还将进一步定量实证检验审美体验结构维度及旅游者茶文化空间感知对旅游者审美体验的影响关系模型。

2.3.3 旅游地文化空间与旅游者审美体验的关系研究

空间理论中的文化地理、城市设计等都为审美文化提供了更为广阔的视野,而美学与文学的多元性与体验性等也契合了空间转向的第三空间阐释,美学理论与空间理论就这样天然地结合在了一起,产生具有实践性质的空间美学。[165]空间美学一方面汲取了马克思主义哲学中的空间实践理论,把空间、审美、主体进行三者融合,真正建构起属于主体的美学意义发生机制;另一方面从抽象的、总体化的实践概念出发,进一步将理论集中于"精神实践"与"文化实践"的场域,通过"生存—体验"论完成对"实践"概念的延展与吸收,例如,主体对当代城市公共艺术的空间感知就是将物质层面的实践转换为精神与审美层面实践的例证。[166]本书关注旅游地文化空间对旅游者审美体验的影响过程机制。围绕该研究问题,现将旅游地文化空间与旅游者审美体验二者之间关系的相关研究梳理如下。

通过对当前相关研究的梳理可以看出,旅游地文化空间的物质空间与环境氛围、空间主体及其互动行为会直接地或间接地通过调动旅游者记忆、激发旅游者审美想象(联想)或强化旅游者对空间文化的理解来影响旅游者不同层次的审美体验。

1. 旅游地文化空间的物质空间、环境氛围与审美体验的关系研究

旅游地文化空间的物质空间与环境氛围对旅游者审美体验具有直接的与间接

的影响。

首先,从旅游地文化空间的物质空间、环境氛围对审美体验的直接影响来看,文化空间首先要注重物质空间环境及构成要素的作用,因为它们会使旅游者产生最直接的生理感官体验,进而唤起参与者的情感与其他审美体验。波恩等对文化遗产进行研究时提出"意境空间"的概念(空间灯光、色彩等构成的空间气氛等),并认为其可以对旅游者的体验产生影响。[118]还有学者研究发现酒店的视觉吸引力在某种程度上比酒店的设施更为重要,并且会影响顾客的体验与评价。[167]卡欣妮亚等研究了旅游目的地审美判断的维度,得出旅游者从旅游地规模、时间维度、卫生条件、声音、空间形状格局等九个方面判断旅游地的审美特性,这些审美特性涉及旅游者的不同感官并影响旅游者的体验与满意度。[160]蒋长春等研究名山风景区书法景观时提出,书法景观所处的环境(如空间是否协调、环境是否优美)、书法本身特性的大小(如书法字体、特色与内容)以及导游是否讲解到位(包含对书法景观中所体现的美学、历史价值等内容)都会影响书法景观给旅游者带来的审美体验。[158]

其次,从旅游地文化空间的物质空间、环境氛围对审美体验的间接影响来看,余志远与游娇认为古镇旅游场中的场景、物品、人物等能激发旅游者的回忆,从而使旅游者产生怀旧体验,或产生反思性体验及身份认同。[168]张莹在研究袁家村民俗文化的审美体验时提及袁家村整个空间内充斥着各种民俗符号,无论是空间陈设还是民族服饰都不是为旅游者提供某种功能,而是构成一个"集合意义",形塑空间整体情境氛围,激发旅游审美想象,从而向旅游者展示袁家村的品牌价值。[140]杨晓影与李彬认为美术馆空间作为一种情感空间,其空间构成环境要素、陈设、光线、气味、位置与氛围能对参观者的情绪与心理产生刺激,调动旅游者的记忆、经历与想象,从而影响参观者的精神及审美感受。[83]

最后,还有学者提出文化空间的物质空间环境及构成要素对旅游者最直接的刺激调动人们的生理感官反应,为旅游者带来不同程度的感官体验[169],唤起参与者的情感与其他审美体验[83]。邓荷荷在其硕士论文中验证了空间中文化营造出的整体氛围通过影响旅游者情感体验影响旅游者忠诚度的假设模型。[127]鲁天姣对知觉现象学语境下餐饮空间体验的研究中提到,不同感官在受到物理空间刺激后都有可能开启记忆的大门,激发人的记忆和想象,进而产生更加诗意的空间体验。[82]刘彬和陈忠暖研究了怀旧空间的文化建构与体验,提出空间中的命名、以往的工业元素与历史印记能激发游客对过往的想象,怀旧文化展示空间中利用视觉符号(例如富有时代感的标语、插画、火车等)塑造的空间形塑了文化展示空间的"场性",使其具有象征意义,从而诱发游客的空间想象,同时这种怀旧营造的氛围作为一种符号价值与文化隐喻会诱发游客的空间想象及消费等行为,为游客带来安静感与休闲感,同时参与游客身份的建构、影响消费者的情感体验。[170]

2. 旅游地文化空间内的互动行为与审美体验的关系研究

当前研究认为,旅游者身体与情境的互动、旅游者与文化意义的互动以及旅游者与当地人的互动三种方式都能强化旅游者对文化空间的审美体验。

首先,旅游者的身体与文化空间情境的互动会影响旅游者的审美体验。例如,派因和吉尔摩以及潘海颖都提出,旅游者身体在旅游情境中的浸入性及与情境的互动会使旅游者成为旅游审美的接收者及创造者,进而影响其感官体验、想象与情感。[171]陈怡宁与李刚提出,博物馆空间不仅是物理层面的空间,也是一个全新的场域,旅游者置身于这个场景化的场域并与之发生互动,例如触摸文物、身穿剧情服装等沉浸式互动与体验会影响旅游者的停留时间、愉悦与满足情绪。[172]

其次,旅游者与文化空间的文化接触,即对文化的深入理解与互动能为旅游者创造真实与难忘的旅游体验。[173]例如,马凌探讨了旅游中文化生产与文化消费,提出挖掘文化景观中的故事等文化内涵,有助于建立旅游者与文化景观之间的联结,增强旅游者体验感,使游客获得对文化的认同与地方情感。[174]

最后,旅游者在文化空间中与当地人的互动会影响旅游者对文化的欣赏评价与审美体验[175],文化空间中的互动行为还会使旅游者通过文化活动参与到某种文化群体中,进而影响其对自身身份的认同[174]。阳宁东与杨振之基于第三空间研究了文化表演的意义解读,认为游客一旦进入表演者营造的羌族文化空间中与藏羌文化表演者互动交流,身体与心灵就会进入一种"阈限"状态,进而加深旅游者对"他者"文化及自我的理解。[88]唐元在以《又见敦煌》为例研究体验式文化展演空间生产时提出,观演距离的消解使观众在观演场域中有了自主权,参与了文化展演空间的创造,进而使观众的身体与思想走进了文本的空间内部,进入了"第三空间"。[126]

3. 旅游地文化空间主体(旅游者)与审美体验的关系研究

研究认为,旅游者的自身经历、知识积累、身体状态等自身特征都会对其在文化空间中获得的审美体验具有一定影响。胡田从整体视角提出,旅游者的内在经验文本会影响旅游者参与审美活动的程度,进而影响旅游者第三空间审美体验。旅游者在审美过程中,空间与旅游者的经验世界,与旅游者创造性的想象活动及旅游者当时所处的状态都会发生密切关系。[27]具体来看,有学者提出,旅游者自身对自然、历史、艺术、文学作品等的知识积累会影响旅游者的审美体验。例如,萨伊托在对自然审美的研究中提出,旅游者与自然相关的历史、文学与绘画作品都可以作为一种科学知识来重塑人们对自然的看法,从美学的角度看,这样也许会更有趣,原因在于文学作品与艺术不仅仅是人们的思考,它们也能促进人们重新想象自然美学及人们与自然之间的联系。[176]卡尔森在其研究中提出,旅游者与艺术相关的知识积累能帮助人们在感知自然的过程中充分发挥想象力,进而产生适当的审美欣赏。[177]林铭亮等基于第三空间提出游客对旅游地的想象受到了唐诗的影响,游客在旅游体验中将个体的旅游经历代入诗人所描写的意境之中,借助想象获得旅游地第三空间体验;游客在唐诗旅游地中与诗人共景,并尝试共情,既是与唐代诗人在情感上的共鸣,也是对自我的情感抒发;同时游客在第三空间体验中感悟情景交融、天人合一的境界,形成旅游过程中的精神升华和价值追求。[178]富奇认为旅游者与自然相关的文学知识能促进人们对自然美的审美理解,进而产生一种特殊的审美体验,这种审美体验源于自然本身的意义及人与自然之间的联系[179]。张庆芳和徐红罡在研究自然情境下旅游者的审美体验时提出,如果旅游者能通过对文学作品的联想加强对自然景观的理解,那么他们更能获得好的审美体验,进而提升忠诚度,而旅游者对文学作品的联想与其自身对文学知识的积累有着紧密联系。[155]

2.3.4 第三空间的相关研究

人文与社会科学领域研究中的"空间转向"使得空间已经不再仅仅是一个几何概念,而是演变成了各种文化现象、政治现象和心理现象的化身。从本书第2.2.2小节中对于爱德华·索亚第三空间内涵的阐释可以看出,索亚的第三空间充斥着符号、象征、意识形态等,它不仅具有物质性、权力性与社会性,还具有心理性与创造性。

当前,国外旅游研究中对第三空间的涉及极其有限。从现有研究整体来看,当前研究将第三空间作为基础知识以及一种认识空间的方式展开了不同的研究。理查德和威尔逊在围绕文化旅游市场探讨开发旅游体验的创意性时提及,索亚的第三空间包含并超越可感知的空间与构想的空间两个方面,这一概念内涵恰好与物质和符号交织的"创意空间"达成共鸣,然而"创意空间"的特点在于它是"白板(blank slates)",是没有固定主题与含义的空间,也就是说"创意空间"的第二空间(构想的空间)不应被固定,而应是灵活的与充满活力的。[180]洪和维克丹在研究生态村可持续生活方式的转变问题时借用索亚的第三空间提道,生态村的发展包含三部分:第一,生态村是一个能组织居民生活的实践的空间(物理性的第一空间);第二,生态村是充斥着意识形态的居民不断协商的空间(主观性的第二空间);第三,生态村是旨在为居民提供可持续体验的空间(体验的第三空间)。[181]柯林斯-克赖纳提出,用第三空间这种后现代研究方法解读宗教场所,研究者就能解构宗教场所旅游者的社会实践活动,也能避免对"朝圣旅游者"和"度假者"这两种概念的区分,原因在于,从第三空间角度来解析宗教场所,就承认了"朝圣旅游者"与"度假者"是相互依存的,也承认了宗教旅游地的社会建构既是世俗的,也是神圣的。[182]阿尔巴伊拉克等以第三空间为基础探讨宗教旅游者的体验,提出像耶路撒冷这样的城市被索亚称为第三空间,在第三空间中,朝圣旅游者与度假者汇聚在一起,此时,宗教旅游者统一被称为世俗旅游者,他们在耶路撒冷获得的宗教旅游体验是多方面建构的,包括精神上的参与、发现新事物、互动与归属、放松与寻找平静等。[183]

国内旅游研究领域中关于索亚的第三空间的研究也仍较少,现有研究多将第三空间作为一种空间思想与理论工具对旅游者体验以及文化与旅游的融合展开讨论,目的在于强调旅游体验,尤其是旅游者对旅游地文化体验的生成既与旅游者所处的外在空间有关,又与旅游者受到外在空间刺激后的内在空间有关。具体来看,胡田借助索亚的第三空间思想分析旅游第三空间的审美意蕴时提出,具有物质性的第一空间是旅游审美的基础;具有主观意向性的第二空间是旅游审美发生的中间阶段,对旅游者而言,第二空间是以第一空间为对象,经过积极的思维活动,调动已有知识和经验,在其他积极因素的作用下被激发的主观意象。[27]如果说旅游审美的最佳境界是旅游者与旅游空间相互作用达到主客交融并步入自由王国的审美境界的话,那么,我们可以认为旅游审美所追求的就是索亚提出的第三空间,第三空间是旅游审美者社会性、历史性和空间性的结合。陶玉霞基于对话理论与空间理论探讨了旅游活动的本质诉求、内在结构与表达机制,研究认为,旅游以多种对话形式在物理时空到心理时空的转换中展开,时间、空间、心境、对话场、心理距离、对话等构成了旅游对话关键的结构要素与概念,其中旅游对话的空间属于第三空间,旅游对话在物质空间展开,在想象空间游走,这一想象空间是对话者个人基于对物质空间和公共概念空间的个性化阐释,并通过自我时空穿越式想象重新构建的第三空间。[184]林铭亮等研究了唐诗的文学书写如何成为地方品牌载体,在地方想象与第三空间旅游体验之间建立游客与地方品牌的联系,同时提出"文旅融合"背景下,要保持地方品牌的生命力,不仅要将文化融入到旅游中,还要关注人们的文化自觉与文化认同,使游客在旅游中获得对文化的体悟等更深层次的旅游意义。[178]杜彬等基于索亚的第三空间等空间理论探讨文旅融合背景下第三空间的建构时提出,旅游第一空间是物质性的空间,是旅游者现实到达的地方,是如自然空间、建筑空间或遗产景观空间等范围的空间;旅游第二空间是一个主观意向性的空间,涉及空间的"思想",强调旅行者的主观性,是旅行者脑海中知识性的、概念性的空间;旅游第三空间是在旅游第一空间、第二空间的基础上升华为旅行者精神高度自由和主客体高度融合的空间,是一个体验的空间。[185]

2.3.5 审美联想与审美理解的结构研究

1. 审美联想的结构

朱立元认为审美想象的初级形式是简单联想,具体包括:接近联想(睹物思人、爱屋及乌)、类似联想(欲把西湖比西子)、对比联想(从对某一事物的感知与回忆,产生与其相反特点其他事物的联想)等多重形式。[186]

具体来看,在旅游研究中,姜辽与徐红罡在研究文学旅游的审美消费时将审美联想分为联想人物、联想往事、联想环境、联想故事情节以及其他。[153]余志远与游娇提出,怀旧空间引发的旅游者想象对象包括场景、人物、物件及事件等,其中场景联想包括对历史场景、影视文学作品中的场景或个人亲身经历场景的联想,人物联想包括对现实中的人物或历史人物的联想,物件联想包括对真正的老物件以及做旧的物件的联想,事件联想包括对个人事件(即发生在自己身上并与个人过去相关的事件)和历史事件的联想。[168]张庆芳和徐红罡探讨了文学作品联想在自然旅游情境中对审美体验的作用,并提出,旅游者对文学作品的联想分为诗歌联想、绘画作品联想、民俗神话联想三个方面[155]。

2. 审美理解的结构

姜辽与徐红罡采用扎根理论分析方法研究了文学旅游的审美消费,其中提及,在文学旅游的情境下,审美理解包括景观理解、人物理解、环境理解三个要素。[153]吴清林等在研究喀斯特洞穴探险旅游的审美心理要素时提出喀斯特洞穴探险旅游中的审美理解包括三个层次:第一层次的理解为区分现实与虚幻;第二层次的理解是对喀斯特洞穴探险旅游内在含义的领悟;第三层次的理解是将思索融于想象与情感之中,对洞穴探险这一形式之下隐藏的意义的理解。[187]

2.3.6 茶文化与旅游的相关研究

1. 茶文化概念

中国拥有丰富的茶文化资源,茶文化是中国传统文化的重要组成部分,茶是中国文化的重要符号。"茶文化"这一概念最早出现在庄晚芳先生的《中国茶文化的传播》一书中[188],随后其他学者开始从广义与狭义两个层面对"茶文化"的概念与内涵展开阐释与讨论。广义上来说,陈彬藩提出,茶文化是以茶为中心的物质精神文明的总和,具体涵盖茶的历史、茶具、茶的品类、茶艺茶道、人文环境、饮茶习俗以及与茶相关的诗词书画等艺术形式。[189]范增平认为,茶文化是茶的衍生物,是以茶为核心的一系列物质、精神、习俗、心理以及行为现象。[190]《中国茶叶大辞典》从狭义层面界定茶文化就是饮茶的文化,具体包括对茶的欣赏、泡茶技艺、喝茶感受以及关于饮茶的文学作品等。吴光荣认为,茶文化是以茶为载体,以品茶活动为中心的内容,包括民俗风情、价值观念、审美情趣等。[191]

不同学者对茶文化作的定义有所区别,但都肯定了茶文化的丰富内涵,涉及物质与精神等内容。本书从广义层面对茶文化以及以其为主题的文化空间和旅游者体验展开研究。因此,本书对茶文化的定义遵循不同学者从广义层面对茶文化的定义,即茶文化是以茶为中心的物质和精神文明的总和,涵盖茶的历史、茶具、自然人文环境、茶艺、饮茶习俗、与茶相关的诗词书画等艺术形式以及茶中蕴含的与心理、行为、精神相关的内涵意义。

2. 茶文化审美体验溯源

中国茶文化兴盛于唐宋时期,以茶为题的诗无论在数量上还是内容上都较丰富。唐代陆羽所著《茶经》是世界上第一部关于茶的学术著作,其内容涵盖茶叶的发展历史、生长环境、种植、制作、器具、水质选用、饮茶习俗等。除了物质文化,事实上,陆羽《茶经》以"精行俭德"开篇,通过"茶"传达出平心静气、修身养性、俭朴、谦逊、温和等精神宗旨。另外,《茶经》中陆羽还提及在深山、寺庙、溪水旁、山洞等自然环境中的煮茶事项及感受,开启了于清静、自然山水间的饮茶环境,使得唐朝文人的审美情趣有了契合点,唐宋诗人写了许多有关于茶的诗来抒发自己饮茶感受或借饮茶抒发自己内心情感,同时进一步为茶增添文化内涵。[192]李白游湖北玉泉山,写道"茗生此中石,玉泉流不歇,根柯洒芳津,采服润肌骨。丛老卷绿叶,枝枝相接连",写出了茶叶的生长环境、状态及饮后感受。[193]唐代诗人梦皎写道"一饮涤昏寐,情来爽朗满天地。再饮清我神,忽如飞雨洒清尘,三饮便得道,何须苦心破烦恼",体现了饮茶带来的身体、情绪与精神感受。历史上帝王喜爱游茶园,例如清朝乾隆帝爱茶,六次南巡杭州,四次前往杭州龙井茶区游览,观茶园、采茶叶、品茶香,写出很多咏茶的诗。唐代诗人白居易饮茶于山水间,并将其体验描述为"游罢睡一觉,觉来茶一瓯,眼明见青山,耳醒闻碧流……从心到百骸,无一不自由"。宋代诗人黄庭坚写道"味浓香永,醉乡路,成佳境。恰如灯下故人,万里归来对影,口不能言,心下快活自省",写出了旅途饮茶中获得的在味觉、嗅觉、情绪与精神层面的不同体验。明代旅行家、地理学家徐霞客在游历中对茶多有记载,包括对茶景观的描述,例如"自茶洞仰眺,但见绝壁千霄,泉从侧间泻下",在僧舍"消受山中茶一杯"之后,又踏上了旅途,写道"左为僧庐,俱倚山凌空,可徙倚凭眺……僧供茗芳逸,山所产也"。从徐霞客的诗中可以看出,古人游山玩水感到疲惫时,寺院僧侣准备的茶往往能帮助游人扫去疲惫,给游人留下深刻印象。古代名茶多产自寺院,众多文人喜欢与僧人往来,常入庙观品茗寻茶,访友论道。明朝"吴中四才子"之一唐伯虎写有"日常无所事,茗碗自赍持。料得南窗下,浅见满鬓丝"。该诗借茶表达了悠闲的品茗心境。[194]另外,茶在明清是至清至雅的象征,文人雅士注重饮茶品质及饮茶时的情趣、情境与氛围,例如徐渭在其《徐文长秘集》中对宜饮茶的环境有所提及,即宜茶之境有松月下、花鸟间、竹林里、湖心小舟上、整洁屋子中等。[193]

综上所述,以茶为主题的古诗词,涉及与茶相关的物质与精神层面,具体包括对茶叶生长环境,茶叶功效,采茶、制茶、煮茶、饮茶相关物质元素,茶中蕴含的简朴清静的精神宗旨以及宜饮茶之境、饮茶感受等内容的描写。饮茶感受则涵盖感官、身体、情绪、以茶会友、借茶抒发的情感以及饮茶心境。同时,以茶为主题的诗词以及文人寻茶、饮茶历史故事也反过来为茶注入了文化底蕴。[192]通过文人的视角对茶进行艺术化处理,给茶赋予清高、淡雅的品性,使茶从日常事物转变为诗意化的审美体验。[195]朱海燕梳理了唐宋茶诗,首先分析了唐宋茶诗中描写的茶的形色之美、茶香之美、茶味之美,随后通过对茶诗的具体分析,得出茶诗中传达的"生态美",精行俭德的审美态度,以"和"为核心的审美思想,清幽的品茗环境,空灵、平淡闲适的饮茶心境,隐逸的情怀,超然的意境及以茶联谊的情意美等。[196]

3. 茶文化与旅游的相关研究

(1) 茶文化与旅游的潜在关联研究

当前以茶文化为主题的研究中,不同学科围绕茶文化的物质层面、茶文化内涵及茶文化的价值等进行不同研究。本小节将对茶文化与旅游之间的潜在关联进行梳理。

从茶文化元素在实体物理呈现层面看,现有研究将茶文化意义功能聚焦在家具设计[197]、建筑空间室内设计、景观设计、茶具创意的应用[198],以及茶文化空间的茶席设计[199]、茶文化体验馆展示设计[200]、禅茶美学视域下茶文化的视觉形象设计[201],"茶"元素在舞蹈表演中的呈现[202]等。从茶文化内涵意义层面看,不同学者研究了茶道中的意境与精神气质[203]、茶文化中蕴含的哲学价值、美学思想、禅宗思想、禅宗思想、中庸思想、和谐思想及生态文化思想等[204]。

此外,还有研究关注了茶文化的交流、传播与营销。例如,姜美爱惠田探析了中韩茶道文化交流及茶道观念比较[205];盛敏从贸易角度探讨了中国茶文化对外传播及对茶叶出口的影响[206];彭玉娟等从历史角度探讨了茶马古道与茶文化传播的交互关系[207];刘茜分析了仪式视角下茶文化的认同与传播[208];李欣从文化认同角度研究了茶品牌跨文化传播[209]。对于茶营销研究,杨婧从消费者行为视角探析了茶叶的营销[210];张倩楠分析了茶园参与体验对消费者购买行为的影响[211];罗光瑾从生态茶园体验视角分析了茶的营销策略[212];张明行基于传统文化研究了茶的营销策略[213]。

综上可以看出,当前非旅游领域关于茶文化的研究涉及茶文化符号在不同设计领域的应用、茶文化中蕴含的不同精神价值、茶文化传播交流以及从体验、行为、文化视角对茶营销策略的研究。虽然以上研究并不以旅游研究为主题,但分别从茶文化体验环境、体验内容等角度为本书对旅游者茶文化空间体验研究奠定了研究基础。

(2) 茶文化与旅游的相关研究

① 茶文化旅游资源及茶文化旅游开发

国外对茶与旅游的研究以乔利夫的《茶旅游:游客,传统与转型》(*Tea tourism: tourist, traditions, and transformations*)为代表,主要介绍了全球茶文化历史、世界主要种茶国家发展茶旅游的特点。[214]国内,对茶与旅游结合的研究关注茶文化旅游资源类型,包括:茶俗、茶礼、茶道[215];茶园、茶文化历史、文物古迹[216];文化景观(茶俗、茶艺、名人佳话等文化资源)[217];民族茶文化遗迹、做茶技艺[218]等。另外,现有研究从不同视角探索了茶文化旅游的开发,例如,孙艳红从以文化为主题的景观、艺术、风情三方面分析了茶文化旅游的开发设想[219];周坤与王进将茶文化与休闲结合起来探索茶文化旅游开发[220];夏怡基于国外葡萄酒旅游发展经验提出了龙井茶体验旅游发展模式[221];于兰兰从体验经济角度探索了茶文化旅游产品开发策略[222]。综合众多对茶文化旅游开发的研究可以得出,学者们普遍认为,茶文化旅游产品可以分为自然型、人文景观型、茶乡特色型、生态型、茶馆型、茶艺表演型等。[223-225]

② 茶与旅游融合中的旅游者

目前学界关于茶与旅游融合中旅游者的研究涉及三方面:旅游者对茶文化消费的心理需求、旅游者对茶文化旅游的参与动机、茶文化旅游体验的影响因素等。从旅游者茶文化消费心理需求及茶文化旅游参与动机来看,韩白莲和董玉峰认为,茶文化旅游发展要紧扣旅游者对多样性、新奇性与关联性的需求。[226]康健提出,茶艺体验中的接待条件、娱乐活动及对茶文化的体验都对旅游者的购买意愿起到正相关作用。[227]陈丽文以大仙峰的茶美人景区为例,从游客满意度方面对大田高山茶旅游发展进行了研究。[228]杨铃从旅游者参加茶文化旅游的动机、对茶文化景点的偏好以及对相关活动的偏好等方面对武夷山茶文化消费者进行了研究。[229]从影响旅游者茶文化体验的因素来看,郑小敏从供需双视角探讨了茶文化旅游体验的影响因素,提出人口统计因素、旅游者的知识、旅游经历等会影响旅游者的茶文化体验结果;而旅游地方面影响茶文化体验的因素则包括基础设施、茶文化旅游产品、茶文化旅游资源、配套设施、环境与市场营销定位。[230]戴雯雯研究认为,当前旅游者对茶文化的认知度偏低,茶文化旅游开发存在功利化及层次浅、茶文化体验中旅游者参与度较低三方面的问题,这三方面都会影响旅游者对茶文化旅游的体验。[193]

4. 研究述评

从整体上看,目前旅游研究领域对以茶文化为主题的研究数量较多,但对某一个主题进行系统与深化探讨的研究却有限。从研究内容来看,目前研究主要关注茶文化旅游资源与开发,而从游客角度展开的研究相对较少,更是缺乏对茶文化体验内容、体验环境以及旅游者身心体验结果的研究与探索。从研究方法上看,目前研究多以规范性探讨为主,罕见的几篇涉及旅游者茶文化体验的研究多借用其他研究情境中的成熟量表对旅游者茶文化体验或行为偏好进行定量研究。因此可以得出结论,目前学界对旅游地茶文化体验内容与研究方法上的缺失使得旅游目的地在为旅游者提供以茶文化为主题的旅游活动时因为系统理论的缺位而导致盲目实践。

从研究时间上看,虽然关于茶文化体验或茶文化旅游的文献出现的时间较早,但旅游中茶文化体验实践活动的实际效果并不理想。然而,随着人们生活水平及精神需求的不断提升,旅游地对茶文化的表征逐渐融入更丰富的历史文化艺术内涵,在表达方式上注重审美呈现及氛围的营造,关注旅游者身心方面对美的体验,从这个层次讲,过往研究并没有把茶与旅游融合中茶文化真正的特点揭示出来。因此,本书以旅游者为研究视角,深入探析旅游者对旅游地茶文化体验的内在形成机制与特点，旨在从理论与实践层面为旅游地茶文化空间及旅游地其他同类型文化空间的再生产与提升旅游者茶文化体验质量提供借鉴意义。

2.4 本书中核心概念应用的理性辨析

2.4.1 空间生产理论对空间感知结构的启示

空间生产理论包括空间的实践、空间的表征以及表征的空间三个方面。其中，空间的实践是指空间的物理形态，是可以被感知的维度。虽然空间生产理论的内核在于关注文化意义、空间中社会关系的形成与重构以及社会权利的实现，但本书认为，要探讨旅游者在旅游地茶文化空间体验结果的形成，需回归到旅游者身体在旅游地茶文化空间的"浸入性"，也就是说，旅游者在旅游地茶文化空间获得的在场体验始于旅游者身体走进旅游地茶文化物理空间并获得基础感知开始。因此，在探讨旅游者茶文化空间的初步感知时，空间生产理论中空间实践维度的构成给我们的启示是：旅游者对旅游地茶文化空间的初步感知包括对旅游地茶文化空间物质空间的感知与空间实践活动的感知，如图2.2所示。需要说明的是，旅游者对旅游地茶文化空间的感知内容还需留待针对实际调研结果的分析来加以进一步地证实与完善。

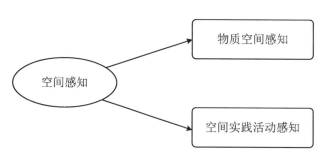

图2.2 空间生产理论中空间实践维度对旅游者空间感知构成的启示

2.4.2 第三空间理论对空间感知与旅游者审美体验之间关系的启示

空间审美体验的生成在于主体对空间的感性经验及诗性思维的融合，其核心是结合空间理论对空间要素、空间存在、空间现象等的美学讨论，空间审美包括以"向外转"的视角将空间审美纳入社会学、美学、地理学等学科领域探讨空间美学的文化意义,同时以"向内转"的视角探析主体的空间审美特征、空间的想象性以及审美体验。[166]

当旅游者身体处于某个空间时,不论其是否具备人文素养,都会与空间产生互动,进而形成审美场。[27]第三空间对研究旅游者审美体验的启示在于:首先,物理性的第一空间是旅游者在场审美体验发生的基础,它强调旅游者获得的审美体验发生于某一个具体的地点与空间范围的构成与特征,这一空间是可感知的物理空间。其次,主观性的第二空间是旅游者获得在场审美体验的中间阶段,其产生是以物质性的第一空间为对象,即在物理性的第一空间的刺激下,旅游者经过活跃的思维活动,调动内心已有的经验,进而形成更进一步的主观构想或意象。需要说明的是,每位旅游者都有自己关于旅游、学习、工作、生活的经历与故事,它们形成旅游者心中的经验,并影响旅游者的自身素养。最后,索亚的第三空间是涵盖物质性的第一空间、主观性的第二空间以及二者相互作用产生的结果,正如旅游者最终获得的旅游体验结果归因于旅游者所处的空间、旅游者自身以及二者之间发生的作用,所以本书就用第三空间的体验来解读旅游者在旅游地茶文化空间最终获得的审美体验。

通过以上对空间生产理论、第三空间理论与旅游者审美体验的理性辨析,可以得出:旅游者第三空间的审美体验受到物理性的茶文化空间形态及构成因素的影响(可感知的第一空间)及旅游者主观构想(构想的第二空间)的共同影响。这一影响过程可以描述为:首先,旅游者身体"浸入"在旅游地茶文化空间中(第一空间),并用身体亲历、感知这一空间,同时也在主观精神层面对茶文化空间的符号进行初步解读,进而获得对旅游地茶文化空间的综合性初步感知。其次,当旅游者对旅游地茶文化空间产生初步感知后,会激发旅游者调动内心经验形成旅游者进一步的主观构想或意象(第二空间),此时这一主观构想空间包括旅游者在物理性第一空间诱发下产生的主观联想或是脑海中对空间内涵的进一步理解。实际上,旅游者在旅游地茶文化空间物理形态及构成因素刺激下,调动内心经验的这一过程,其实是旅游者与空间之间建立进一步的情感联结的过程,这种联结可以是可感知的茶文化空间物理形态及构成因素诱发旅游者产生关于人、事、物、环境的回忆或联想,也可以是在旅游者对旅游地茶文化空间产生基础感知的基础上对空间文化内涵意义产生的进一步的理解。最后,在上述旅游地茶文化空间与旅游者主观构想的共同作用下,形成旅游者对旅游地茶文化空间的综合性审美体验,这一审美体验形成机制如图2.3所示,而根据上述阐释,还可获得旅游地茶文化空间对旅游者审美体验影响关系概念模型如图2.4所示。

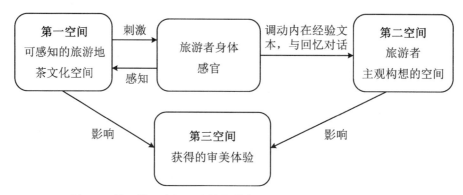

图 2.3　基于第三空间理论的旅游者审美体验形成机制分析框架

图 2.4　基于第三空间理论的旅游地茶文化空间对旅游者审美体验影响关系概念模型

2.4.3　都市空间的审美呈现对审美体验构成的启示

爱德华·索亚对"都市空间的审美呈现"的探讨透露出的审美态度渗透着投入式感官的享受、身体的快感与主观精神上的审美鉴赏和审美愉悦。另外,索亚还认为介于真实与想象之间的都市空间呈现为人们带来了两种审美的选择:"镜"与"灯",是在"镜"中看都市的影子? 还是以"灯"照亮都市的核心? 这是两种不同的审美倾向,其中,"镜像"审美隐喻从镜子中反思达到对自我的省察,而"明灯"审美隐喻的是通过明灯照亮都市的核心,发现都市空间的价值,总而言之,"镜"与"灯"反映了审美的自我关照以及都市空间的存在价值。[93]整体来看,索亚在都市空间的审美呈现上关注感官身体的享受、主观心理愉悦、"镜像"审美之自我省察以及"明灯"审美之空间价值。

本书借用索亚对都市空间审美呈现的探讨来指导旅游者在旅游地茶文化空间获得的第三空间审美体验,具体涉及旅游者的身体感官享受、心理愉悦以及索亚谈及的审美体验的"镜"与"灯"。具体来说,审美体验之"镜像"体验指旅游者通过在旅游地茶文化空间的一系列体验过程对自我的省察反思或自我实现,审美体验之"明灯"体验则指通过"明灯"照亮的旅游地茶文化空间的价值(茶文化空间外部空间环境及茶文化空间中内隐的符号意义)为旅游者带来的对旅游地茶文化空间的认同。

综上所述,本小节得出基于索亚的第三空间理论的旅游者在旅游地茶文化空间获得的审美体验构成如图2.5所示,需要说明的是,这一审美体验构成还需留待进一步针对实际调研结果的分析来加以证实与完善。

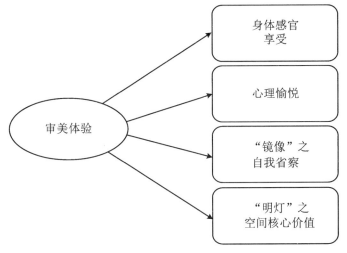

图2.5 审美体验构成

本 章 小 结

首先,本章通过文献梳理对旅游地文化与文化展示、旅游地文化空间与旅游地茶文化空间、旅游体验与旅游审美体验、审美联想与审美理解四组核心概念进行归纳与界定,确定本书的研究边界。

其次,本章内容对旅游地文化空间、旅游审美体验、旅游地文化空间与审美体验的关系、审美联想与审美理解的结构,以及茶文化与旅游相关研究进行回顾梳理发现:

(1)目前关于旅游者对旅游地文化空间体验的研究,从研究主题上看,多基于某一微空间视角(例如书店、酒吧等)探讨旅游者对文化空间的体验,具体研究内容也多强调空间中符号意义对旅游者产生的影响,忽视了对旅游者"身体"在"文化空间"中的"浸入性"这一问题的系统关注。从研究方法上看,现有研究多采用质性研究或规范性研究方法探讨文化空间的构成或旅游者对文化空间的感知与体验,缺乏进一步采用综合性的研究方法对旅游者文化空间体验形成过程及体验结果构成进行深入与系统性的研究与讨论。

(2)目前关于旅游者审美体验的研究,单从数量上看仍较缺乏。从研究内容上看,主要呈现三种类型:第一类是从整体视角探讨旅游审美的特性或者辨析旅游的本质;第二类实证性研究多聚焦自然情境,研究自然情境下旅游者的审美体验构成及影响因素;第三类则采用质性研究方法探讨旅游者对于文学旅游的审美消费。

再次,本章对空间生产理论、第三空间理论、具身理论以及符号互动与旅游学符号等相关理论的核心内容进行了阐释,并将空间生产理论与第三空间理论对本书核心概念(空间感知、审美体验)及其之间关系的启示进行了理性的辨析,为后续定性与定量的实证分析阶段奠定了一定的理论基础。

最后,综合以上相关文献的梳理,可以看出,随着旅游业的不断发展以及旅游者对美好生活及品质旅游需求的不断提升,旅游研究领域已经意识到旅游者审美体验研究的重要性。然而,当前旅游研究领域从空间视角对旅游者文化体验及对文化情景下旅游者审美体验的系统性、深入性研究仍较有限。此外,空间生产理论与第三空间理论等在内容与分析方法上都与本书对旅游者茶文化空间感知与审美体验的分析有着密切的联系,为本书研究提供了理论基础。

因此,本书认为,基于空间生产理论及第三空间理论视角探讨旅游者对旅游地茶文化空间的感知与旅游者审美体验结构以及二者之间关系的研究,会推进旅游地文化空间、旅游者文化空间体验及旅游审美体验的具体化研究,深化、拓展三者的研究边界及内涵,且对实践活动中旅游地文化空间品质及其带来的旅游者体验质量的提升具有重要的理论意义。同时,本书也希望借此进一步深化旅游研究领域对旅游者身体与空间相互作用下引发的旅游者内部心理活动空间作用的关注以及对当前社会发展背景下对旅游者感性需求及旅游者体验研究中的"感性"转向。

第 3 章 旅游者茶文化空间感知对审美体验影响机制的理论构建

本章以旅游地茶文化空间为研究情境,采用质性研究方法,通过对旅游者访谈资料进行质性编码,分析并构建旅游者对旅游地茶文化空间感知的结构维度、旅游者在旅游地茶文化空间获得的审美体验的结构维度以及旅游者茶文化空间感知对审美体验的内在影响机制理论模型。

3.1 研 究 设 计

3.1.1 案例地介绍

1. 案例地选择说明

本书所选案例地武夷山,位于福建省北部,历史悠久,拥有丰富的自然与文化资源。对于旅游地研究而言,武夷山作为研究案例地,具有较强的代表性与示范性。

(1) 从旅游发展历程来看:武夷山旅游发展起步较早,早在1979年,武夷山当地就自建规划团队对旅游景区规划建设进行部署工作,历经四十多年的发展,已在旅游发展所需要素方面形成完善的产业结构且具有较高的品牌知名度,其打造的主要旅游品牌见表3.1。

(2) 从自然资源来看:① 武夷山是典型的丹霞地貌,属于亚热带季风气候,降水量多,充沛的雨水与湿润的气候孕育了武夷山奇特秀丽的自然景观。② 武夷山保存了世界同纬度带最完整、最典型与面积最大的中亚热带原生性森林生态系统,拥有植物种类3728种,其中有28种列入国有珍稀濒危种植物。武夷山森林覆盖率达80.46%,空气纯净,负氧离子含量高,被誉为"天然氧吧"。③ 武夷山因拥有完整的生态系统及丰富的动植物资源,被称为"世界生物之窗""天然植物园""鸟类天堂""蛇的王国""昆虫世界"等。

(3) 从文化资源来看:① 武夷山于1999年被联合国教科文组织列入世界自然与文化双重遗产名录。② 武夷山优越的山水孕育了众多独特的地域文化,例如,武夷山拥有世界文化遗产84处,国家级历史文化名镇1处,国家级历史文化名村2

处,传统村落14处,非物质文化遗产38项等。具体来说,武夷山有国内外迄今发现的年代最早的架壑船棺与现今保存较完整的汉代王城遗址;有分布在景区各处的430多处摩崖石刻,内容涉及朱子理学文化、茶文化及宗教文化,这些摩崖石刻既记载着历史,又起着景观美学阐释的作用;还有分布在五夫镇及武夷山景区的朱子理学文化及其遗迹,宋朝儒学集大成者朱熹在武夷山长期居住,因此,武夷山被称为"道南理窟"和"闽邦邹鲁"。而分布于武夷山景区内的不同宗教文化,使得武夷山儒释道三教并存,可谓"千载儒释道"。③ 武夷山茶文化丰富且历史久远,包括斗茶、茶艺、茶道、茶歌舞、茶文化演艺活动等,茶文化是武夷山自然风光及文化的综合体现,可谓"茶以载道"。苏轼、朱熹、范仲淹等古代文人留下众多以茶为主题的诗文。整体来看,武夷山的古村落、古民居、古街、红色文化遗址、武夷岩茶(大红袍)制作工艺等都赋予武夷山的文化以多样性,并形成其丰厚的历史底蕴。

表 3.1 武夷山主要旅游品牌

年份	旅游品牌
1979	国家重点自然保护区
1982	首批国家重点风景名胜区
1987	被联合国教科文组织列为世界生物保护圈
1992	被联合国教科文组织列为全球生物多样性保护区
1992	被国务院批准为国家旅游度假区
1999	被原国家旅游局评为首批中国优秀旅游城市
1999	被联合国教科文组织列入世界自然与文化双重遗产名录
1999	被评为全国第二批文明风景旅游区示范区
2003	被评为中国十大名山之一
2003	被评为中国唯一茶文化艺术之乡
2006	武夷岩茶(大红袍)制作技艺被列入第一批国家非物质文化遗产名录
2007	被原国家旅游局评为首批国家5A级旅游城市
2010	被权威旅游丛书《孤独星球旅游指南》评为"全球十大最幸福地方"之一
2012	荣获"中国特色魅力城市"称号
2013	被美国有线电视新闻网(CNN)评选为"中国最美景点"
2013	被原国家旅游局列入国家生态旅游示范区
2013	武夷山汉城遗址入列国家考古遗址公园
2014	被《英国电讯报》评为"全球十大幸福指数最高的地方"之一
2016	被列入国家公园体制试点城市之一
2018	获得中国"十佳魅力城市"称号
2018	入选国家生态文明建设示范区

资料来源:笔者整理。

2. 案例地茶文化旅游资源概况

(1) 茶叶种植、制作、品牌营销与茶文化

武夷山与茶有关的旅游资源涉及茶的种植、生产、销售，建筑，遗址、遗迹与人文活动。① 在茶叶种植方面，武夷山茶叶种植过程中茶树品种的选择、茶树的培育知识都是茶文化形态的表现。武夷山茶叶生长对气候、土壤、光照、水分等都有较高要求，这里的茶叶多种植在幽谷、峭壁、崖壑、山坳及缓坡山地等处，所形成的盆景式茶园、梯田式茶园、斜坡茶园或平地式茶园等形成了天然生态自然景观茶园。另外，武夷山茶园采用生态无公害及规模化、集约化管理。② 在茶叶生产制作工艺方面，武夷岩茶（大红袍）制作工艺于 2006 年被列为国家级非物质文化遗产。经历了茶叶制法不断改善，武夷岩茶制作需采青、晒青、做青、炒青、揉捻、复炒等 20 多道制茶工序，并在武夷山代代传承与发展，具有重要的文化意义。③ 在茶叶营销与品牌建设方面，武夷山茶叶历经多年发展，已具有较高的品牌知名度。例如，2003 年，武夷山被评为中国唯一茶文化艺术之乡，2006 年武夷岩茶（大红袍）制作工艺被列入国家非物质文化遗产名录等。另外，武夷山邀请张艺谋等知名导演共同打造《印象大红袍》山水实景演艺，举办海峡两岸茶叶博览会等活动，借用电视节目、网络媒体等对武夷山茶品牌进行宣传。2018 年武夷山在中央电视台举办的《魅力中国城》节目中获得中国"十佳魅力城市"称号，并推出了城市文化符号——茶，以上营销与品牌建设活动，都对武夷山茶文化的传播与传承起到了重要作用。

(2) 旅游推动下的茶文化发展

① 武夷山茶山在种植与管理上要求打造盆景式、梯田式的景观茶园，因此，武夷山景区满山遍野既是茶叶科研培育基地，又可供人欣赏。② 武夷山茶文化旅游资源涵盖建筑景观、遗址、遗迹景观与人文活动。其中，建筑景观包括中华武夷茶博园、摩崖石刻茶诗、下梅古茶村、天心永乐禅寺、武夷山茶博馆等；遗址、遗迹包括御茶园遗迹、遇林亭窑址、大红袍母树、茶洞、茶灶石等；人文活动包括茶艺展示（武夷山功夫茶有 18 道工序）、《印象大红袍》演艺活动（以茶为主题，融合技术、诗、歌、舞蹈形式，以山水实景为演出背景诠释武夷山茶文化、历史文化及当地百姓生活，在感官与内容上为游客带来文化审美体验）、喊山开山祭茶仪式、大红袍制作工艺等。③ 武夷山建成一批集茶叶种植、加工生产、茶产品及文化展示等为一体的大型综合茶文化体验式休闲旅游区。2019 年 9 月底开始，武夷山首批设立 180 多家免费吃茶处，茶室商家不仅免费为游客提供茶叶品茗，还会提供不同体验项目，例如展示制作工艺、武夷岩茶评审活动等，以此让游客体验武夷山茶文化深厚底蕴、丰富旅游内涵、提升旅游品质。

3. 研究对象选择说明

本书从空间视角将旅游者对武夷山茶文化的体验作为研究对象，具体理由如下：

(1) 茶文化旅游资源方面

第一,武夷山优越的自然环境、温和的气候、清新的空气,营造出依山傍水的茶山风光,满足当代旅游者休闲、放松、养生的需求。

第二,武夷山茶文化历史悠久,内涵底蕴丰富,其茶文化历史遗迹、茶诗、茶仪式、茶艺工序等茶文化中蕴含的哲学意蕴等都为武夷山茶文化奠定了深厚的人文内涵。武夷山作为儒释道三教同山,更是与茶文化相辅相成,可谓"茶以载道"。

第三,武夷山是红茶发源地与乌龙茶的故乡,是中国唯一茶文化艺术之乡,"大红袍"母树作为古树名木被列入世界自然与文化遗产事项,这些都为武夷山茶文化品牌效应推波助力。

第四,武夷山"无山不茶""无店不茶""无家不茶",家家户户都喝茶的现象营造了武夷山浓厚的茶文化氛围,而茶(文化)也作为武夷山的城市符号,反映出了当地居民的生活方式及传统文化。"客来莫嫌茶当酒",茶,也成了武夷山人招待客人的必备饮品,谈论茶的相关知识成了武夷山人待客的重要环节。

第五,随着旅游活动的介入,武夷山茶室、茶居数量与质量得到不断发展,其风格装饰多结合字画、绿植等,以简约中式禅风为主,为人提供身心一体的美感体验。而随着旅游的发展,制茶空间也更多地面向旅游者进行展示与体验。整体而言,自然生态性、文化性、空间性构成了武夷山茶文化空间的内涵属性。

(2) 旅游者需求方面

新时代美好生活视域下,旅游是人们修身养性的重要方式,人们出行中更想要获得有品质的旅游体验,而文化与旅游的融合,是旅游者需求中"诗和远方"的融合。人们到异地体验当地流传下来的生活与文化印记,因此,旅游地文化在旅游中的融入使得人们在旅游中的获得感更为丰富、厚重并具有品质。旅游者对武夷山茶文化的体验内容涉及自然景观、人文景观与文化内涵,其体验的生成是基于茶的内在文化属性、展示的空间属性,以及旅游者身、心与茶文化空间之间的双向互动展开。

此外,由于茶文化自身隐喻的"静心与慢节奏"的文化本质,旅游者在茶旅游地文化空间获得的体验是一种慢节奏的、关注文化与自我的、从身体到精神的愉悦体验,而这一结果也正是当今旅游者对文化、旅游与生活品质需求与关注的具体体现。

基于以上,本书围绕旅游者对武夷山茶文化空间的感知与其最终获得的审美体验展开,以期通过对调研资料的分析,构建并检验旅游者对旅游地茶文化空间感知结构、审美体验结构及茶文化空间感知对审美体验的内在影响机制模型,为提升旅游地文化空间品质及旅游者对旅游地文化空间的审美体验提供管理建议。

3.1.2 研究方法与研究步骤

1. 研究方法

(1) 扎根理论

本章旨在探索并构建旅游者茶文化空间感知的结构维度、旅游者在旅游地茶文化间中获得的审美体验的结构维度,以及旅游者茶文化空间感知对审美体验的内在影响机制理论模型。目前,国内外对旅游者文化空间感知结构的研究较零散,缺少系统地从整体空间构成的角度探索其结构维度。而对旅游者审美体验的研究单从数量上看更是有限,需要深入分析其内在结构维度及生成过程。因此,本章采用质性研究对旅游者茶文化空间感知及审美体验结构维度进行分析,并构建二者之间的内在影响机制理论模型。

质性研究是探索开发新构念或补充完善现有理论的一种方法,强调通过对所收集经验材料进行细致、系统的分析来具体探究社会现象,构建理论。本章借鉴扎根理论对访谈旅游者获得的一手经验材料进行质性分析。扎根理论作为施特劳斯和格拉泽共同提出的一种质性研究方法(the discovery of grounded: strategies for qualitative research)[231],在管理学、社会学等研究领域被普遍应用[232-234],其宗旨是依托经验资料进行分析、归纳,进而发现或发展理论。

扎根理论认为,经验中形成的理论才具有生命力,因此,扎根理论强调从原始经验资料中丰富发展理论,强调知识就是一个不断从客观事实发展成实质理论的过程。该理论方法的优势在于其可以从经验事实中归纳、抽象出新的概念与理论思想。采用扎根理论进行质性分析的材料可以来源于访谈、参与观察等,其宗旨是在没有事先理论假设的前提下,要求研究者依托所获得的经验材料入手,采用自下而上、逐步上升的方法对所获得的原始资料进行反复推敲、归纳,探寻反映现象本质的核心概念,进而不断将这些概念进行对比关联与推理演绎,建构理论[235],这一方法的关键是对资料进行逐级编码(一级开放编码、二级主轴编码和三级选择编码)。

综上所述,扎根理论方法适用于通过对原始资料的分析去探究社会现象、发现新概念、建立概念之间的关联,进而发现建构理论,符合本书的研究目的。本书旨在借鉴扎根理论,通过对旅游者访谈资料的反复推敲、归纳总结,寻找旅游者在武夷山茶文化空间感知及其获得的审美体验的概念维度,推理演绎这些范畴概念之间的关联,进而构建旅游者茶文化空间感知对审美体验的影响机制理论模型,为后续研究奠定理论基础。

(2) 访谈提纲设计

本书围绕研究的核心问题,设计访谈提纲过程如下:

首先,研究结合空间感知、审美体验等概念的内涵,同时梳理、借鉴现有文献中的相关内容进行访谈提纲的设计。克谢尼娅等在研究旅游者对旅游地的审美判断维度时采用访谈法邀请旅游者回忆去过的比较美的地方,并询问旅游者为什么觉得这些地方比较美?[160]姜辽和徐红罡在研究文学旅游的审美消费时设计的访谈问题集中在了解游客游览了哪些景点及游客游览过程中想到什么,另外,该研究在扎根理论分析过程中重点关注文学旅游地的审美消费体现在什么地方,游客看到什么,想到什么,如何理解和评价。[153]庞玮在研究入藏旅游者宗教文化空间认同时,向旅游者问及"您对西藏较为深刻的体会有哪些?为什么?您觉得这些体会和感受会对您自身有什么影响?通过这次旅行,您觉得有什么感悟或收获吗?"[131]

其次,针对以上设计的访谈提纲,研究者听取并借鉴1位旅游管理专业教授及2位博士研究生的建议,完善访谈提纲,并在访谈了3位旅游者之后,对访谈提纲进行了进一步的调整与修正,最后确定访谈内容主要围绕以下4个问题展开:① 您在武夷山去过哪些让您体验比较好的与茶文化有关的地方?例如茶山、茶室、茶厂、茶文化演艺场所等。② 这些地方为什么让您觉得体验比较好?您能否逐个具体描述一下当时让您体验比较好的场景是什么样的?③ 您能否描述一下当时具体体验过程是怎样的?④ 在这些与茶文化相关的地方,您获得的体验是怎样的呢?您在武夷山体验了茶文化以后有什么收获与感悟吗?

2. 资料收集

(1) 样本选择

质性研究中的抽样与定量研究有所不同,质性研究不要进行随机抽样。[236]质性研究的目的在于对一个问题进行深入的分析,所以样本量一般较少,且可以采用"目的性抽样"。质性研究中的抽样要围绕研究目的、研究者所具备的条件、样本与研究者之间的关系等关键问题进行。因此,考虑到本书的目的与所具备的条件,本书选取在武夷山旅游过程中对茶文化有较多体验的旅游者为访谈对象,采用电话访谈与面对面访谈两种形式进行。

本书访谈共分两个阶段。第一阶段是预调研,本阶段访谈3人,访谈后针对访谈过程中遇到的问题,对访谈提纲内容及访谈方式进行调整及针对性修订。第二阶段是正式调研,访谈30人,其中男性15人,女性15人,年龄分布在10岁到65岁之间,具体访谈对象详细资料见表3.2。

表3.2 受访者基本信息

基本信息	统 计 项	人数	占比
性别	男	15	50%
	女	15	50%
年龄(岁)	10~19	2	6.7%
	20~29	10	33.3%
	30~39	11	36.7%

续表

基本信息	统 计 项	人数	占比
年龄(岁)	40~49	3	10%
	50~59	3	10%
	60~65	1	3.3%
体验空间	茶室	30	100%
	茶厂	18	60%
	茶山	30	100%
	茶演艺(《印象大红袍》)	24	80%

(2) 资料收集

扎根理论需经过循环往复、不断演化发展的过程,旨在从原始资料中发现并提升理论。基于此,本书采用半结构访谈法,通过电话与面对面访谈两种形式调研,收集一手访谈资料并采用循序渐进的方式,分阶段进行访谈。具体来说,每次访谈前,研究者都向旅游者介绍访谈的背景意义,每个样本访谈时间控制在 20~60 分钟不等,访谈过程中对被访谈者的回答保持灵敏性,对其回答进行确认与进一步追问,旨在使被访谈者对所问问题做到详细回答。研究具体访谈过程如下:

第一阶段为预研究阶段,时间为 2020 年 8 月,此阶段通过电话访谈了 3 位旅游者,每次访谈为一对一访谈,持续时间 30~40 分钟不等。此阶段访谈的主要目的是根据访谈过程中出现的问题对访谈提纲内容及访谈方式进行修订完善。具体操作是,访谈结束后,研究者与 1 位旅游管理专业教授及 2 位博士研究生进行讨论,最终确定正式访谈提纲内容,完善访谈过程中与被访谈者交谈的方式和问题,为正式访谈奠定基础与指导。

本次预调研后,需要完善的主要内容有:首先,就访谈方式而言,访谈过程中应更加放缓交谈速度,为被访谈者留出足够思考时间。其次,就访谈内容而言,在此次预访谈中,研究者发现,访谈问题无须太过细致,只需重点围绕访谈问题②、③、④(具体见第 3.1.2 小节中的访谈提纲设计)三个核心问题邀请被访谈者详细描述即可。访谈期间,研究者需对被访谈者做情绪上的回应并对旅游者的回答保持敏感性,进而继续深入追问,被访谈者就会如讲故事般、绘声绘色地细致描述当天体验空间的环境场景构成、人物的行为活动甚至是在场人员的具体神态,以及旅游者自身获得的体验与感悟等与本书密切相关的问题。

第二阶段为正式调研阶段,时间为 2020 年 9 月,此阶段共访谈 30 位旅游者。访谈方式包括电话访谈与实地面对面访谈两种。其中,电话访谈 11 人(男性 7 人,女性 4 人),实地面对面访谈 19 人(男性 7 人,女性 12 人)。访谈对象的获取方式有两种:电话访谈采用滚雪球的方式调研,调研对象为研究者近两年内到过武夷山并较多体验过武夷山茶文化的朋友及当时与他们一起旅游的同伴;另一种则是研究者到武夷山民宿茶居及大红袍景点寻找旅游者并与其进行面对面、一对一的访谈。

到武夷山民宿茶居访谈原因在于两点:第一,因访谈需要时间较长,在这些地方进行访谈可以使得访谈过程较从容。第二,现在武夷山民宿、茶居多为茶企老板经营打造,风格多与茶相关,房间为旅游者配备茶叶、茶具等,且打造茶公共空间,为旅游者提供品茶交流的公共区域。武夷山民宿公共茶文化空间示例如图 3.1 所示。

到武夷山大红袍景点访谈原因在于四点:第一,笔者向导游了解到,游客到大红袍景点一般是旅游者在武夷山正式游玩的第二天或第三天,此时,大多数游客已经观看过武夷山茶文化演艺项目(《印象大红袍》),并有过在茶室、茶叶店品茶的经历。大红袍景点是武夷山户外茶文化空间的重要组成,在此处接受访谈的旅游者已经普遍对武夷山茶文化有了较多的体验。第二,去往大红袍景点的路上,遍地茶山、茶树,这些茶山采用景观式或盆景式打造,茶树上挂有介绍茶树相关知识的标识牌。第三,在去往大红袍景点的路上,导游会就地为旅游者讲解武夷山茶叶历史、种类、种植与管理等相关茶文化知识。第四,大红袍景点附近的茶树、茶山形成了美丽的自然景观,游客人来人往,很多绘画爱好者在此处采风,为茶文化户外自然空间又增添了文化氛围。旅游者在武夷山大红袍景点体验茶文化示例如图 3.2 所示。

图 3.1 武夷山民宿公共茶文化空间示例

3. 分析步骤

经过对以上调研访谈原始资料的整理,本书第二阶段共获取 39708 个字符的原始访谈资料记录,参照扎根理论分析方法,随机选择 24 份原始访谈资料进行分析,预留 6 份原始访谈资料用作本书的理论饱和度检验。其中扎根理论分析方法的分析流程及注意事项如下:

图 3.2 旅游者在武夷山大红袍景点体验茶文化示例

扎根理论的原则是强调从资料中发展提升理论,需要研究者在分析过程中对理论保持高度敏感性,并在原始资料与理论之间不断进行对比,根据资料与理论之间的关系,提炼概念与范畴,挖掘并建立范畴与范畴之间的联系,寻找故事线,然后聚焦核心范畴,进而逐步构建理论。具体来说,分析过程需将原始资料"打散—重组—浓缩",即对原始资料进行开放编码、主轴编码及选择编码[237],其具体操作流程如图 3.3 所示。

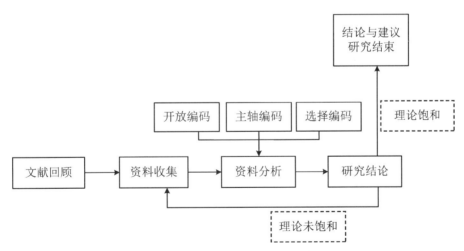

图 3.3 扎根理论分析方法操作流程

本书严格按照以上分析流程并且遵循以下三级编码操作注意事项对获取的原始资料进行分析。

(1) 开放编码

在开放编码时,研究者要悬置个人偏见及已有理论,对原始资料本身进行分析编码。这是一个将收集的资料打散,赋予概念,再重新组合的过程,是对原始资料贴标签、概念化、规范化及范畴化的过程。

具体流程如下：① 贴标签是借用标签标注与研究相关词语或句子，通过不断对比，对原始材料进行现象定义，对原始资料逐行编码，对资料中出现的现象、事件、行为、意义等进行命名。② 概念化是对现象进行不断比较，进而凝练、归纳出能够描述现象的概念。③ 规范化是对形成的初步概念进一步提炼，形成能够精确反映资料中原始含义的概念。④ 范畴化，即发现范畴的过程，是对概念化中得到的概念进一步提炼，最终形成清晰的范畴定义。

（2）主轴编码

主轴编码旨在发现与建立概念类属之间的联系。这些联系可以是因果关系、相似关系、结构关系等。主轴编码时，研究者只能聚焦一个类属展开深度分析并寻找相关关系。

（3）选择编码

选择编码需要发展出一个核心范畴，使其能够全部收纳或者紧凑关联所有的主范畴，由此建立出高度抽象、科学严谨的理论框架。具体步骤如下：第一，确定核心范畴。第二，寻找、展开故事线探索。故事线必须围绕核心范畴来描述整体现象，它不仅要阐释各个主范畴之间的相关关系，还应包括各种脉络关系。第三，检验初步建立的假设，即利用资料中呈现的因果、现象、中介、行动策略及结果等进行验证。第四，根据各个层级的关系，进行理论构建。

（4）理论饱和度检验

理论饱和度检验需通过分析新增加的质性材料对以上所获得的概念、范畴作进一步检验，验证除经过以上编码获得的模型外是否还存在新的范畴，若无，则可认为达到理论饱和。[238]

3.2　旅游者茶文化空间感知概念维度构建分析

本书在扎根理论分析过程中严格遵循扎根理论流程，为保证编码过程的客观性与严谨性，在对原始资料进行整理分析编码过程中，研究通过咨询1位旅游管理专业教授及2位博士研究生的方式来确保编码的科学性与客观性，避免个人的主观与偏见对研究结果产生影响。本节将旅游者对访谈问题②（这些地方为什么让您觉得体验比较好？您能否逐个具体描述一下当时让您体验比较好的场景是什么样的?）的回答（本书全部访谈提纲设计过程及理论依据见第3.1.2小节）作为原始访谈资料，并遵循扎根理论分析方法对该原始材料进行整理分析，来获得旅游者茶文化空间感知的结构维度。

3.2.1 开放编码

本书按照"界定现象—概念化—范畴化"分析思路对本书所获得的原始资料进行开放编码。具体编码流程如下:① 贴标签与定义现象,该步骤利用标签标注与本书相关的词语、短语或句子,并进一步对标签标注的内容进行归纳整合。② 概念化,即对完成的初步概念进行提炼、归类并整合出新的概念,用代码 aai 表示。③ 规范化,对已完成概念进行规范性提炼,用代码 AAi 表示。④ 范畴化,即将前一步得到的概念进行进一步规范性地提炼,形成新的范畴,用代码 Ai 表示。

1. 贴标签与定义现象

本部分内容将旅游者对访谈问题②(这些地方为什么让您觉得体验比较好?您能否逐个具体描述一下当时让您体验比较好的场景是什么样的?)的回答作为分析旅游者茶文化空间感知的原始材料,并严格按照扎根理论分析程序进行分析。第一步是对原始质性材料进行逐行分析编码、贴标签与定义现象。研究在分析过程中悬置个人主观偏见及现有理论,对原始资料反复对比分析后进行贴标签与定义现象,当分析到第 23 份时候,关于对旅游者茶文化空间感知的分析没有再出现新的标签,截至此时分析,本部分共获得 145 个现象,分析过程示例见表 3.3。

表 3.3 旅游者茶文化空间感知原始资料贴标签与定义现象示例

案例序号	原始资料与贴标签	定义现象
1	这里有好多卖茶的店(茶叶店多),店里摆了各种茶叶(茶叶摆放),木质的家具(木质家具),挺大的桌子(茶桌),然后别人就帮我们泡茶(泡茶),灯光比较柔(灯光柔和),周围挂了古香古色的画(画),感觉茶叶店喝茶配上这样的画会更有感觉,整个感觉可能比较淡雅(淡雅)。	茶叶店多,木质家具,茶桌,泡茶,灯光柔和,画
2	那就先说去景区茶山吧,当时天气不错,走在景区,周边都是茶树(茶树),空气清新很舒服(空气清新),满眼的绿(茶山满眼绿),那里面就不会觉得干燥,恰到好处的湿润(湿润)……边上还有寺庙(寺庙),感觉像古建筑的那种,那个感觉也很美……然后路上看到有很多挑着茶叶采茶的茶农(采茶活动),采茶的是妇女,男士是负责挑,虽然知道他们这样确实很辛苦,但是看着的人,在那样的环境下,又觉得这个画面还满诗情画意的。	树,空气清新,茶山满眼绿,湿润,寺庙,采茶活动

2. 概念化、规范化与范畴化

贴完标签及定义现象后,本小节按照扎根理论流程继续对定义好的 145 个现象不断进行比较，凝练出能够描述概括现象的概念，得到 59 个初始概念，再对这 59 个概念进一步规范化，形成能够精确反映原始含义的 52 个规范化概念，然后再通过反复对比与进一步提炼，发现概念之间的类属关系，形成 22 个范畴，具体编码示例见表 3.4。

表 3.4　旅游者茶文化空间感知开放编码过程示例

定义现象	概念化	规范化	范畴化
茶室风格古色古香(a71)，茶室很简约朴素(a101)，茶室是禅风(a132)，茶室装修风格跟传统文化有关(a77)，茶室装修风格跟茶文化有关(a17)	aa1 简约自然古朴	AA1 茶室风格	A1 风格
茶室外部环境很自然(a46)，武夷山茶景观古朴、原生态(a43)(a121)(a122)	aa2 自然古朴	AA2 户外风格	
茶室灯光是暖光(a51)，茶室灯光很柔和(a102)	aa3 茶室灯光	AA3 茶室灯光	A2 灯光
《印象大红袍》灯光效果震撼(a36)	aa4《印象大红袍》灯光	AA4 演艺灯光	
茶室色彩跟传统文化有关(a77)	aa5 茶室色彩	AA5 茶室色彩	A3 颜色
《印象大红袍》布景颜色漂亮(a89)	aa6《印象大红袍》布景颜色	AA6 演艺布景	
在茶山看到满眼的绿色(a27)	aa7 茶山颜色	AA7 茶山颜色	
茶室案几等家具都是木质的(a15)(a54)，茶室厕所都是木质雕花(a73)	aa8 茶室家具材质	AA8 茶室材质	A4 材质
茶山看到寺庙门是木头的(a133)	aa9 寺庙门材质	AA9 建筑材质	

3.2.2　主轴编码

本部分内容遵循第 3.1.2 小节中介绍的主轴编码要求与规范，将开放编码阶段(第 3.2.1 小节中内容)获得的 22 个范畴，通过不断逐一对比分析，借鉴"动因条件、现象、行动策略和结果"这一典型范式，将各个范畴连接到一起，从而寻找、建立资料所展示的各部分内容之间的联系[235]，同时结合文献阅读，归纳、提炼主范畴。在编码过程中，研究者还应重点关注并结合被访谈者在表达这些内容时的原因、目的以及访谈时的具体情境及个体特征与行为表情等进行编码。

本书按照以上主轴编码要求，对开放编码中获得的 22 个范畴进行反复对比与提炼,探寻证据链,最后获得3个主范畴,即空间设计、环境氛围、空间活动。主轴编码过程见表3.5。

表3.5　旅游者茶文化空间感知范畴与主范畴关系列表

范　　畴	主范畴
A1 风格,A2 灯光,A3 颜色,A4 材质,A5 形状,A6 装饰,A7 建筑,A17 布局,A18 标识	Ca1 空间设计
A8 声音,A9 气味,A10 干净,A11 空气质量,A12 茶室多,A13 茶厂多,A14 茶树茶山多,A15 其他茶元素多,A16 家家户户有茶	Ca2 环境氛围
A19 东道主行为活动,A20 旅游者行为活动,A21 表演活动真实性,A22 表演活动文化性	Ca3 空间活动

1. 主范畴 Ca1:空间设计

当问及旅游者"这些地方为什么让您觉得体验比较好？您能否逐个具体描述一下当时让您体验比较好的场景是什么样的？"的时候,旅游者逐一地、自发地、如讲故事一般地对当时的场景(包括环境与现场活动等)进行了详细的描述,且旅游者的回答主要以武夷山茶室、茶山、茶厂、与当地人互动及茶文化演艺活动为描述对象。其中,旅游者提及的"古色古香""简约朴素""自然古朴原生态"描述了这些不同微观茶文化空间的风格,对于风格的整体感受来源于不同茶文化场景的空间形状、材质、灯光、色彩及其他装饰点缀。在访谈时,笔者还发现,《印象大红袍》茶文化演艺360°旋转舞台设计尤为被旅游者提及,原因除了舞台旋转设计给旅游者的惊喜外,还有一个重要的原因是舞台的旋转布局设计可以使得旅游者随着场景的变动而改变位置,从而给旅游者带来更好的视觉体验。关于对空间布局的描述,旅游者描述到"茶室布局不错,我尤其喜欢它的落地窗户,可以把室外的景色借到室内"等。此外,当旅游者描述茶山、茶园的场景时,还特别提及"茶树上挂着一片一片的标签,可以了解茶叶生长情况等。"无论是茶相关自然景观还是人文景观、人文活动,旅游者评价这些都能让人感觉舒适放松。由此看来,以上茶文化空间构成因素都以中国传统文化或茶的文化性为基调,共同塑造了武夷山茶文化空间设计因素,其证据链如图3.4。

例如,旅游者描述道:

我去一个茶叶店喝茶。那个茶叶店的布置我超喜欢,它里面有一个大茶桌(茶桌),上面布置得特别好,有小植物(绿植),灯光比较柔和(灯光)。

再例如:

它的空间布局,比如它有一个大的、落地的、通透的玻璃,然后玻璃外面种了形状很好的树(茶室布局),你坐在那边喝茶就感觉像身处一幅画中(像一幅画)。

然后我们去了大红袍景点,那里的茶树上有标签(标签),可以了解不同茶叶的生长情况……我眼睛的度数比较高,这个看了确实也给人放松的感觉(放松)。

我们走路去大红袍种植地那里……这边环境特别舒服(舒服),它那里面到处都是茶叶,我们带小孩去那里走走也挺好,会带小孩去认一下那些茶树,因为有的茶树上挂了一些介绍的牌子(标签),挺好。

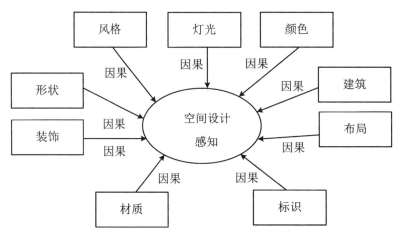

图3.4 旅游者茶文化空间设计感知的证据链

2. 主范畴Ca2:环境氛围

当旅游者对令自己觉得体验较好的茶文化空间场景进行描述时,在不同茶文化空间听到的"轻音乐""古琴声""水流声""虫鸣鸟叫的声音"及"茶山、茶室整体的安静感""幽静感"等,都被旅游者具体提及。另外,研究者在访谈时发现一件有意思的事情,旅游者在描述茶室的环境及安静感的时候,不自然地声音就会减弱,并伴随着手势的动作放轻缓,仿佛又回到了当时那个安静、幽静的场景。另外,茶室喝茶时点的熏香、到处可以闻到的茶香等都让旅游者感受到这是一个可以让人放松的环境。而茶山清新的空气、宽广的视野、湿润的空气、凉爽(温度)的感觉等更是与都市日常生活形成对比,让旅游者感到惬意,并且描述道"喝喝茶、逛逛茶山,简直像神仙过得日子"。

再者,武夷山茶文化氛围浓厚,在访谈中,研究者发现,旅游者不断提及"到处都是茶室""到处都是茶""感觉这里家家户户都有茶"等相关表述,而旅游者提及的这些现象正是武夷山发展茶叶经济及茶文化旅游的重要体现。从访谈资料的分析可以看出,声音、气味、干净、空气质量、茶室多、茶树茶山多、茶厂大、到处都是茶叶及茶元素、武夷山家家户户都有茶共同构成了旅游者对茶文化空间环境及茶文化氛围的感知,即旅游者感知茶文化空间的另一个主范畴:环境氛围,证据链如图3.5

所示。

例如,当旅游者描述体验较好的茶室场景时:

环境中有流水的声音(水流声),还有一点轻音乐(轻音乐),人在里面就会感觉很安静(安静感)。

我们昨天喝茶的地方,好像是一个会所,整个环境都是那种暖光灯、射灯(灯光),然后会放很轻柔的音乐(轻音乐),会点熏香(熏香)。

至于茶山,我们去的那天天气比较阴凉,因为这两天都在下雨。但是一到那里,闻到那里的空气,感觉很清新(空气清新)。我们在景区茶山逛了一下,从远处看茶山确实有云雾缭绕的感觉(云雾缭绕),很幽静(幽静)。

旅游者表达道:

我感受到这里家家户户都参与到茶叶产业里面,都喝茶(家家户户喝茶),到处都是茶(到处是茶),可以这么说,在武夷山,你不去特意了解茶,都能感受到这个茶的氛围。

然后这边到处都是可以喝茶的茶叶店(茶叶店多),我感觉还是比较注重这方面文化的融入,比如我们去一些公共场所,到处都能看到精致的茶具(到处是茶具)。

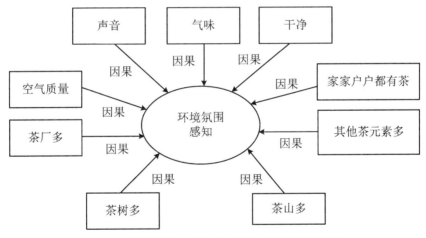

图 3.5　旅游者茶文化空间环境氛围感知的证据链

3. 主范畴 Ca3:空间活动

旅游者对于武夷山茶文化空间的感知除了对空间设计及环境氛围的感知外,还包括对空间主体实践活动的感知、对东道主行为活动的感知、对旅游者行为活动的感知以及对演艺活动真实性与文化性的感知。其中,对东道主行为活动的感知体现在对武夷山当地人采茶、制茶、品茶交流活动的感知及对当地人茶文化素养、仪态仪表与专业性的感知,对旅游者行为活动的感知体现在对自身参与的茶文化体验项目活动的感知。

另外,在本书的访谈过程中,许多旅游者提及对《印象大红袍》茶文化演艺活动的体验比较好,除了对其灯光、舞台设计印象深刻外,旅游者还详细阐述了《印象大红袍》展示的内容及旅游者自身的体验结果。例如,"《印象大红袍》是山水实景演出""它真实再现了当地的故事及制茶场景""武夷山的茶文化贯穿演出内容始末"等表达都体现了旅游者对《印象大红袍》演艺活动表演真实性与文化性的感知与关注。因此,对东道主行为活动的感知,对旅游者自身行为活动的感知以及对演艺活动真实性与文化性的感知共同构成了旅游者对茶文化空间活动的感知,具体证据链如图3.6所示。

例如:

我们在茶山看到了采茶的工人,他们挑着茶下山,也看到了阿姨坐在路口休息,我们都知道她们要去采茶(采茶活动)。

再比如:

先说说《印象大红袍》吧。它是实景表演(实景表演),环境看起来很真实,就感觉真的去到了种茶的地方,表演的舞台是一阶一阶的,像茶山一样(表演环境真实)。

然后我还看了大红袍主题的演艺活动,它讲了武夷山茶的历史渊源(茶历史)。我记得当时有演武夷山这里制茶的片段,给我印象比较深刻、比较真实(制茶片段真实),所以我就比较关注。

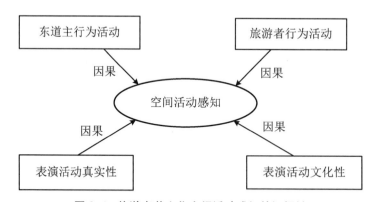

图3.6 旅游者茶文化空间活动感知的证据链

3.2.3 选择编码

选择编码是将主轴编码过程中归纳出的范畴发展、提取出一个核心范畴,使其能够全部收纳或者紧凑关联所有的主范畴,起到"提纲挈领"的作用。选择编码时的重要步骤在于梳理故事线并确定核心范畴。先确定核心范畴,围绕该核心范畴分析并建立与其他支线范畴的联系。再用建立起来的范畴与关系开发故事线,解释说明存在的现象。

本部分将主轴编码中获得的3个主范畴与原始访谈资料进行多次比较,同时结合列斐伏尔空间生产理论对空间实践的定义(空间实践包括物质空间及空间活动)确定本部分内容的核心范畴,并将该核心范畴定义为旅游者茶文化空间感知。

故事线:旅游者置身于旅游地以茶文化为主题的空间,空间中的物理构成、空间中开展的活动以及空间的环境氛围都能作为刺激因素引发旅游者对旅游地茶文化空间产生初步的感知。本小节对旅游者围绕访谈问题②(这些地方为什么让您觉得体验比较好?您能否逐个具体描述一下当时让您体验比较好的场景是什么样的?)进行的回答作为分析资料进行分析,分析结果显示,旅游者的相关表述聚焦在旅游地茶文化空间设计因素、环境氛围因素以及空间活动因素。

因此,以核心概念作为中心点,起到"提纲挈领"作用,串联起所有概念的原则,本部分研究核心概念可以定义为旅游者茶文化空间感知,具体如图3.7所示。

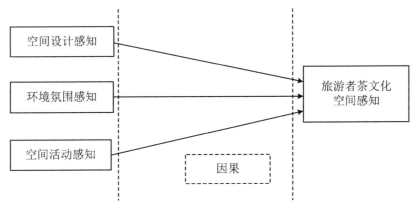

图 3.7 旅游者茶文化空间感知概念结构模型

3.2.4 理论饱和度检验

本小节在前期预留的原始访谈材料中随机抽取3份访谈材料进行扎根理论开放编码分析,从而检验是否还有新的概念产生,过程如下:

访谈放资料一:

我去了景区茶山,还有茶叶店、茶厂。我去的那家茶厂就是小工作坊那种,里面有一些机器(制茶设备)。然后我就去喝茶(喝茶),茶室有一个木质(材质)的很大的茶桌(茶桌),茶室很大(茶室大)。茶山看过去一片绿(茶山颜色),烟雾缭绕(云雾缭绕),然后比较安静(安静)。

访谈资料二:

它那里有茶山,还有制茶的地方。我们首先去了制茶的地方,里面有各种制茶机器、摇茶的东西(制茶设备),工作人员还给我们演示了一下怎么操作(示范制茶),一进去就闻到了很香的茶香(茶香)。茶厂内部有不同的空间,有的用于储存、有的用于加工,整个布局很清晰(茶厂布局)。当时,我的朋友还去试着摇茶(笑着说),我没摇(体验制茶)。

访谈资料三:

整个喝茶的茶室,布置很柔和(柔和),古色古香(古色古香),然后还有墙上的水墨画、毛笔字(字画),案几都是实木的(材质),颜色搭配的都很温暖,灯光给人的感觉很柔和(灯光),走进去很舒服(舒服),很静(安静)。

通过对以上对预留随机抽取的 3 份原始访谈资料的编码分析,没有出现新的概念。因此,本书认为,前期对旅游者茶文化空间感知理论模型分析已经达到饱和,可以通过理论饱和度检验。

3.3 旅游者茶文化空间审美体验概念维度构建分析

目前,旅游研究领域已经意识到旅游审美的重要性,但研究数量仍十分有限,研究内容一方面探讨旅游的本质是一种审美活动,另一方面将审美体验作为旅游体验的一个维度进行简单探讨,而研究方法以质性研究方法为主。[155]整体而言,现有研究缺乏对审美体验具体维度进行深入与系统性的分析。因此,本节将旅游者对访谈问题④(在这些与茶文化相关的地方,您获得的体验是怎样的呢?您在武夷山体验了茶文化以后有什么收获与感悟吗?)的回答(本书全部访谈提纲设计过程及理论依据见第 3.1.2 小节)作为质性分析的原始材料,并采用扎根理论分析方法对旅游者在茶文化空间获得的审美体验进行分析,以确定旅游者在茶文化空间获得的审美体验的结构维度。

3.3.1 开放编码

本书按照"定义现象—概念化—范畴化"分析思路对本书所获得的原始资料进行开放编码。具体编码流程如下:① 贴标签与定义现象,该步骤利用标签标注与本书相关的词语、短语或句子,并进一步对标签标注的内容进行归纳整合。② 概念化,即对完成的初步概念进行提炼,归类并整合出新的概念,用代码 bb_i 表示。③ 规范化,即对已完成概念进行规范性提炼,用代码 BB_i 表示。④ 范畴化,即将前一步得到的概念进行进一步规范性地提炼,形成新的范畴,用代码 B_i 表示。

1. 贴标签与定义现象

本小节将旅游者对问题④(在这些与茶文化相关的地方,您获得的体验是怎样的呢?您在武夷山体验了茶文化以后有什么收获与感悟吗?)的回答作为原始材料,并严格按照扎根理论分析程序进行分析。第一步是对原始质性材料进行逐行分析编码并进行贴标签与定义现象。分析过程中悬置个人主观偏见及现有理论,在对原始资料进行反复对比分析后进行贴标签与定义现象。当分析到第22份材料时候,关于对旅游者茶文化空间体验的分析没有再出现新的标签,截至此时分析,本部分内容共获得103个现象,分析过程示例如表3.6所示。

表3.6 旅游者审美体验原始资料贴标签与定义现象示例

案例序号	原始资料与贴标签	定义现象
1	那就先说去景区茶山吧。我走在景区,周边都是茶山,空气很舒服,满眼的绿,恰到好处的湿润,鸟语花香,整个感觉就很舒服,一路都还蛮开心的(在茶山感觉舒服开心)。除了路两边的茶树,边上还有寺庙,感觉像古建筑,很美(茶山很美)。后来我们走累了,有那个寺庙里喝一点茶,有清风徐来的感觉,真的很爽(微风舒适),因为我们一路走过去看到的都是茶山,然后再在寺庙这里喝一点茶,就很舒服,真的觉得这里是真的好,就真的会暂时忘记生活的烦恼(忘记生活的烦恼)。我记得路上也有看到挑着茶叶的人,采茶的茶农也有很多,采茶的是妇女,男士是负责挑,虽然知道他们这样确实很辛苦,但是作为看着的人,在那样的环境下,觉得这个画面还满诗情画意的(采茶画面美),就很有我们在古诗里读到的"七八点星天外,两三点雨山前"那种非常质朴的农村景象。	在茶山很开心,茶山很美,微风舒适,忘记烦恼,采茶画面美
2	我记得那天去一个茶厂,落地窗借了窗外的景色,把窗外的景色带到茶室里面。我真的很喜欢茶室内借助外面的环境,自然风景本身就是一幅很美的画(茶室内借助外面自然风景,像一幅很美的画)。那天喝茶的愉悦感(喝茶愉悦),我觉得很好,因为茶本身也是偏自然的,喝茶时的这种放松、闲谈(喝茶放松)的感觉跟外面的景色很融洽。喝茶的过程中,我就有听他们交流这个茶的一些东西,就会加深对这边茶的一个了解吧,听一听还是挺不错的(听讲解茶知识,加深理解,感觉不错)。	茶室借助外面自然风景像画;喝茶愉悦;听讲解茶知识,加深理解,感觉不错

2. 概念化、规范化与范畴化

贴完标签及定义现象后,本小节按照扎根理论流程继续对定义好的103个现象不断进行比较,进而凝练出能够描述概括现象的概念,得到52个初始概念。继续对这52个初始概念进一步凝练,得到46个规范化概念,将这46个规范化概念再进行反复比对与提炼,形成19个范畴,具体编码过程见表3.7。

表 3.7 茶文化空间审美体验开放式编码过程示例

定 义 现 象	概念化	规范化	范畴化
武夷山茶文化体验是视觉享受	bb1 视觉享受	BB1 整体视觉享受	
《印象大红袍》实景结合,视觉效果很美	bb2 表演视觉效果好	BB2 表演美	
茶山景色好,很漂亮;茶山等自然景观有美的价值;一路有绿色的茶山,有溪流、寺庙、古崖居,整个感觉还是比较美,像画一样	bb3 茶山美	BB3 茶山美	B1 视觉美
看到有人在那里喝茶,诗情画意,感官上真的是美的	bb4 户外喝茶诗情画意	BB4 户外喝茶场景美	
茶室整体上很舒适,视觉上美;茶室室内布置美;茶室内借助外面自然风景,像一幅很美的画	bb5 茶室布置美	BB5 茶室美	
采茶画面很美	bb6 采茶画面美	BB6 采茶画面美	
喝茶时放着轻音乐,很安静,整个人都沉下来,很享受	bb7 轻音乐声让人享受	BB7 音乐美	
再听听古琴,很安静,多惬意啊	bb8 古琴声惬意		
听工作人员说说茶的一些知识,感觉很好	bb9 听讲解交流声享受	BB8 交流声美	B2 听觉美
茶室很安静,我们喝茶的时候注意力也比较集中,就感觉还不错;茶山很幽静,那种感觉很神奇	bb10 茶室、茶山安静美	BB9 安静美	

3.3.2 主轴编码

本部分内容遵循第 3.1.2 小节中介绍的主轴编码规范与原则,将开放编码阶段(第 3.3.1 小节中的内容)获得的 19 个范畴,通过不断逐一对比分析并借鉴"动因条件、现象、行动策略和结果"这一典型范式将各个范畴连接到一起,从而寻找、建立资料所展示的各部分内容之间的联系[235],同时结合文献阅读,归纳、提炼主范

第3章　旅游者茶文化空间感知对审美体验影响机制的理论构建

畴。编码过程中研究者还关注并结合被访谈者在表达这些内容时的原因、目的以及访谈时的具体情境及个体特征与行为表情等。

本小节按照以上主轴编码要求对开放式编码中获得的 19 个范畴进行反复对比与提炼，探寻证据链，最后获得 4 个主范畴，即感官审美、审美情绪、茶文化空间认同与自我实现。主轴编码过程见表 3.8。

表 3.8　旅游者审美体验主轴编码过程

范　畴	主范畴
B1 视觉享受，B2 听觉享受，B3 嗅觉享受，B4 味觉享受，B5 触感舒适	Cb1 感官审美
B6 平静，B7 开心愉悦，B8 心满意足，B9 精力恢复，B10 兴奋	Cb2 情绪审美
B11 使人忘却烦恼的地方，B12 感受到茶文化力量的地方，B13 独特的地方，B14 使人修身养性的地方，B15 很有意境的地方	Cb3 茶文化空间认同
B16 改变认知，B17 丰富内心，B18 学习，B19 进步与收获	Cb4 自我实现

1. 主范畴 Cb1：感官审美

武夷山茶文化展示，无论在茶室、茶山、茶厂还是茶文化演艺等静态或动态的展示，都融合了"茶"元素在中国传统文化中的意象与武夷山自然风景及其他当地传统、历史文化，在视觉、听觉、嗅觉、味觉及触感方面为旅游者提供"诗情画意""静""古色古香""雅"等体验，促使旅游者在感官方面获得"美""舒适""惬意""享受"等感官审美体验。其证据链如图 3.8 所示。

例如：

我这次去了五夫镇的民宿，第一个就是它的氛围，茶室坐落于荷花池的上面，透过落地窗户，你就能看到外面的荷花，你会感觉喝茶跟荷花是比较搭的。那个感觉，我觉得好美，视觉上美（<u>茶室舒适，视觉上美</u>），心情也美（<u>心情美</u>）……那里很安静、很舒服（<u>茶室安静</u>），所以我们三四个朋友在那里，泡一壶茶，聊聊天，四个小时就过去了。它那边喝茶氛围还蛮好的。整个民宿布置有一个蛮妙的地方，就是每一个房间都配一个茶室，每一间茶室门口都有一个瓜棚，会让你感觉来到了乡下，然后进去又不是乡下，视觉上让人感觉也挺原生态，很美（<u>茶室布置视觉上原生态，很美</u>）。周围都是虫鸣鸟叫还有青蛙叫，这对一个都市人来讲，很惬意放松（<u>虫鸣鸟叫，原生态，感觉惬意放松</u>）。整体来说，我觉得在这个环境中喝茶真的很好，在这样的环境中喝茶才有风味。

2. 主范畴 Cb2：情绪审美

依据访谈原始材料，在武夷山的茶文化体验过程中，旅游者不仅仅可以获得感官的美感与享受，也参与品茶、制茶、与当地人交流等实践活动。在茶室、户外等不同空间的品茶交流活动使得旅游者"沉浸其中""心沉下来""心平气和的，去享受当下的意境，专注当下的空间、时间与事物"。旅游者从中获得了一种内心平静、不浮

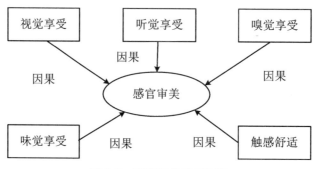

图 3.8 感官审美的证据链

躁、惬意放松、专注与享受当下的体验感受。在以茶文化为主题的演艺活动中,无论表演方式、表演内容还是舞台背景设置,都使得旅游者在获得感官享受的同时还增进了对武夷山茶文化内涵的理解。而品茶活动中,旅游者与当地人一同品茶,以茶为媒,交流(或听介绍)茶相关知识或聊天,旅游者又收获了茶相关的知识,同时也收获了"一杯茶"带来的尊重以及与朋友惬意聊天的乐趣与放松。无论茶文化表演还是静心品茶活动,都使得旅游者身心感到愉悦、满足与兴奋。另外,景观式、盆景式设计的茶山及其他点缀的融合,更让旅游者发出"空气清新,品品茶、看看山,整个人都精神起来了"的感慨。对于没有亲身体验过茶文化的旅游者来说,在武夷山对茶文化的体验满足了自身对新事物体验的需求。整体而言,旅游者获得的内心平静、开心愉悦、兴奋、精神精力恢复与满足等积极情绪感受,催生了旅游者在情绪上的审美,旅游者认为"在武夷山喝茶就是享受一种文化、一种意境,喝茶的时间就是愉悦的时间,心情愉悦"。其证据链如图 3.9 所示。

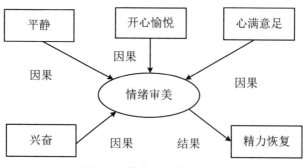

图 3.9 情绪审美的证据链

例如:

在这边对茶文化的体验,我觉得都不能仅仅用"价值"来衡量,因为我觉得这种感受让我非常满足(满足),有一种很幸福的感觉(幸福)。这边绿水青山的环境就是一种享受(享受),因为在当地人给我们讲解的过程中,我们是在享受这种文化氛围(享受文化),感觉身心都得到了极大的满足(身心满足)。这种满足感不是说用金钱可以衡量的,也不是我买了多少东西就能满足的,比如放松的感觉(放松),还有人家对你的尊重(尊重),也就是说,人家给你泡一杯茶,给你讲一些茶文化的知识,是很尊重你的一种体现,所以这些方面不是用钱可以衡量的。

喝茶会让人的情绪安静下来,也就是静心(静心)。现在年轻人在一起都点奶茶之类的,其实我觉得大家可以泡一壶茶,我觉得这个可能更适合聊天,环境不会那么嘈杂,我觉得就挺好的,也会挺开心的(开心)。喝茶的这种感觉挺好,会让我静下来。我这次也有买一点茶,打算回去送给我外公,因为他喜欢喝茶。

3. 主范畴 Cb3:茶文化空间认同

在武夷山,茶树、茶山、茶厂、茶文化表演、到处都是茶的现象以及四处飘散的茶香、浓厚的茶文化氛围,使旅游者感受到"在武夷山,你就算不想去了解茶,也会被这里的茶'浸润',在这里,你就算不想去了解茶文化,也会在无形中了解到茶文化"。在与当地人一起品茶交流的过程中,当地人展示出的对茶与喝茶环境品质的关注以及流露出的对茶的情感以及做茶的自信与成就感,让旅游者真切感受到茶文化在武夷山的传承,并认为喝茶已成为当地人生活的一部分甚至已经成为当地人生活的一种文化理念。家家户户坐下来喝茶聊天或者当地人带着茶具于户外山水之间喝茶的情境更是让旅游者感慨当地人生活惬意。茶文化提升了当地人的生活品质。

另外,武夷山作为世界自然与文化双重遗产地,有山有水有茶,让旅游者感觉"在这里,自然与茶相辅相成,诗情画意,与其他地方不同。"而茶山满眼绿色,加上清新自然的空气,以及喝茶时悠闲的文化意境,让旅游者感受到"在武夷山,看看风景、喝喝茶、聊聊天,感觉这里古朴清新,可以让人暂时忘记生活的烦恼,精神上感到舒服,修身养性"。由此,旅游者通过对武夷山茶文化空间的体验后认为,武夷山是一个可以让人感受到茶文化力量的、独特的、有意境的地方,在这里可以使人忘记烦恼、修身养性,以上因素都促使旅游者加深对武夷山茶文化的认同,其证据链如图 3.10 所示。

例如:

我感受到这里家家户户都会参与到茶文化里面,家家户户都喝茶(家家户户喝茶),到处都是茶(到处是茶),我在这边的人身上看到了他们做茶的那种成就感(做茶人身上的成就感)。

整体上看,我感觉武夷山的这个茶文化,确实有传承(茶文化传承)……感觉这边人的生活品质会因为茶得到改善(茶提升当地人生活品质),家家户户都有茶桌、茶室等,很有茶文化的氛围。

4. 主范畴 Cb4:自我实现

通过上文分析可以看出,旅游者整个身心浸润在武夷山茶文化空间中,并且通过身心与茶文化空间的互动获得具身体验。旅游者感受到的武夷山茶文化空间的

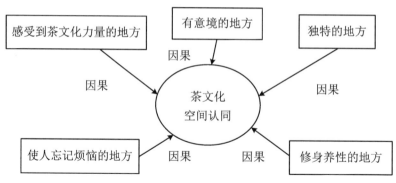

图 3.10　茶文化空间认同的证据链

物质美、环境美、文化意义美、意境美等都促使旅游者获得感官上的审美、身心的放松与情绪的愉悦。另外,旅游者对制茶、种茶、采茶情境的体验,还使得旅游者产生对自我生活的思考并改变以往认知,例如"喝茶的环境与过程让旅游者思考,今后生活也要像品茶一样要慢下来,不要浮躁"。当感知到当地做茶人不断学习,努力提升自身素养时,旅游者认为自己也不应该停滞不前,应该要不断学习。另外,对茶文化的体验,使得旅游者了解学习到茶的相关知识,并在其过程中感受到当地人来自"一杯茶"的尊重,感受到内心不断得到充实与丰富等。因此,武夷山茶文化空间除了使旅游者获得感官、情绪上的美感,让旅游者对武夷山茶文化空间产生认同外,也在某种程度上使旅游者学习、收获与进步,改变了其认知,使其内心变得更丰富,这些因素都使旅游者在此次旅游体验中实现了自我,其证据链如图 3.11 所示。

例如:

在这里喝喝茶,再听当地人讲一讲,我觉得特别好,会让人感觉以后想事情不要那么急躁(以后想事情不要急躁)。

这边的慢生活会让我感觉很好,以后还会想来。我感觉喝茶真的让人心态会放平和一些,做事不要冒进、激进,稳一点(心态放平和,不要激进)。

还有收获人家对你的尊重,就是给你一杯茶的那种尊敬。人家给你泡一杯茶,给你讲一些茶文化的知识(了解学习茶文化知识),是很尊重你的一种体现(收获一份尊重)。

3.3.3　选择编码

本小节将主轴编码中获得的 4 个主范畴进行进一步分析,并将其与原始访谈资料进行多次比较,确定本部分内容的核心范畴,并将该核心范畴定义为旅游者茶文化空间审美体验,其故事线如下:

在武夷山,旅游者置身于茶文化空间中并在茶文化空间中获得愉悦的具身体

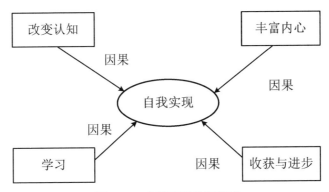

图 3.11 自我实现的证据链

验,具体表现为:旅游者感官感受到的"舒服、惬意、美与享受",以及情绪上感受到的"平静、愉悦、满足与精力恢复"。除此之外,旅游者还对武夷山茶文化空间产生认同,并且认为自己无论在知识学习方面还是对自我的思考与内心的收获等方面进一步实现了自我。实际上,以上旅游者对武夷山茶文化空间体验涵盖旅游者在感官、情绪、情感、精神方面获得的美的体验。本部分研究最终选取核心范畴审美体验来囊括旅游者在茶文化空间获得的积极的、较好的体验,如图 3.12 所示。

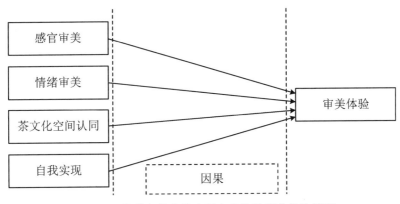

图 3.12 旅游者茶文化空间审美体验概念结构模型

3.3.4 理论饱和度检验

本部分内容在前期预留的原始访谈材料中随机抽取 3 份访谈材料进行扎根理论开放编码分析,从而检验是否还有新的概念产生,访谈材料如下:

案例一:

这次在武夷山体验了茶文化,感觉在这喝的茶香味非常浓,挺好喝(茶好喝),我也很喜欢闻这个味道(喜欢闻茶香)。整个喝茶环境还有喝茶过程让我觉得整个人比较平静(喝茶时平静),很享受那一刻(享受当下),就像品茶一样,我们的生活也要慢慢来,要做一个心静的人(生活要慢下来)。

案例二:

整体来说,武夷山给我感觉整个城市都是跟茶挂钩的,到处都是茶叶(茶氛围浓厚)。我感觉武夷山因为有这个茶,它整个氛围显得比较古典,外加满眼的绿色,给人以视觉享受(整体视觉享受)。在那样的环境下,整个人就很悠闲、放松(悠闲放松),泡茶给人感觉是一种静心的过程,我们坐下来,慢慢品茶,心就会静下来,比较惬意(静心惬意)。我感觉这个地方整个生活节奏是比较缓慢的,所以让人感觉身心都比较舒适(身心舒适)。

案例三:

我比较喜欢这边户外喝茶的感觉,你看武夷山这边山清水秀,我觉得这就是最好的喝茶环境。我们在武夷山待了好多天了,有一天在这里找一个草地喝茶,我感觉比较有意思(有意思),心里感觉很放松(内心放松)。那天我们去的地方离我们住的民宿比较近,那个地方有条小溪,周围有树荫,这种就感觉比较好。我也看到有其他人在户外喝茶,他们可能是当地人吧。他们更专业,会摆一个茶席,这样挺好的,但我们没有,我们就是找一个干净的地方坐下来喝茶,就很舒服、很惬意(舒服惬意)。

通过在预留的访谈材料中随机抽取3份原始访谈资料并对其进行编码分析后,没有出现新的概念。因此,笔者认为,前期对旅游者茶文化空间审美体验理论模型的分析已经达到饱和,可以通过理论饱和度检验。

3.4 旅游者茶文化空间感知对审美体验影响机制的理论构建

在探索了旅游者对茶文化空间感知与审美体验二者结构的基础上,本书将继续深挖旅游者茶文化空间感知是如何影响其审美体验的。针对这一问题,研究者向旅游者提出访谈问题③"您能否描述下当时具体体验过程是怎样的?"(本书全部访谈提纲设计过程及理论依据见第3.1.2小节),并以旅游者对此问题的回答作为本节研究内容的原始质性分析材料,在此基础上,研究采用扎根理论分析方法随机抽取25份访谈资料进行分析,并将剩余8份用于检验理论饱和。

3.4.1 开放编码

本书按照"贴标签与定义现象—概念化—范畴化"的思路对获得的原始资料进行开放编码。具体流程如下：① 贴标签与定义现象，该步骤利用标签标注与本书相关的词语、短语或句子，并进一步对标签标注的内容进行归纳整合，用代码 di 表示。② 概念化，即对初步概念进行提炼、归类并整合出新的概念，用代码 ddi 表示。③ 规范化，即对已完成概念进行规范性提炼，用代码 DDi 表示。④ 范畴化，即将前一步得到的概念进行进一步规范性的提炼，形成新的范畴，用代码 Di 表示。

1. 贴标签与定义现象

本部分内容将旅游者对访谈问题③（您能否描述下当时具体体验过程是怎样的?）的回答作为原始质性材料，按照扎根理论分析程序进行分析。分析过程中悬置个人主观偏见及现有理论，严格按照访谈原始资料真实反映的现象，并在对原始资料进行反复对比分析后进行贴标签与定义现象。当分析到第 22 份材料时候，没有再出现新的概念，截至此时，本部分内容共获得 221 个现象，分析过程示例见表 3.9。

表 3.9 旅游者茶文化空间感知对审美体验影响机制原始材料贴标签与定义现象示例

案例序号	原始资料与贴标签	定义现象
1	看完这个演出后，你会对武夷山茶的整个历史渊源(d1)，还有武夷山的茶文化会有一个更深的感受。就是你刚开始不知道大红袍是怎么来的(d2)，它可能通过编撰事实并结合神话故事，让你觉得这个茶突然之间好像清晰起来了，在视觉上给人感觉更好(d3)。整体来说，我认为这场表演对向游客传播武夷山的茶文化起到很大作用，同时也一定程度体现了茶文化的传承(d4)。武夷山的茶文化穿插在整场演出中(d5)，这个表演让我们觉得喝茶非常有品位，有一种静心、享受的氛围和感受，让我觉得喝茶是文人骚客的事情，是一件很健康的事情(d6)。然后表演还介绍了采茶过程(d7)，让我觉得采茶工挺不容易(d8)，然后还让我觉得来武夷山一定要喝茶，看完这个演出感觉回去就想喝个茶。这个演出它给我的印象比较深，我也会介绍给朋友，告诉朋友去武夷山一定要看《印象大红袍》，它会是我推荐给朋友的一个亮点。我还去了香江名苑，整个制茶过程中都有人解说(d9)。我之前对喝茶不太有感觉，但那天在演出现场真的就觉得喝茶有内容在里面(d10)。	d1 了解武夷山茶的历史渊源 d2 了解大红袍来源 d3 表演视觉效果好 d4 传播传承茶文化 d5 茶文化贯穿表演始末 d6 喝茶是一件健康的事 d7 介绍采茶过程 d8 采茶工不容易 d9 解说制茶 d10 喝茶有内容

2. 概念化、规范化与范畴化

在对原始访谈材料贴标签与定义现象后,本书按照扎根理论编码流程继续分析,即对定义的现象进行"概念化、规范化与范畴化"分析,获得119个初始概念。通过对初始概念继续反复对比、归纳与提炼,获得68个规范化概念。在规范化概念的基础上,进一步将概念含义及其之间的关系进行不断比较、提炼与升华,发展概念之间的类属关系,最终获得14个范畴,具体分析过程示例见表3.10。

表3.10 旅游者茶文化空间感知对审美体验影响机制原始材料开放编码过程示例

定义现象	概念化	规范化	范畴化
d1 了解武夷山茶的历史渊源			
d142 听说这个茶厂祖辈都做茶,d145 精选茶每年封存	dd1 武夷山做茶历史	DD1 了解武夷山茶历史渊源	
d2 了解了大红袍来源,d96 了解大红袍名字起源	dd2 了解大红袍起源		
d167 摩崖石刻让人感受到古人对茶的推崇	dd3 古人推崇茶	DD2 古人推崇茶	
d4 传播传承茶文化	dd13 传播传承茶文化	DD3 文化价值	D1 理解文化内涵功能
d160 茶旅游融合,提升旅游品质	dd14 茶文化提升旅游品质		
d6 是一件健康的事,d85 热茶对身体好	dd15 喝茶对身体好	DD4 健康价值	
d161 喝茶减少不良爱好	dd16 喝茶减少不良爱好		
d33 茶是好的沟通媒介,也可以交友	dd17 以茶交友	DD5 交往价值	
d168 茶为当地人创造经济价值	dd18 茶为当地人创造经济价值	DD6 经济价值	

3.4.2 主轴编码

主轴编码阶段,将以上开放编码获得的14个范畴反复对比,寻找、建立各范畴间更深层的关系,同时结合文献阅读及访谈过程中被访谈者表达的原因与目的,不断比较、归纳、抽象与概念完善,寻找能概括相关范畴的主范畴。通过以上分析过程,本书获得茶文化空间感知、审美理解、审美联想与审美体验4个主范畴,具体见表3.11。

表 3.11 旅游者茶文化空间感知对审美体验影响机制原始资料分析范畴与主范畴关系

范　畴	主范畴
D3 空间活动，D5 空间设计，D6 环境氛围	Cd1 茶文化空间感知
D1 理解文化内涵功能，D4 理解人物，D14 理解地方生活	Cd2 审美理解
D9 联想场景，D10 联想其他，D11 联想人物，D13 联想往事	Cd3 审美联想
D2 感官审美，D7 自我实现，D8 审美情绪，D12 茶文化空间认同	Cd4 审美体验

1. 主范畴 Cd1：茶文化空间感知

旅游者置身于茶山、茶室、茶厂、茶演艺等不同微观茶文化空间中，具身性地感知茶文化空间。因此，旅游者对茶文化空间的描述来源于不同感官的基本感觉与知觉，是对空间中构成要素基本客观状态的评价，包括对空间颜色、风格、灯光、布局等空间设计因素的感知；对空间声音、气味、茶文化氛围等环境氛围的感知；以及对空间中的东道主与旅游者活动以及茶文化主题演艺活动的感知，其关系证据链如图 3.13 所示。

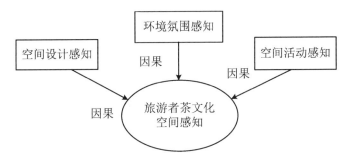

图 3.13 旅游地茶文化空间感知

例如：

那天民宿老板带我们去他自己家的茶厂喝茶，那个感觉很好，因为很多茶被一字排在那里让我们品尝，然后茶厂师傅会给我们讲解，指导我们喝茶(d118)。那天的体验很有意思(d119)，可以学到一些品茶的知识(d120)。我感觉茶厂的茶空间布置得不错，非常雅致(d121)，类似新中式的感觉(d122)，有我比较喜欢的木质家具(d123)，室内采光比较明亮(d124)，茶室比较整洁(d125)、简单，喝茶的环境让人真的可以专注在喝茶上，老板还放了一点音乐，可能是古琴声吧(d126)。那天我们跟老板、做茶的师傅交流(d127)，让我们感觉挺好，比如，他们主要给我们讲了茶的制作流程，就是怎么从一片叶子变成我们喝的茶，我们真的有学习到一些东西(d128)。那个老板让我感觉比较好的一点是，我们每品尝一种茶，他就会让我们说出感受，比如我那天说"这个茶怎么喝起来酸酸的"，然后制茶师就解释酸是因为什么步骤、什么原因导致的，或者他们会给我们解释茶是什么香味(d129)。我以前没有这种体验，感觉经历变得丰富了(d130)。

由此可以看出,旅游者对茶文化空间感知包括对"社会活动(d118,d127)"、"空间设计(d121,d122,d123,d124,d125,d126,d129)"的感知。而d119"很有意思"体现的是旅游者的审美情绪,d120"可以学到一些品茶的知识"则展示了旅游者此次茶文化体验学习的东西,也在一定程度上实现了自我。

2. 主范畴 Cd2:审美理解

在不同茶文化空间产生的基础感知会促使旅游者产生对茶文化内涵功能的理解、对人物的理解,以及对地方生活的理解,这些因素共同形成了旅游者的审美理解,其关系证据链如图 3.14 所示。

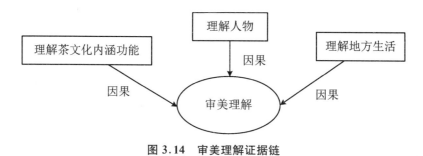

图 3.14 审美理解证据链

例如:

印象比较深刻的就是景区里面有一个岩骨花香漫游道,水流清澈(d61),还有雾气(d62),空气清新(d63),很漂亮(d64),环境还是比较好的。走那一段路,让我这个对茶不怎么了解的人,了解了一些武夷岩茶的种植生长环境,在山里面生态也比较好,整个环境比较清新。我想这边的茶之所以特别应该跟这些有关(d65)。我们还到了母树大红袍那里,看过去没有特别突出,没有特别明显,但我听当地人说了它的历史(d2),对大红袍的历史文化有了更深一步的了解(d67)。

旅游者此段描述中"d61 水流清澈,d62 雾气,d63 空气清新"是旅游者对景区茶山环境因素的感知描述,"d64 很漂亮"是旅游者的感官审美体验,"d2 听当地人讲大红袍的历史"是对茶文化空间中社会活动的感知,"d65,d67"的表述则反映了旅游者对武夷山的茶工序的理解(种植条件的理解)以及对茶历史内涵的理解。

3. 主范畴 Cd3:审美联想

旅游者在茶文化空间受到的有形与无形因素的刺激,会触发旅游者的内心经验文本,促使旅游者联想到其他相关场景、人物、往事或其他,这些因素共同构成旅游者的审美联想,具体关系证据链如图 3.15 所示。

例如:

我看到他们采茶(d36),采茶工很辛苦(d37)。茶采好后都是靠工人一袋一袋背下去的,你会看到有的工人被晒的皮都掉下来了(d38),采茶工很不容易(d39)。这个我看了感触比较大,会想到我父母也是这样苦过来的(d40),这会激发我的斗

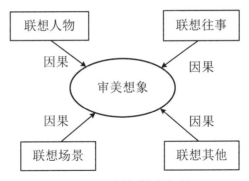

图 3.15 审美联想证据链

志(d41),他们也是为了生活吧(dd42)。我就想到,我们现在的教育是要让学生看到这些(dd43)。

我们在路上有看到采茶(d36),他们茶农这样确实很辛苦(d37),但是看着的人,在那样的环境下,又觉得这个画面还蛮诗情画意的(d50),就很有我们在古诗里读到的一些场景,比如"七八个星天外,两三点雨山前"(d216)那种非常质朴的景象,这会让我联想起我小时候在农村的时候(d217),会有一些感触。

以上描述"d40 想到父母这样苦过来不容易"是旅游者在看到茶农采茶时产生的人物联想,"d216 七八个星天外,两三点雨山前""d217 小时候农村场景"则是旅游者在看到采茶想象时产生的对往事的联想。

4. 主范畴 Cd4:审美体验

武夷山茶文化空间构成要素及旅游者在空间刺激后产生的内在心理活动,共同引发旅游者对茶文化空间的体验,包括感官审美、情绪审美、文化空间认同及自我实现四个不同层次的体验结果,这四个层次的体验构成了旅游者对茶文化空间的审美体验,其关系证据链见图 3.16 所示。

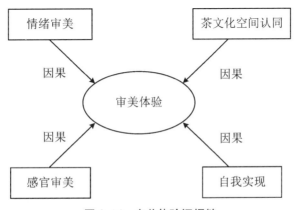

图 3.16 审美体验证据链

例如：

景区、茶厂、茶室我都去了，我是云南过来的……我最喜欢的是到户外喝茶，我去爬天游峰的时候，导游带我们在一个洞里面喝茶(d21)，那里视野特别广(d17)，看上去特别舒服(d18)，气温不是很热(dd19)，自然风微微地吹(d20)，再喝点茶(d21)……朋友再聊聊这个茶怎么样，也聊聊其他的事情(dd22)，就很开心(d23)，当时让我想到曹操的那首《观沧海》(dd24)，整个气度一下就开阔了，心情也放松下来了(d25)。我当时是抱着一个学习的心态，听当地人讲茶(d26)，可以多了解一些茶知识(d27)。

旅游者此段对在武夷山上喝茶经历的描述中，"d18 看上去舒服"是旅游者获得的感官审美体验，"d23 就很开心、d25 心情放松下来"是旅游者获得的情绪审美体验，"d27 多了解一些茶知识"则是旅游者此次经历体验中通过学习达到的自我实现。

3.4.3 选择编码

本部分内容对以上获得的 4 个主范畴继续进一步比较分析，同时结合原始材料、访谈时的具体情境以及旅游者表达的目的、原因、神态、动作特征，对 4 个主范畴继续深入地不断对比、区分异同，最后确定本书核心范畴，该核心范畴可以解释原始访谈资料中的整个现象，连接以上 4 个范畴并能涵盖这 4 个主范畴之间的关系。本书将该核心范畴定义为旅游者茶文化空间感知对审美体验的影响机制理论模型，故事线如下：

根据原始资料中旅游者的表达描述，旅游者在茶文化空间的感知会直接影响其审美体验，例如：

我去爬天游峰的时候，导游带我们在一个洞里面喝茶，那里视野特别广，看上去特别舒服……有一种视觉上的享受。另外，在山上一边喝茶一边望远，那一刻整个身心都感觉十分享受。

另外，旅游者对茶文化空间的感知也会通过促使旅游者产生审美理解与审美想象进而影响其最终的审美体验。

例如，茶文化空间感知→审美理解→审美体验：

听完讲述，对品茶有一定的了解后，茶喝到嘴里感觉更好……那个老板让我感觉比较好的一点是，我们每品尝一种茶，他就会让我们说出感受，比如我那天说"这个茶怎么喝起来酸酸的"，然后那个制茶师就解释酸是因为什么步骤、什么原因导致的，或者他们会给我们解释茶是什么香味……这样我们就在学习茶知识方面比较有收获。

又例如,茶文化空间感知→审美想象→审美体验:

路上有看到采茶,他们茶农这样确实很辛苦,但是看着的人,在那样的环境下,又觉得这个画面还蛮诗情画意的,就很有我们在古诗里读到的一些场景,比如"七八个星天外,两三点雨山前"那种非常质朴的景象,这会让我联想起我小时候在农村的时候,会有一些感触。

根据以上对4个主范畴的分析,结合故事线,构建旅游地茶文化空间感知对旅游者审美体验影响机制理论模型如图3.17所示。

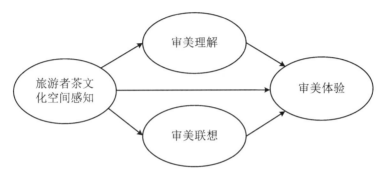

图 3.17 旅游地茶文化空间感知对审美体验影响机制理论模型

3.4.4 理论饱和度检验

本部分内容在前期预留的原始访谈材料中随机抽取3份访谈材料进行扎根理论开放式编码分析,从而检验是否还有新的概念产生,过程如下:

案例一:

我们看到的那个茶山,很大、很绿(d221 茶山绿色),那个树很大,很像我们北方的果树。我记得当时那个茶山,是一圈一圈上去的那种(d222 茶山一圈一圈),我觉得上山的路不好走,采茶工很不容易(d8 采茶工不容易)。不过茶山一圈一圈上去的路感觉像我在电视剧里看到的那种(d223 联想电视剧场景),又觉得画面挺美的(d50 茶山采茶画面美)。

案例二:

我还看了《印象大红袍》的演出,记忆比较深刻,因为它是实景演出(d47 山水实景),舞台是旋转的,随着演出场景跟着转,看到的场景会更全面一些(d108 旋转舞台跟着场景走)。灯光的布置,看着比较明亮(d49《印象大红袍》灯光色彩),这些单单在视觉上是比较好的(d3 视觉感觉好)。还有就是内容,看完这场演出,我对武夷山大红袍的名字来源(d96 大红袍名字起源)、历史有了一定的了解(d2 大红袍历史)。那个做茶画面,我印象非常深刻,真的展现了当地做茶的文化,真实做茶就是有那些步骤(d140摇茶场景表现真实)。我感觉武夷山这个地方的茶文化确实厉害,是有传承的(d67武夷山茶文化有传承)。

案例三:

他那个茶室面积很宽敞(d121茶室宽敞),听说有两百多平米。里面有桌子、椅子、展架、产品、建盏、书架,书架上全是跟茶有关的书,有非常老的书,还有繁体字的书,老板自己也很喜欢看那些书,给人比较有文化底蕴的感觉(d56老板专业,有文化底蕴)。室内安了不同的灯,像是暖灯那种感觉的(d113),不同地方还放了一些绿植(d11盆栽)。我感觉茶室很舒服(d12茶室舒服),也比较安静(d75茶室安静)。我们喝茶的时候,老板有介绍怎么品茶、辨认茶的好坏(d118指导品茶)。听了这些,我感觉还是挺不错的,有学习到一些这边茶的知识(d27学习茶知识),喝的时候也会更有感觉一点,会按照老板说的去感受,挺有意思的(d119学品茶有意思)。

通过对随机抽取的3份原始访谈资料的编码分析,没有出现新的概念。因此,本书认为,前期对旅游者茶文化空间对旅游者审美体验影响机制理论模型分析已经达到饱和,可以通过理论饱和度检验。

3.5 质性研究的理论发现与内涵阐释

本部分内容主要对本章质性分析阶段构建的旅游者茶文化空间感知概念维度、审美体验概念维度以及旅游者茶文化空间感知对审美体验的内在影响机制模型进行总结,并与现有相关基础知识研究进行对照,进而对其进行进一步的内涵上的阐释。

3.5.1 旅游者茶文化空间感知概念维度的内涵阐释

列斐伏尔用三元辩证法在本体论视角构建了空间生产的分析框架,即空间的实践、空间的表征和表征的空间。其中,空间的实践指物理层面的空间,这一层面强调两部分内容:一是强调空间生产的行为过程,即空间生产者的空间实践行为活动;二是强调空间社会生产的结果——物质空间,这一可以被人的感官和身体感知的维度。本书在第2.4.1小节对于空间生产理论中的空间实践维度对空间感知结构分析的启示进行了理性分析,并得出:旅游者对旅游地茶文化空间感知可从旅游者对茶文化物质空间感知以及对旅游地茶文化空间活动感知两方面进行进一步的辨析,具体如图2.2所示。

本书在访谈阶段,研究者对旅游者提出问题④"这些地方为什么让您觉得体验比较好？您能否逐个具体描述一下当时让您体验比较好的场景是什么样的？"(见第3.1.2小节)本书将旅游者对这一问题的回答作为一手访谈资料,采用扎根理论进行分析,研究结果获得1个核心范畴,即旅游者茶文化空间感知,涵盖3个主范畴:空间设计感知、空间环境氛围感知与空间活动感知。其中,旅游者对旅游地茶文化空间设计感知包括对旅游地茶文化空间的风格、灯光、材质、形状、装饰、建筑、布局、标识物的感知。旅游者对旅游地茶文化空间环境氛围感知包括对旅游地茶文化空间环境的感知(具体包括对声音、气味、干净、空间质量的感知)与对文化氛围的感知(具体包括旅游者感知到旅游地茶室数量多、茶山多、茶树多、茶厂多、其他茶元素多)。旅游者对旅游地茶文化空间活动的感知包括对旅游地茶文化空间中东道主行为活动的感知、对旅游者(自我或他者)行为活动的感知、对表演活动真实性的感知以及对表演活动文化性的感知,旅游者对这些空间活动的感知其实主要涵盖两个方面,即对旅游地茶文化空间社会活动的感知和对旅游地茶文化空间演艺活动的感知。

将本阶段质性分析结果(旅游者对旅游地茶文化空间感知包括:空间设计感知、空间环境氛围感知、空间活动感知)与列斐伏尔空间生产理论中空间实践维度涵盖的概念(物质空间与空间实践活动)对比,可以得出:本书的质性分析结果中,旅游者对旅游地茶文化空间设计感知对应列斐伏尔空间生产理论中空间实践维度的物质空间层面;本书提出的旅游者对旅游地茶文化空间活动感知对应列斐伏尔空间生产理论中空间实践维度的空间实践活动层面;本书获得的旅游者对旅游地茶文化空间环境氛围感知则超出了列斐伏尔空间生产理论中空间实践维度所涵盖的内涵,因此,需结合当前现有文献作进一步的阐释。

在当前现有研究中,贝克的研究提出空间环境因素包括空气质量、空间气味、空间干净程度等。[116]波恩认为吸引旅游者的遗产/文化景点空间环境构成因素包括空间设计、空间氛围及社交环境。库瑞和陈锋仪在研究民俗文化空间的旅游价值时提出,民俗文化空间构成涵盖民俗魅力、民俗环境与民俗气氛。[119]Shi S. S.等在研究旅游者民宿体验对旅游地形象感知的影响时提及,旅游者对民宿物理空间的感知包括对民宿建筑风格、空间特点、空间气氛等的感知。[143]李艳在其博士学位论文中研究了旅游者对西安城墙旅游吸引物的感知,并将其分为主题感知、氛围感知、节事感知、互动感知以及服务感知,其中氛围感知包括对背景环境特征的感知以及对气氛、气息的感知等。[132]由此可见,当前研究在探讨旅游者对某个空间的感知时,除了关注旅游者对空间物质构成的感知、空间中活动感知,还关注旅游者对空间环境氛围的感知。

综上所述,本书通过对访谈获取的一手访谈资料的质性分析,构建旅游者茶文化空间感知概念,其维度包括:茶文化空间设计感知、茶文化空间环境氛围感知与茶文化空间活动感知(图3.18)。经过与过往相关研究的对比发现,本书与过往研究在内容上具有一定的一致性,同时又围绕本书的研究内容与情景具有一定的特殊性。整体而言,本书对旅游者茶文化空间感知概念维度的构建,具有一定的合理性。

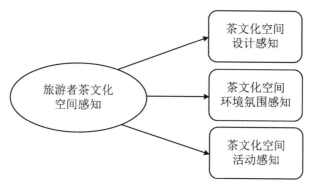

图 3.18　旅游者茶文化空间感知概念维度

3.5.2　旅游者审美体验概念维度的内涵阐释

索亚对"都市空间的审美呈现"的探讨透露出的审美态度渗透着投入式感官的享受、身体的快感与主观精神上的审美鉴赏与审美愉悦。在索亚看来,传统审美体验注重精神超越与精神活动,而都市空间呈现的审美在全球化与碎片化的拼凑下关注的是感官身体的享受与心理愉悦。另外,索亚还认为介于真实与想象之间的都市空间呈现为人们带来了两种审美的选择:"镜"与"灯",是在"镜"中看都市的影子还是以"灯"照亮都市的核心? 这是两种不同的审美倾向,其中,"镜像"审美隐喻从镜子中反思达到对自我的关照省察,而"明灯"审美隐喻的是通过明灯照亮都市的核心,发现都市空间的价值,总而言之,"镜"与"灯"反映了审美的自我关照以及都市空间的核心价值意义。[93]整体来看,索亚对"都市空间的审美呈现"关注感官身体的享受、心理愉悦、"镜像"审美之自我关照省察以及"明灯"审美之空间价值,如前文图 2.4 中的阐释。

本书在访谈阶段,研究者进一步对旅游者提出问题④"在这些与茶文化相关的地方,您获得的体验是怎样的呢? 您在武夷山体验了茶文化以后有什么收获与感悟吗?"(见第 3.1.2 小节)本书将旅游者围绕这一问题的回答作为一手访谈资料,采用扎根理论进行分析。研究结果获得一个核心范畴审美体验,涵盖四个主范畴:感官审美体验、情绪审美体验、茶文化空间认同与自我实现。其中,旅游者在旅游地茶文化空间获得的感官审美体验包括旅游者在视觉、听觉、嗅觉、味觉以及触觉五个方面获得的感官享受。旅游者在旅游地茶文化空间获得的情绪审美体验包括旅游者在情绪方面感受到的平静、心满意足、开心愉悦、精力恢复与兴奋五个方面。旅游者对旅游地茶文化空间认同体现在旅游者在武夷山体验了茶文化以后,认为武夷山是一个可以忘记烦恼的地方,武夷山是一个可以让人感受到茶文化力量的地方,武夷山是一个独特的地方,武夷山是一个可以让人修身养性的地方,武夷山是一个很有意境的地方。而旅游者在旅游地茶文化空间获得的自我实现具体体现在旅游者在武夷山体验了茶文化以后,认为自己的认知在一定程度上得到了改变,丰富了内心,学习了一些知识,有所进步与收获。

将本书质性分析结果(旅游者茶文化空间获得的审美体验包括:感官审美体验、情绪审美体验、茶文化空间认同、自我实现)与索亚对"都市空间审美呈现"的探讨(都市空间审美包括:身体感官享受、心理愉悦、"明灯"之照亮城市空间价值、"镜像"之自我关照与省察)相比较,可以得出:本书质性分析结果中旅游者在旅游地茶文化空间获得的感官审美体验对应索亚提出的身体感官享受;本书提出的旅游者在旅游地茶文化空间获得的情绪审美体验对应索亚的心理愉悦;本书提出的旅游者对旅游地茶文化空间的认同对应索亚提出的"明灯"之照亮城市空间价值;本书提出的旅游者在旅游地茶文化空间获得的自我实现对应索亚提出的"镜像"之自我关照与省察。

在现有研究中,李泽厚先生提出的审美层次包括:悦耳悦目,悦心悦意,悦神悦志三方面,由此可见,在李泽厚先生看来,美的感受涉及感官、心与意、神与志三方面。潘海颖谈论了旅游中审美体验的特征并认为,从审美的角度探讨旅游体验,其应具有主体性与浸入性等特征,这里的"主体性"强调旅游体验的获得在于旅游者融入旅游环境,并亲历、体味其中之美;"浸入性"强调旅游审美体验是旅游者与"浸入"的情境进行互动,主动参与,获得全方位的感官刺激与情感等感受。[79]由此可见,从审美的角度探讨旅游体验应重点关注旅游者身体在与旅游环境交互中发生的作用及产生的结果。具体来说,张莹的研究得出在消费符号与空间视角下,旅游者对陕西袁家村民俗文化的美学体验包括感官体验、通感体验、参与体验、移情体验以及跳脱现实、观看、窥视的美感。[140]陈庆娜研究了当代都市茶馆作为公共休闲空间的审美特征,提出茶馆是一个既能给人提供物质上的关怀,还应给人提供精神上的关怀的公共休闲空间,这个空间让人的身体与精神都得以放松,提高审美意识,注重人的精神建设,强化民族身份及文化的认同,使生命呈现诗意。[157]

综上所述,基于本书的研究情境与研究内容,通过对访谈获取的一手访谈资料的质性分析,构建旅游者茶文化空间审美体验概念的维度,包括感官审美体验、情绪审美体验、茶文化空间认同与自我实现(图3.19)。本书结果与过往研究在内容上具有一定的一致性,同时又具有其研究内容与情景上的特殊性。整体而言,本书对旅游者在旅游地茶文化空间获得的审美体验概念维度的构建,具有一定的合理性。

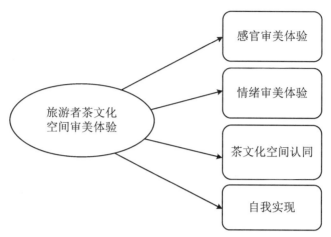

图 3.19　旅游者茶文化空间审美体验概念维度

3.5.3　旅游者茶文化空间感知对审美体验影响机制模型的内涵阐释

列斐伏尔的空间理论认为空间不仅仅是物理容器,还是一个充满文化内涵与意义的场所,从空间开发者角度讲,他们通过对文化元素及多元形式的运用,形塑空间特性与意义,进而通过融入文化的空间生产构建富有想象的空间。列斐伏尔这一观点带给我们的启示是:从使用者(消费者、旅游者)角度讲,人们用身体亲历空间,旅游者对空间的感知既包括身体所获得的感知,也包括主观精神层面对符号的初步阅读,进而诱发脑海中的想象与联想[239],或产生对审美性的"再现空间"的生产[240],进而实现对自我的内在省察与对空间及文化的认同[121]。

索亚的第三空间理论的提出旨在对抗过往对空间的解读中形成的"主-客"二分对立的认识,并在认识论层面为大家提供一种全新的认识空间的方法,即:第三空间包括物理性的第一空间和主观构想的第二空间,并远超越二者。本书认为物理性的第一空间是旅游者在场审美体验发生的基础;主观性的第二空间是旅游者获得在场审美体验的中间阶段,其产生是以物质性的第一空间为对象,即在物理性的第一空间的刺激下,旅游者经过活跃的思维活动,调动内心已有经验(旅游者内心的知识、经历、工作、生活等),进而形成的更进一步的主观构想或意象;旅游者第三空间的审美体验正是在物理性的第一空间与主观构想的第二空间共同作用下产生的体验结果,这一理性辨析过程在图 2.2 与图 2.3 中有具体阐释。

本书在访谈阶段,研究者进一步对旅游者提出问题"您能否描述下当时具体体验过程是怎样的?"本书将旅游者围绕这一问题的回答作为一手访谈资料,采用扎根理论进行分析。研究结果获得一个核心范畴,即旅游者茶文化空间感知对审美体验的影响机制,这一核心范畴涵盖四个主范畴:旅游者茶文化空间感知、审美理解、审美联想、审美体验。具体来说,通过本阶段的质性研究发现:① 茶文化空间感知直接影响旅游者审美体验。② 旅游者茶文化空间感知可以通过激发旅游者对旅游地进一步的审美理解影响旅游者在旅游地茶文化空间的审美体验。③ 旅游者茶文化空间感知会通过诱使旅游者产生相关审美联想影响旅游者在旅游地茶文化空间的审美体验。

将本书质性分析结果与列斐伏尔的空间生产理论以及索亚的第三空间理论相比,可以发现:旅游者茶文化空间感知对应物理性的可感知的第一空间;旅游者在茶文化空间产生的审美理解与审美联想对应旅游者产生的主观构想的第二空间;旅游者在茶文化空间获得的第三空间审美体验既来源于物质性的茶文化空间(第一空间),也来源于旅游者主观构想的第二空间(审美联想与审美理解)。需要说明的是,旅游者在茶文化空间产生的构想的第二空间(审美联想与审美理解)是旅游者身体"浸入"物理性的茶文化空间,并在受到这一物理性空间(第一空间)刺激后与内心经验(旅游者内心的知识、经历、工作、生活等)互动产生的。

在现有研究中,金姆对韩国电视连续剧《冬季恋歌》拍摄地影视旅游的研究得出,影视地物理空间、景观等能激发旅游者个人记忆,产生幻想、怀旧之情,进而形成对地方文化的认同。[241]莱利等认为影视旅游情境中物理空间、景观灯的营造能促使旅游者产生移情、熟悉感与认同感。[242]庞玮研究了入藏旅游者宗教文化空间认同生成过程,认为旅游者的空间感知与空间构想会影响旅游者对宗教文化空间的亲切感与认同感,这种认同包括旅游者对文化及对自我的认同。[131]张健等以秦腔文化空间为研究情境,提出旅游者对秦腔文化空间的感知会影响旅游者对秦腔文化的认同。[125]刘心恬研究了旅游者对再现性环境审美感知的想象维度,提出人通过自然环境介入再现性环境,进而借助想象获得审美愉悦,即当再现性环境与真实环境合体,审美体验得益于人的身体感知与想象虚拟感知的协同并轨。感知与想象发挥协同作用,是审美体验产生的重要渠道。[243]刘彬与陈忠暖研究了城市怀旧文化空间,发现物质空间中大量视觉符号的应用,营造出了过往时代的在场性与象征意义,物质空间与符号意义营造了空间的整体氛围,而旅游者空间的感知正是基于对空间整体氛围的理解。另外,游客空间感知又会唤起游客的空间想象,这种想象又激发了不同旅游者的情感体验。[170]

综上所述,本书通过对访谈获取的一手访谈资料的质性分析构建的旅游者茶文化空间感知对审美体验的影响机制模型(图3.20)与过往研究结果对比,得到了一定理论基础的支撑。整体而言,本书对旅游者茶文化空间感知对审美体验影响机制的理论构建,具有一定的逻辑性与合理性。

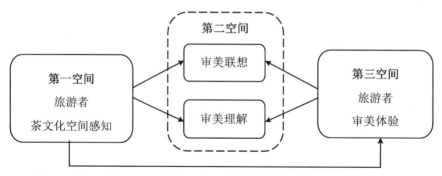

图 3.20　第三空间理论下旅游者茶文化空间感知对审美体验影响机制模型

本 章 小 结

首先,本章主要围绕以下 4 个问题对旅游者进行访谈,即① 您在武夷山去过哪些让您体验比较好的与茶文化有关的地方? 例如茶山、茶室、茶厂、茶文化演艺场所等。② 这些地方为什么让您觉得体验比较好? 您能否逐个具体描述一下当时让您体验比较好的场景是什么样的? ③ 您能否描述下当时具体体验过程是怎样的? ④ 在这些与茶文化相关的地方,您获得的体验是怎样的呢? 您在武夷山体验了茶文化以后有什么收获与感悟吗? 以及被访谈对象性别、年龄与职业等情况。

其次,本章采用扎根理论的研究方法,对访谈获得的一手原始材料进行分析,具体结果如下:通过对旅游者关于上述问题②的回答进行分析,研究共获得 145 个现象定义、59 个初始概念、52 个规范化概念、22 个范畴、3 个主范畴与 1 个核心范畴(旅游者茶文化空间感知),研究构建旅游者茶文化空间感知概念模型,包含空间设计感知、环境氛围感知以及空间活动感知 3 个维度。通过对旅游者关于上述问题④的回答进行分析,研究共获得 103 个现象定义、55 个初始概念、46 个规范化概念、19 个范畴、4 个主范畴与 1 个核心范畴(旅游者审美体验),研究构建旅游者茶文化空间审美体验概念模型,包含感官审美、情绪审美、茶文化空间认同与自我实现 4 个维度。通过对旅游者关于上述问题③的回答进行分析,研究共获得 221 个现象定义、119 个初始概念、68 个规范化概念、14 个范畴、4 个主范畴与 1 个核心范畴(旅游者茶文化空间感知对旅游者审美体验影响机制理论模型),此理论模型涉及 4 个主范畴:茶文化空间感知、审美理解、审美联想与审美体验。

最后,本章通过将质性分析结果与本书参考的理论基础进行对照,对本书构建的旅游者茶文化空间感知概念维度、旅游者审美体验概念维度以及旅游者茶文化空间感知对旅游者审美体验的影响机制模型进行内涵上的阐释。对比结果发现,本书的质性研究结果与过往研究内容上有一定的一致性,同时又围绕本书的研究内容与情景具有一定的特殊性。整体而言,本书的质性分析结果具有一定的逻辑性与合理性。

第4章 研究假设

本章内容主要基于第三空间理论、具身理论等基础理论,结合当前文献中的相关研究以及前文质性分析结果,对旅游者茶文化空间感知、审美理解、审美联想与审美体验四者之间的关系进行阐释,提出本书的研究假设。

4.1 旅游者茶文化空间感知对审美体验的影响

目前学界已从不同角度证明了感知对不同类型体验的影响。例如,刘彬和陈忠暖指出,旅游者对怀旧空间的感知多为对空间的整体感知,而这种空间感知会影响旅游者的空间想象与情感体验。[170]克里希纳提出的感官营销概念模型关注消费者的身体如何通过感官与外界交互(获得基础感知),进而影响情绪、态度与行为等。[244]刘心恬的研究提出,旅游者对旅游地真实环境的身体感知以及对再现性环境的虚拟感知都会对旅游者的审美体验产生影响。[243]姜辽和徐红罡采用质性研究方法研究文学旅游的审美消费时提出,旅游者对旅游地的审美感知能激发其审美情感。[153]

从理论层面看,具身理论强调身体、心智与环境的一体性。例如,芬兰研究者维尔拉最早批判了旅游研究中身体的缺席,并采用民族志研究方法,以自身的具身体验为基础,提出身体的感知与其所处的情境都对旅游者的行为与体验具有影响。[245]旅游者"身""心"及其所处情境发挥协同作用对旅游体验的影响过程强调人的身体、心智与环境的不可分割性。因此,旅游企业应结合旅游者身心以及行为特征,进行旅游中的空间设计、情境设计等,同时还要关注旅游者身心的主体性及其与旅游情境的交互性。[97]整体而言,将具身理论其及相关理论应用于空间规划及体验等的研究中,可以用来解释人们在空间中的认知、态度、体验等的形成机制。[246]

4.1.1 旅游者茶文化空间设计感知对审美体验的影响

空间的设计代表了空间的公共形象,为参观者的体验建立了框架。[118]基于前文质性分析结果,本书认为,旅游地茶文化空间设计因素包括风格、颜色、形状、装饰、材质、空间的布局及标识等,旅游者在旅游地茶文化空间获得的审美体验包括感官审美体验、情绪审美体验、文化空间认同与旅游者的自我实现。

通过梳理过往研究发现,颜色承载并传达着意义,影响人的感知、情绪情感、认知与态度[247],在消费领域,研究已证明空间的颜色、布局、灯光等都能以某种形式正向影响消费者的体验与行为[248,249]。在旅游研究领域,已有研究也同样认为空间设计因素显著正向影响旅游者的体验程度及旅游后的行为态度[118],且空间设计因素对旅游体验的影响分别体现在对旅游者的感官体验、情绪体验、情感体验、认同、自我省察、自我实现等多方面。具体来看,学者认为,旅游审美过程中,旅游者通过五官接受不同旅游景观信息,在心理要素作用下,实现对目的地的多感官整体体验。[250]另外,刘力等提出,旅游者对购物环境中色彩、灯光、空间布置等的感知程度会显著正向影响游客购物时的情绪、评价及行为。[137]杨晓影与李彬探讨了美术馆中情感空间的构建与情境体验,并提出,美术馆的陈设、光线、位置等对博物馆参观者产生刺激,唤起其感知,参观者会根据自己的感知系统做出判断,形成自身在空间中的情绪与情感体验。[83]随着对空间研究的不断深入,空间已经不仅仅只是一个容器[87],空间开发者以文化、符号形塑空间意义,当前文化产业不再仅仅是表征地方性的重要手段,还是后现代消费时代人们追求深层次精神价值的重要生活方式,消费者在对文化形塑的空间中的感知等过程中实现对自我的内省。例如,谢晓如等以文化书店为例研究了对微空间感知与文化认同之间的关系,文章中提到对书店微空间的感知包括对空间格局、灯光等要素的感知,这些因素影响人的感官体验,使其在感官上得到舒服的体验,并促使其形成文化认同,同时,该研究还提及,书店在空间的设计上将消费文化与文化产业等相关的符号产品放在一起,以满足消费者的好奇心与获得感。[121]张海洲等采用扎根理论对网络博客文本研究民宿空间的地方表征与建构时提出,话语与文本往往通过民宿主客双方日常空间经历和体验,主观呈现了体验满意、自我实现、地方认同和诗意安居的主体空间。[251]

因此,基于以上,本书提出以下研究假设:

H1a:旅游者茶文化空间设计感知对感官审美体验有正向影响。

H1b:旅游者茶文化空间设计感知对情绪审美体验有正向影响。

H1c:旅游者茶文化空间设计感知对茶文化空间认同有正向影响。

H1d:旅游者茶文化空间设计感知对自我实现有正向影响。

4.1.2 旅游者茶文化空间环境氛围感知对审美体验的影响

科特勒将环境氛围(atmospherics)作为一种营销工具,并将其定义为提升顾客购买可能性的环境因素,例如空间内的声音、气味等。[252]通过本书第三章质性研究发现,茶文化空间设计因素多以旅游者视觉为导向,而环境氛围因素关注空间内的声音、气味、茶文化氛围的营造等,对环境氛围因素的感知需要旅游者多感官共同发挥作用。当前,为提升竞争力,感官营销已被广泛用于消费领域空间环境氛围的营造,用来强调对消费者感官的关注,原因在于,感官接受的刺激能对消费者的感知、判断与行为产生影响。然而,如果仅依赖视觉进行过度营销,一方面会导致视觉信息接受压力过大,营销效果下降;另一方面会使得产品的综合吸引力无法被充分展现[253],因此探索多感官通道在营销中发挥的作用具有重要意义。

通过对相关研究的梳理发现,现有研究已证实了空间气味、声音以及空间氛围对体验的显著呈正向影响。首先,从气味这一空间环境构成因素来看,环境心理学认为,空间气味能使消费者放松心情,刺激其产生积极情绪,这种空间气味对情绪的影响具体体现在对情绪的唤醒力与愉悦程度。[254]杨晓影与李彬以美术馆空间为研究情境进行研究时提出,空间中的香气不仅能使人感到身体舒畅、心情愉快,对香文化的学习还会使得参观者的体验由嗅觉层面过渡到心灵层面。[83]其次,从声音这一空间环境构成因素来看,学者提出,声音也是构成人们体验的重要组成部分[255],例如,音乐能影响消费者的消费的时间、兴奋程度,甚至是对空间的视觉感知[256,257],音乐能诱发人的情绪[258],音乐的音调与节奏等会影响人情绪的唤醒度与快乐程度[259],使人在心理上产生强烈的共鸣,而环境中的安静程度或噪音则会影响人的认知,中强度噪音的环境会比高强度噪音的环境更能激发人的创造力[260]。再次,从空间氛围这一因素来看,波恩等人对文化遗产进行研究时提出,空间氛围显著正向影响旅游者的评价、体验及重游意愿。[167]邓荷荷在其硕士论文中验证了空间中文化氛围通过影响游客情感体验影响旅游者忠诚度的假设模型,并提出文化氛围显著正向影响旅游者的感知,并通过影响旅游者的情绪影响其行为。[127]蒋长春等研究书法景观时提出,旅游者对书法景观所处的环境氛围感知影响旅游者对书法景观的感知,进而影响书法景观给旅游者带来的审美体验。[158]理查德等探讨葡萄酒旅游产品时提出,葡萄酒旅游地整体乡村文化背景系统氛围对开发葡萄酒旅游产品,为旅游者提供满意的体验具有重要的积极作用。[261]

因此,基于以上,本书提出以下研究假设:
H1e:旅游者茶文化空间环境氛围感知对感官审美体验有正向影响。
H1f:旅游者茶文化空间环境氛围感知对情绪审美体验有正向影响。
H1g:旅游者茶文化空间环境氛围感知对茶文化空间认同有正向影响。
H1h:旅游者茶文化空间环境氛围感知对自我实现有正向影响。

4.1.3 旅游者茶文化空间活动感知对审美体验的影响

西美尔从社会互动的角度探讨了空间的社会性并提出,空间是社会互动的形式,空间环境不仅是地域环境,也是社会性的环境,空间的意义在于人与人之间的互动。[39]旅游研究中关注不同文化背景主体之间的互动[262],这种互动能反映出不同个体间的文化互动与社会关系的融合交流[263]。从旅游者体验视角看,旅游中的社会互动过程有助于对现象的诠释,旅游者与其他人与物的互动影响着其体验质量。[264]基于前文文献阅读与质性分析结果,本书中的空间活动包括社会互动活动(东道主行为活动与旅游者行为活动)与演艺活动(表演活动真实性与表演活动文化性)。

潘海颖提出,旅游审美体验是旅游者与空间情境互动的结果。[79]目前,学界证实了空间活动对旅游体验的显著影响作用。从社会互动活动来看,现有研究已经分别从东道主行为活动、旅游者行为活动以及东道主与旅游者二者之间的互动活动视角研究了旅游中社会互动活动对旅游者不同类型旅游体验的影响。例如,蒋长春等的研究中提出,导游对书法景观中所体现的美学、历史价值等是否讲解到位(东道主行为活动)会影响书法景观给旅游者带来的审美体验。[158]陈怡宁与李刚提出博物馆空间是物理的展示空间,也是一个全新场域,旅游者置身于这个场域并与之互动,例如"触摸文物""身穿剧情服装"等亲历的互动与沉浸(旅游者行为活动)会影响旅游者的停留时间、愉悦与满足情绪。[172]桑托斯等的研究通过对波多黎各社区居民的访谈发现,当地居民通过为游客展现芝加哥洪堡公园的历史文化、建筑特征等来增强游客对他们文化的认同。[265]马凌探讨了旅游中文化生产与文化消费后提出,挖掘文化景观中的故事等文化内涵,有助于建立旅游者与文化景观之间的联结,增强旅游者体验感,使游客获得对文化的认同与地方情感。[174]谢晓如等研究了消费者对书店这个微空间的感知与认同得出,具有共同爱好的群体聚集在一起时,通过商品信息来与自己具有相同想法与品位的人进行交流互动,进而实现对自己的内省和对他人的认同。[79]

从空间演艺活动来看,现有研究也在一定程度上探讨了旅游地演艺活动对旅游者不同体验的影响。例如,科恩提出旅游演艺活动的目的在于展现当地文化,演艺活动的质量能影响旅游者的体验、文化认同及游后行为。[266]马凌探讨了旅游中文化的生产与消费,提出文化既可表现为某种客观的物质形态,也可以是生活方式、意义系统以及人的行动(例如表演),文化可以以物质形式或以某种表演的方式对旅游者体验产生一定影响,比如旅游者在文化空间中通过文化活动来参与某种文化群体,能影响其对自身身份的认同。[174]丹尼尔在其研究中提出,旅游者对文化真实性活动的参与以及当地文化工艺品与纪念品的购买行为[267, 268]、与当地人的互动都会影响旅游者对文化的欣赏与评价[175]。

基于以上,本书提出以下研究假设:
H1i:旅游者茶文化空间活动感知对感官审美体验有正向影响。
H1j:旅游者茶文化空间活动感知对情绪审美体验有正向影响。
H1k:旅游者茶文化空间活动感知对茶文化空间认同有正向影响。
H1m:旅游者茶文化空间活动感知对自我实现有正向影响。

综合以上第4.1.1小节至第4.1.3小节的讨论,本书从整体上提出研究假设H1:旅游地茶文化空间感知对旅游者审美体验具有正向影响。

4.2 旅游者茶文化空间感知对审美联想与审美理解的影响

20世纪中后期,"文化转向"与"空间转向"使得以文化为主题的消费空间成为研究热点,在符号及审美为表征的后现代消费时代,文化成了书店、酒吧、咖啡馆等空间建构的重要手段。因此,当旅游者进入充斥着文化符号的空间内,空间的物理形态、环境氛围以及空间活动都能促使旅游者在身体感知空间的同时解读并重构文化符号体系,产生审美联想或审美理解。

通过对文献的梳理发现,目前研究关注书店、博物馆、餐厅、怀旧空间、文学旅游地等充斥着不同符号意义的文化或消费空间,并认为旅游者(或消费者)对这些空间内的有形或无形符号要素产生感知后,或能激发其产生联想、想象,或强化旅游者对符号意义的理解。具体来看,书店经营者通过运用地方景观、文化符号等来塑造书店的实体空间,而消费者对书店的感知包括对书店的空间布局、空间装饰[122],以及音乐、香味、空间的环境氛围的感知[121],对这些空间构成要素的感知能激发消费者对书店体现出的文化及书店人群品质的想象[121]。王思怡探讨多感官体验在博物馆中的应用时提出,参观者在视觉、嗅觉、听觉等方面获得的感知会激发其产生对人物、时代、场景等的回忆与联想。[269]刘彬等以餐厅为例研究旅游消费空间的建构与游客感知时提出,拉萨玛吉拉姆餐厅通过在视觉(餐厅颜色、布局、装饰、标识等)、听觉(播放西藏音乐)、嗅觉(将藏香与酥油茶香交织在一些)感知方面构建其物质实体空间,目的在于运用这些民族文化符号来激发游客的好奇与想象,另外,餐厅还利用历史名人及著名文学作品等来建立旅游者与空间的联系,激发旅游者对历史及名人轶事的联想。[123]英国学者洛温塔尔提出,怀旧是一个空间问题,现实中所处空间的氛围会重构个体记忆。[270]刘彬与陈忠暖研究了城市怀旧空间的建构与体验,提出消费者对于空间营造出的怀旧氛围的感知会引发其对历史的想象及对现实的感慨,同时对空间的感知也会促使消费者加深对历史的解读与理解。[170]姜辽与徐红罡研究了文学旅游的审美消费,提出审美感知是审美想象、审美理解与审美情感的起点,审美感知能带来旅游者对人物、往事、故事情节等的想象或联想,审美感知也能影响旅游者对景观、人物、环境、意义的审美理解。[153]姜辽等以大芬油画村为案例地研究了旅游引导文化产业空间审美修复的有效性,提出游客对大芬油画村的知觉引导了其审美想象与审美理解。[271]

基于以上,本书提出以下研究假设:

H2a:旅游者茶文化空间设计感知对审美联想有正向影响。
H2b:旅游者茶文化空间设计感知对审美理解有正向影响。
H2c:旅游者茶文化空间环境氛围感知对审美联想有正向影响。
H2d:旅游者茶文化空间环境氛围感知对审美理解有正向影响。

派因和吉尔摩以及潘海颖都提出旅游者身体在旅游情境中的浸入性,以及与情境的互动会使旅游者成为旅游审美的接收者及创造者,进而影响其想象与情感。[171]阳宁东与杨振之基于第三空间探讨了旅游凝视下文化表演的意义重解,认为游客一旦进入表演者营造的羌族文化空间中与藏羌文化表演者互动交流,身体与心灵就会进入一种"阈限"状态,进而加深旅游者对"他者"文化及自我的理解。[88]刘彬与陈忠暖提出成都的老茶馆文化通过表演的形式进行展示及表达,并在与消费者的互动过程中被消费者解读,使空间的意义发生转变。[124]

基于以上,本书提出以下研究假设:
H2e:旅游者茶文化空间活动感知对审美联想有正向影响。
H2f:旅游者茶文化空间活动感知对审美理解有正向影响。
综合以上讨论,本书基于整体视角提出以下研究假设:
H2-1:旅游地茶文化空间感知对旅游者审美联想具有正向影响。
H2-2:旅游地茶文化空间感知对旅游者审美理解具有正向影响。

4.3 审美联想与审美理解在茶文化空间感知与审美体验之间的中介作用

审美联想(或创造性审美想象)是联结审美对象与审美主体,引发内部心理理智与情感活动,强化审美感受的内在动力机制。旅游者在空间中感知到不同空间要素时,会联想到曾经感知的相似物品、空间、人物或形象,也有可能在空间感知的诱发下产生具有创造力的想象,进而引发情感共鸣,增强审美意象。[83]审美理解建立在感知的基础上,是一种与知觉相关的领悟力,它不仅仅是对事物客观理性的理解,更是融合了主体的情感产生的一种深层的领悟。

在消费主义盛行的时代,空间已经不仅仅是一种存在,更是理解世界的一种方式,当人们从空间的视角去理解、解读世界的时候,会发现空间与人之间的依附与关联,而这种关联会反过来影响人对空间的体验。[272]人们通过感知空间与其自身内在经验建立一定关联,这种关联通过调动人们相关记忆使其产生审美联想或强化对空间的审美理解,进而影响人们在空间中获得的不同类型体验。通过文献梳理发现,现有研究对这一观点的讨论聚焦在美术馆、书店、酒吧、餐厅等微空间中,具体探讨空间构成要素(颜色、布局、装饰等空间设计因素与空间氛围因素)如何与消费者内在经验建立联系,进而共同影响其空间体验或消费体验。

一方面,研究认为,空间构成要素能通过刺激消费者产生相关联想而影响其空间体验或消费体验。例如,刘彬等以西藏阿萨米餐厅为研究情境提出,餐厅颜色、布局、装饰、环境氛围等方面构筑实体空间的景观符号,用以刺激游客想象,从而影响其空间体验与消费体验。[124] 在美术馆空间的体验过程中,参观者在美术馆通过感官感知到的实体空间构成要素及整体环境氛围,联想起曾经体验过的相似的空间及经历,进而在情感上产生共鸣,并在情感上产生能量的累积,进而使得参观者对美术馆空间的体验从对实体空间的体验变为情感空间的体验。[83]

另一方面,研究认为,空间构成要素能通过对文化符号的展示,加深消费者对文化意义的理解,进而影响其文化空间体验。例如,左迪等以南京先锋书店为例研究消费者在文化消费空间的感知与认同时提出,南京作为六朝古都,其历史文化体现在书店的整体文化氛围中,并在商品的展销中被消费者解读,提升了消费者对文化的认同感。[122] 全球背景下,当怀旧成为热点话题,怀旧空间氛围的营造作为一种符号价值与文化隐喻,会让游客陷入对过去记忆的怀旧想象中,加强游客对整体历史文化氛围的理解,进而在感官、情绪、情感与认同方面影响旅游者的体验。[170] 马凌探讨了旅游中的文化生产与消费,提出发挥文化在旅游消费中的作用,一是要关注文化在空间氛围塑造过程中促使空间由"物质空间"向"情感空间"转变中发挥的作用;二是要挖掘景观背后的故事及文化内涵,建立游客与景观之间进一步的联系,促进游客更好地认识地方、体验地方,进而获得对文化及地方的认同与情感。[174]

基于以上,本书提出以下研究假设:

H3a:审美联想在茶文化空间设计感知与感官审美体验之间起中介作用。

H3b:审美联想在茶文化空间设计感知与情绪审美体验之间起中介作用。

H3c:审美联想在茶文化空间设计感知与茶文化空间认同之间起中介作用。

H3d:审美联想在茶文化空间设计感知与自我实现之间起中介作用。

H3e:审美理解在茶文化空间设计感知与感官审美体验之间起中介作用。

H3f:审美理解在茶文化空间设计感知与情绪审美体验之间起中介作用。

H3g:审美理解在茶文化空间设计感知与茶文化空间认同之间起中介作用。

H3h:审美理解在茶文化空间设计感知与自我实现之间起中介作用。

H3i:审美联想在茶文化空间环境氛围感知与感官审美体验间起中介作用。

H3j:审美联想在茶文化空间环境氛围感知与情绪审美体验间起中介作用。

H3k:审美联想在茶文化空间环境氛围感知与茶文化空间认同之间起中介作用。

H3m:审美联想在茶文化空间环境氛围感知与自我实现之间起中介作用。

H3n:审美理解在茶文化空间环境氛围感知与感官审美体验间起中介作用。

H3o:审美理解在茶文化空间环境氛围感知与情绪审美体验间起中介作用。

H3p:审美理解在茶文化空间环境氛围感知与茶文化空间认同之间起中介作用。

H3q:审美理解在茶文化空间环境氛围感知与自我实现之间起中介作用。

在旅游研究中,文化接触用来衡量旅游者在体验不同文化时所寻求的目的或体验的深度,也反映了旅游者与旅游地文化的互动程度[273,274],旅游者在与导游及当地人的互动中获得对旅游地文化更多的理解,提升其对旅游地文化的兴趣,进而获得更好的体验,例如学习知识、了解新事物等[275]。唐元以《又见敦煌》为研究对象,探讨了体验式文化展演的空间生产与记忆重构,其中提及《又见敦煌》团队关注观众的空间体验,在讲述者的带领下,观众"沉浸式"地被引导进入"洞窟"体验每一幅画,感受每一个故事,期间每一个符号都在视觉与空间上不断进行重组,使观众忘了自己的身份,在真实与想象之间游走,加强观众对文化的解读,进而使观众在感官及心理上获得高质量的体验,同时加强观众对文化的认同。[126]蒋长春等认为可以通过完善景区解说系统来提升游客对书法景观的审美,例如强化导游对书法景观美学价值、历史价值等内容进行讲解,建立、增强旅游者与书法景观之间的情感联结,进而提升其审美体验。[158]而从旅游演艺活动的角度来看,阳宁东与杨振之认为文化展演的目的在于迎合旅游者对文化的凝视与想象,游客一旦进入表演者营造的羌族文化空间中与藏羌文化表演者互动交流,身体与心灵就会进入一种"阈限"状态,进而加深旅游者对"他者"文化及自我的理解。[88]刘彬和陈忠暖的研究中提出,老茶馆经营者运用各种地方符号对实体空间进行氛围营造,通过舞台化的展演完成对地方文化的叙述,而消费者对茶馆的感知与体验呈现较强的空间消费倾向,这种消费不再是简单获取功用价值,而是满足人们的社会心理需要及文化需要,消费者在解读茶馆内部各种文化符号及文化展演的过程中,完成对茶馆空间的消费体验。[124]

基于以上,本书提出以下研究假设:

H3r:审美联想在茶文化空间活动感知与感官审美体验之间起中介作用。

H3s:审美联想在茶文化空间活动感知与情绪审美体验之间起中介作用。

H3t:审美联想在茶文化空间活动感知与茶文化空间认同之间起中介作用。

H3u:审美联想在茶文化空间活动感知与自我实现之间起中介作用。

H3v:审美理解在茶文化空间活动感知与感官审美体验之间起中介作用。

H3w:审美理解在茶文化空间活动感知与情绪审美体验之间起中介作用。

H3x:审美理解在茶文化空间活动感知与茶文化空间认同之间起中介作用。

H3y:审美理解在茶文化空间活动感知与自我实现之间起中介作用。

综合以上讨论,本书基于整体视角提出以下研究假设:

H3-1:审美联想在旅游地茶文化空间感知与审美体验之间具有中介作用。

H3-2:审美理解在旅游地茶文化空间感知与审美体验之间具有中介作用。

4.4 研究假设汇总

本部分内容依托第三空间理论、具身理论等基础理论知识以及当前文献研究中的相关内容,同时结合本书前期质性分析结果,围绕本书的研究内容与目标提出针对旅游者茶文化空间感知对审美体验的影响机制理论模型的相关假设,现将其汇总如下:

H1:旅游地茶文化空间感知对旅游者审美体验具有正向影响。
H1a:旅游者茶文化空间设计感知对感官审美体验有正向影响。
H1b:旅游者茶文化空间设计感知对情绪审美体验有正向影响。
H1c:旅游者茶文化空间设计感知对茶文化空间认同有正向影响。
H1d:旅游者茶文化空间设计感知对自我实现有正向影响。
H1e:旅游者茶文化空间环境氛围感知对感官审美体验有正向影响。
H1f:旅游者茶文化空间环境氛围感知对情绪审美体验有正向影响。
H1g:旅游者茶文化空间环境氛围感知对茶文化空间认同有正向影响。
H1h:旅游者茶文化空间环境氛围感知对自我实现有正向影响。
H1i:旅游者茶文化空间活动感知对感官审美体验有正向影响。
H1j:旅游者茶文化空间活动感知对情绪审美体验有正向影响。
H1k:旅游者茶文化空间活动感知对茶文化空间认同有正向影响。
H1m:旅游者茶文化空间活动感知对自我实现有正向影响。
H2-1:旅游地茶文化空间感知对旅游者审美联想具有正向影响。
H2-2:旅游地茶文化空间感知对旅游者审美理解具有正向影响。
H2a:旅游者茶文化空间设计感知对审美联想有正向影响。
H2b:旅游者茶文化空间设计感知对审美理解有正向影响。
H2c:旅游者茶文化空间环境氛围感知对审美联想有正向影响。
H2d:旅游者茶文化空间环境氛围感知对审美理解有正向影响。
H2e:旅游者茶文化空间活动感知对审美联想有正向影响。
H2f:旅游者茶文化空间活动感知对审美理解有正向影响。
H3-1:审美联想在旅游地茶文化空间感知与审美体验之间具有中介作用。
H3-2:审美理解在旅游地茶文化空间感知与审美体验之间具有中介作用。
H3a:审美联想在茶文化空间设计感知与感官审美体验之间起中介作用。
H3b:审美联想在茶文化空间设计感知与情绪审美体验之间起中介作用。
H3c:审美联想在茶文化空间设计感知与茶文化空间认同之间起中介作用。

H3d:审美联想在茶文化空间设计感知与自我实现之间起中介作用。
H3e:审美理解在茶文化空间设计感知与感官审美体验之间起中介作用。
H3f:审美理解在茶文化空间设计感知与情绪审美体验之间起中介作用。
H3g:审美理解在茶文化空间设计感知与茶文化空间认同之间起中介作用。
H3h:审美理解在茶文化空间设计感知与自我实现之间起中介作用。
H3i:审美联想在茶文化空间环境氛围感知与感官审美体验间起中介作用。
H3j:审美联想在茶文化空间环境氛围感知与情绪审美体验间起中介作用。
H3k:审美联想在茶文化空间环境氛围感知与茶文化空间认同之间起中介作用。
H3m:审美联想在茶文化空间环境氛围感知与自我实现之间起中介作用。
H3n:审美理解在茶文化空间环境氛围感知与感官审美体验间起中介作用。
H3o:审美理解在茶文化空间环境氛围感知与情绪审美体验间起中介作用。
H3p:审美理解在茶文化空间环境氛围感知与茶文化空间认同之间起中介作用。
H3q:审美理解在茶文化空间环境氛围感知与自我实现之间起中介作用。
H3r:审美联想在茶文化空间活动感知与感官审美体验之间起中介作用。
H3s:审美联想在茶文化空间活动感知与情绪审美体验之间起中介作用。
H3t:审美联想在茶文化空间活动感知与茶文化空间认同之间起中介作用。
H3u:审美联想在茶文化空间活动感知与自我实现之间起中介作用。
H3v:审美理解在茶文化空间活动感知与感官审美体验之间起中介作用。
H3w:审美理解在茶文化空间活动感知与情绪审美体验之间起中介作用。
H3x:审美理解在茶文化空间活动感知与茶文化空间认同之间起中介作用。
H3y:审美理解在茶文化空间活动感知与自我实现之间起中介作用。

4.5 理论模型

基于本书第 3 章质性分析阶段提出的旅游者茶文化空间感知对审美体验影响机制模型,以及对本书核心概念旅游者茶文化空间感知与审美体验概念维度及二者之间内在影响机制理论模型的内涵阐释,依托本章上述内容中提出的研究假设,现进一步构建旅游者茶文化空间感知对审美体验影响机制理论模型图,如图 4.1 所示。

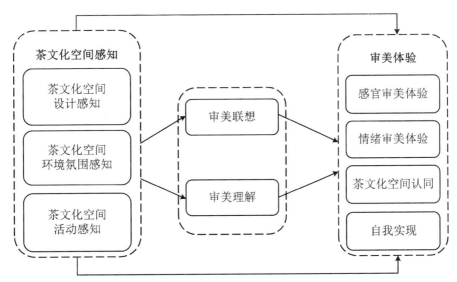

图 4.1 旅游者茶文化空间感知对审美体验影响机制理论模型

本 章 小 结

本章内容基于第三空间理论、具身理论、感官营销理论等基础理论知识与现有文献中的相关研究,同时结合本书前期质性分析结果,围绕研究问题,提出相关研究假设,进一步构建旅游者茶文化空间感知对旅游者审美体验的影响机制模型。该模型具体体现为:旅游者茶文化空间感知为自变量,审美联想与审美理解为中介变量,旅游者在旅游地茶文化空间获得的审美体验为结果变量。

第 5 章　问卷设计、数据收集与基础检验

本章内容基于前期文献回顾与质性研究,借鉴国内外相关成熟量表,遵循量表设计步骤与原则形成本书初始调查问卷,并通过预调研及信效度分析对问卷进行修订并确定最终正式调查问卷。本章具体包括以下内容:

(1) 问卷设计,涵盖问卷设计原则、流程及初始问卷的题项设计。

(2) 预调研及数据分析,包括预调查问卷的发放与收集,预调查问卷结构与信效度分析。

(3) 正式调研,具体包括正式调查问卷的确立及问卷的发放与收集。

5.1　研究问卷设计

5.1.1　问卷设计原则与步骤

陈晓萍等在主编的《组织与管理研究的实证方法》一书中提出调查问卷设计的六个原则:第一,问卷的题项表述应通俗易懂,避免专业术语及含糊或模棱两可的问题;第二,问卷题项的设计不应有诱导性,应避免敏感性等问题;第三,问卷中问题的表述应清晰明确,便于参与者清晰回答;第四,问卷的题项设计要与研究主题相关;第五,调查问卷的答案设置应注重均衡性;第六,应注意问卷设计的整体内在逻辑,问卷题项的设置应由简入难,从广义到详细具体,同一个问题的相关题项应设置在一起,个人信息等应放在最后。[276]

另外,西蒙等在其研究中关于调查问卷设计提出以下建议:第一,参考现有文献与理论,形成相关构念;第二,反复进行预测试,了解被测试者答题心理,从而设计调查问卷结构;第三,正式调研前,通过专家、预调研等方法对问卷题项表述、维度、构念的有效性与相关性进行严格检验。[277]

5.1.2　问卷设计方法与具体流程

1. 明确研究目的、内容及核心变量

进行研究问卷设计的前提基础是要明确研究目的与内容,本书的研究目的在

于从旅游者视角挖掘旅游地茶文化空间对旅游者审美体验的内在影响机制。基于此研究目的,研究通过对书籍、文献阅读及前期访谈质性材料的研究分析,得出研究内容共涉及四个变量,具体包括旅游者茶文化空间感知、审美联想、审美理解以及审美体验。除此之外,问卷最后还包括旅游者相关基本信息的收集,包括被调研者在武夷山体验过的茶文化空间类别、年龄、性别、学历、月平均收入等。

2. 量表的搜集与选择

研究基于前期书籍、文献阅读及前期访谈质性材料的分析获得的核心变量,搜集权威期刊中相关量表,并将获得的量表进行整理对比,选择适用于本书的量表,并结合本书具体研究内容与研究情境进行修订。本书选用参考量表期刊如表5.1所示。本部分内容所选择量表标准至少符合以下两项标准之一:① 题项在变量及量表介绍时有具体描述或列出;② 量表在原文中以表格形式具体列出。

表 5.1 本书核心量表参考来源

核 心 量 表 来 源	参考量表数量
International Journal of Hospitality Management	1
Service Business	3
Journal of Business Research	1
Annals of Tourism Research	1
《旅游学刊》	2
Psychological Reports	1
Journal of Destination Marketing and Management	3
British Journal of Psychology	1
The Positive Psychology	1
《人文地理》	1
博士学位论文	2

3. 量表的翻译

本书选取的大部分量表来自国外权威期刊中的文献,在使用时存在语言表述和文化适用性的问题。因此,在量表翻译过程中,本书邀请了多位英文教师进行中英文双向互译,同时在翻译过程中还邀请外籍教师就题项意思进行反复沟通、不断对比、修改量表的表述,使其既能完全表述出原量表的意思,同时又适用于本书的研究内容。

4. 整体量表的编制与完善

在完成问卷各变量测量题项的翻译后,需要进一步对整体量表进行整理、综合与完善,进而构成完整的调查问卷。此时不仅要注意各题项的表述问题,还应注意题项与题项之间表述上的衔接与协调性问题。通过对整体问卷结构上的不断讨论与完善,最终本书调查问卷共包括两部分主要内容。第一部分为本书核心变量的测量,具体包括旅游者茶文化空间感知、审美理解、审美联想与审美体验四个核心变量。第二部分主要为问卷填写参与者的人口统计特征问项,具体包括被调研者在武夷山体验过的茶文化空间类别、年龄、性别、学历、月平均收入等。

5.1.3 变量测量与题项设计

1. 旅游者茶文化空间感知量表

空间感知是对实体空间、空间结构以及空间关系的内在认知,需要强调的是人员活动也是空间的重要组成部分。[116]结合本书前期质性研究结果,本书认为旅游者茶文化空间感知包括空间设计感知、环境氛围感知与空间活动感知。其中空间设计感知为旅游者对茶文化物理空间构成要素的感知,环境氛围感知为旅游者对茶文化空间环境与文化氛围的感知,茶文化空间活动感知为旅游者对茶文化空间中社会活动与演艺活动的感知。

林奇开启了空间感知的研究先例,将空间感知分为空间结构感知和空间要素感知。[112]贝克认为空间整体氛围涵盖环境因素(空气质量、声音、气味、干净)、设计因素(美观性、功能性)及社会因素(顾客与服务者行为活动及仪表)。[116]伏瑞斯沃从物理空间、社会空间和人等要素对旅游空间进行探讨。[278]波恩将文化景点空间氛围测量分为空间设计格局、空间气氛及社交空间三个维度。Chen H. T. 和 Lin Y. T. 从感官角度分析了旅游者对连锁咖啡店的空间感知。[279]关于旅游者对演艺活动的感知,有学者提出,文化遗产经过舞台化设计与表演后,能为旅游者带来真实的体验。[280]在操作层面,有学者提出旅游者对民族文化演艺活动的感知主要受演艺活动知识性、魅力型、真实性、传统型等因素的影响。[281]

综合以上,本书所采用的旅游者茶文化空间感知量表具体题项见表5.2。

表 5.2 旅游者茶文化空间感知量表

维度	编码	测量题项	具体来源
空间设计感知(SD)	SD1	我喜欢武夷山茶文化空间的整体风格特征。	Baker[116];Kim,Moon[282];Turley,Milliman[283];焦世泰[281]
	SD2	我喜欢武夷山茶文化空间的灯光设计。	
	SD3	我喜欢武夷山茶文化空间的色彩呈现。	
	SD4	武夷山茶文化空间的装修材质与空间风格相协调。	
	SD5	武夷山茶文化空间的装饰品精致有品位。	
	SD6	武夷山茶文化空间的建筑物特点与整体环境相协调。	
	SD7	我喜欢武夷山茶文化空间的整体景观布局。	
	SD8	我认可武夷山茶文化空间的标识物与解说系统。	

续表

维度	编码	测量题项	具体来源
环境氛围感知（EA）	EA1	我喜欢武夷山茶文化空间给我带来的听觉感受。	Baker[116]；Kim，Moon[282]；Turley，Milliman[283]；焦世泰[281]
	EA2	我喜欢武夷山茶文化空间的气味。	
	EA3	武夷山茶文化空间的卫生环境整洁。	
	EA4	武夷山茶文化空间空气清新。	
	EA5	我喜欢武夷山整体浓厚的茶文化氛围。	
空间活动感知（SA）	SA1	我对武夷山茶文化空间采茶、制茶、品茶场景的印象好。	Baker[116]；Kim，Moon[282]；Turley，Milliman[283]；焦世泰[281]
	SA2	武夷山茶文化空间服务人员操作熟练、专业。	
	SA3	武夷山茶文化空间工作人员仪表整洁、装饰自然。	
	SA4	我对自己参加的一些茶文化体验项目的印象好。	
	SA5	茶文化演艺活动以真实方式再现了武夷山的茶文化。	
	SA6	茶文化演艺活动在内容上展示出了武夷山独特的茶文化。	

2. 审美理解量表

审美理解是人们在审美活动中对审美对象的内容、形式和事物的相关联系及其规律的认识、把握与领悟。[85]斯塔曼托波洛从心理学与哲学角度研究审美体验维度时提出，审美体验中人与物的关系是动态的，事物外在表现形式能引发人对意义的理解，同时二者又能相互作用引发更高一层级的情感变化。[284]姜辽与徐红罡对文学旅游的审美消费进行研究时，提出审美感知能影响旅游者对景观、人物、环境、意义的审美理解。[153]结合本书研究内容与前期质性分析结果，本书所采用的旅游者在旅游地茶文化空间获得的审美理解量表见表5.3。

表5.3 审美理解量表

维度	编码	测量题项	具体来源
审美理解（AU）	AU1	在武夷山体验了茶文化后，我在一定程度上了解了武夷山茶文化的历史渊源。	姜辽，徐红罡[153]；Stamatopoulou[284]
	AU2	在武夷山体验了茶文化后，我在一定程度上了解了种茶、制茶、泡茶或品茶等相关条件与流程。	
	AU3	在武夷山体验了茶文化后，我在一定程度上了解了茶的价值功能。	
	AU4	在武夷山体验了茶文化后，我感受到了做茶人的辛苦。	

续表

维度	编码	测量题项	具体来源
审美理解（AU）	AU5	在武夷山体验了茶文化后，我感受到了做茶人的茶文化素养与情怀。	
	AU6	在武夷山体验了茶文化后，我感受到了当地人生活节奏很慢、很惬意。	姜辽，徐红罡[153]；Stamatopoulou[284]
	AU7	在武夷山体验了茶文化后，我感觉茶是当地人生活的一部分。	

3. 审美联想量表

审美联想（想象）是重要的审美心理要素之一，想象是人特有的思维方式，是对未知事物或者记忆的浪漫化的主观建构以及再现。[80]想象是一种力量，它可以使人们对自然物的关注灵活地从一个方面转向另一个方面。[81]巴什拉从记忆角度解读审美想象，认为记忆与想象是相通的，记忆溶解在人的身体里，身体记忆与联想能力使得感知与记忆相通，记忆能深化人们对空间体验的关注，具体来说，人们在受到空间刺激时，使得当前的体验与记忆相互作用，形成一种想象，这种想象是人类的自觉行为，它促使审美主体与客体进行对话，产生情感上的共鸣。[82]审美联想是将主体与客体联结起来，唤醒理智与情感，引发思考，强化审美体验。它是一种内在动力机制，其中空间联想是指在空间中感知到各种元素刺激后，人们联想到过去的经验或相似的空间与形象，产生情感共鸣，联想与想象的作用在于把人与审美对象联系起来，是人们在受到感觉与知觉体验后，经过主动的心理活动创造行为，上升为理解、产生情感。[83]姜辽与徐红罡基于文学旅游审美消费，将审美想象分为联想人物、联想往事、联想故事情节、联想环境及联想其他。[153]张庆芳和徐红罡在研究自然情境下旅游者获得的审美体验时，采用结构方程验证了文学作品联想在其中的重要作用，具体包括对古代山水诗的联想，对山水画的联想以及对风俗传说的联想。[155]本书综合借鉴姜辽和徐红罡以及张庆芳和徐红罡研究中的文学联想量表，结合本书的研究情境与内容，编制审美联想量表，见表5.4。

表5.4 审美联想量表

维度	编码	测量题项	具体来源
审美联想（AI）	AI1	在武夷山体验茶文化时，让我联想到古代的生活场景。	姜辽，徐红罡[153]；张庆芳，徐红罡[155]
	AI2	在武夷山体验茶文化时，让我联想到古代文人墨客品茶论诗时的场景。	

续表

维度	编码	测量题项	具体来源
审美联想 AI	AI3	在武夷山体验茶文化时,让我联想到诗歌中描述的场景。	姜辽,徐红罡[153];张庆芳,徐红罡[155]
	AI4	在武夷山体验茶文化时,让我联想到图画或影视剧中的场景。	
	AI5	在武夷山体验茶文化时,会让我想到一些人。	

4. 审美体验量表

谢彦君认为,旅游审美体验是一种外向与内向同时进行的活动,先注意感知事物外部形态与特性,然后转回人的内部心理世界,外部与内部在多次回返中达到同形,最后使内在情感得到调整、和谐,进而产生愉悦的情感感受[61]。哈里森把旅游者在旅游过程中发生的审美体验称为旅游审美,并认为旅游审美给予旅游者感官和身体上的愉悦,且能引发积极的情感反应[77]。潘海颖认为,旅游审美体验是使旅游者与浸入的情境互动,主动参与,从而获得的全方位的感官刺激、情绪、情感与心境[79]。综合以上学者观点,基于具身理论与本书前期质性研究,本书将审美体验分为感官审美、情绪审美、文化认同(情感层面)与自我实现(精神层面)。

因此,综合文献中现有成熟量表及本书中前期质性研究结果,绘制旅游者在旅游地文化空间获得的审美体验量表,见表5.5。

表 5.5 审美体验量表

维度	编码	测量题项	具体来源
感官审美体验(SAE)	SAE1	武夷山茶文化空间给我带来视觉上的享受。	Chen,Lin[279]
	SAE2	武夷山茶文化空间给我带来听觉上的享受。	
	SAE3	武夷山茶文化空间给我带来嗅觉上的享受。	
	SAE4	茶山走走吹吹风,身体感到舒适。	
	SAE5	武夷山茶及相关茶美食给我带来味觉上的享受。	
情绪审美体验(EAE)	EAE1	在武夷山体验茶文化时,我内心感到放松与平静。	Leder 等[285];Chen,Lin[279]
	EAE2	在武夷山体验茶文化时,我感到心情愉悦。	
	EAE3	在武夷山体验茶文化时,我身心都感到满足。	
	EAE4	在武夷山喝喝茶、看看山水,使我精神得到恢复。	
	EAE5	我认为武夷山茶文化很有意思,让我很感兴趣。	

续表

维度	编码	测量题项	具体来源
茶文化空间认同（CI）	CI1	在武夷山体验了茶文化,让我觉得这是一个可以让人忘记烦恼的地方。	庞玮[131]；张庆芳,徐红罡[155]
	CI2	在武夷山体验了茶文化,让我觉得这是一个能体现茶文化力量的地方。	
	CI3	武夷山自然与茶文化相得益彰,让我觉得这是一个特别的地方。	
	CI4	在武夷山体验了茶文化,让我觉得这是一个能修身养性的地方。	
	CI5	在武夷山体验了茶文化,让我觉得这是一个很有意境的地方。	
自我实现（SR）	SR1	在武夷山体验了茶文化,一定程度上改变了我对生活的态度与认知。	Waterman 等[286]；程珊珊[287]
	SR2	在武夷山体验了茶文化,我内心得到了充实。	
	SR3	在武夷山体验了茶文化后,我学到了很多东西。	
	SR4	在武夷山体验了茶文化,我感觉自己有所收获。	

5.2 预调研与量表修订

5.2.1 问卷发放与回收

研究进行预调研旨在通过数理统计方法对预调研数据进行信度与效度的分析,评价量表质量的好坏[288],进而对使用的量表进行完善,提升其质量。根据过往研究建议,回收预调查问卷有效数量应不少于问卷题项的3倍。[289]本书预调研时间为2020年9月21日至2020年10月8日,采用电子问卷形式进行问卷的发放与收集,被访者为到过武夷山旅游的游客,具体发放过程通过滚雪球的方式采用微信、QQ等形式进行,最终收回问卷360份,删除没看过茶文化演艺及去过的茶空间(除茶文化演艺空间外)数量少于2个的问卷,同时删除答题时间短于120秒、规律性较强的问卷,最后获得有效问卷273份,为问卷题项的5.5倍,符合预调研测试样本量的要求。

5.2.2 预调研数据描述性统计分析

研究对预调研获得的有效问卷数据进行描述性统计分析,分析结果如表5.6所示。

表5.6 预调研样本社会人口统计学特征($n = 273$)

类别	分类	频数	占比	类别	分类	频数	占比
性别	男	135	49.5%		企业职员	56	20.5
	女	138	50.5%		政府工作人员	46	16.8
年龄	20岁及以下	37	13.6%		教育科研人员	29	10.6%
	20~25岁	53	19.4%		军人	3	1.1%
	26~30岁	58	21.2%	职业	个体经营者	29	10.6%
	31~40岁	63	23.1%		技术人员	12	4.4%
	40岁及以上	62	22.7%		在校学生	44	16.1%
学历	初中及以下	9	3.3%		自由职业者	23	8.4%
	高中	34	12.5%		其他	31	11.4%
	专科	53	19.4%	去过的茶文化空间	茶室、茶叶店	261	95.6%
	本科	150	54.9%		茶厂	176	64.5%
	硕士及以上	27	9.9%		茶山、茶园	266	97.4%
月均收入	≤2500元	66	24.2%		茶文化演艺空间	273	100%
	2501~5000元	77	28.2%		大红袍景区	257	94.1%
	5001~10000元	89	32.6%				
	10001~20000元	32	11.7%				
	≥20001元	9	3.3%				

由表5.6可以看出,在性别结构上,男女占比相当,其中男性占比49.5%($n=135$),女性占比50.5%($n=138$)。在年龄构成上,20岁及以上旅游者占比最多($n=236$),占总预调研总人数的86.4%,其中20~25岁年龄段旅游者占比19.4%($n=53$),26~30岁年龄段旅游者占比21.2%($n=58$),31~40岁年龄段占比23.1%($n=63$),40岁及以上旅游者占比22.7%($n=62$)。在学历构成上,本科学历旅游者占比最多($n=150$),占预调研总人数的54.9%;专科学历旅游者占比第二($n=53$),占预调研总人数的19.4%;高中学历旅游者占比12.5%($n=34$);硕士及以上学历占比9.9%($n=27$);初中及以下人数占比最少,占总调研人数的3.3%($n=9$)。从月平均收入结构构成来看,5001~10000元收入的旅游者占比最

多,占总预调研人数的32.6%($n=89$);其次为月平均收入在2501～5000元的旅游者,占总预调研人数的28.2%($n=77$);月平均收入小于2500元的旅游者占预调研总人数的24.2%($n=66$),这个收入段的占比可能与旅游者中在校学生样本占比有关;平均月收入在10000以上的旅游者占比相对较少,共41人,其中10001～20000元收入段的旅游者占比11.7%($n=32$),20000以上的旅游者占比3.3%($n=9$)。从预调研旅游者到过的武夷山茶文化空间来看,基于本书的样本选择标准设定,所有旅游者都到过茶文化演艺空间,97.4%的旅游者都到过茶山、茶园,95.6%的旅游者到过茶室、茶叶店,94.1%的旅游者到过大红袍景点景区,而到过茶厂的旅游者相对较少,只有64.5%。

5.2.3 量表信度与效度检验

1. 量表信度与效度检验标准

量表信度(reliability)检验即可靠性检验,目的在于检验使用同种方法对同一对象进行重复测量时所得结果的一致性与稳定程度。检验指标包括三个:

(1) Cronbach's α,一般情况下认为,当量表的Cronbach's α值大于0.7时是可以接受的,在此基础上Cronbach's α值越大说明量表的信度越好,即内部稳定性与一致性越高。[289]

(2) 修正后的项与总计相关性(correlated item total correlation,CITC),检验每个题项与整体量表之间的相关性,一般认为当CITC值大于0.5时可以接受。

(3) 删除项后的Cronbach's α,若删除某题项后的Cronbach's α值大于原量表删除某题项之前的Cronbach's α值,则说明所删除题项与量表其他题项之间具有较差的一致性,应该将此题项删除。[290]

量表效度(validity)检验的目的在于检测量表准确测量变量的程度。首先,在对数据进行探索性因子检验之前,一般情况下要先进行KMO(Kaiser-Meyer-Olkin)检验和Bartlett球形检验,KMO值小于0.5则无法进行因子分析,越接1则越适合进行因子分析。[291]而Bartlett球形检验结果中,如果Sig.<0.05(p小于0.05),则说明各个变量之间是有相关性的,因子分析也是有效的。[289]

其次,检验结果评价指标包括三个:

(1) 累计解释总方差,若提取后的因子对总变量的累计解释率超过50%,则说明因子提取是可以接受的,若超过60%,则说明因子提取效果较理想。[289]

(2) 公因子方差,反映公因子对观测变量解释的有效程度,一般情况下认为当公因子方差大于0.4时,可以接受。[289]

(3) 因子载荷反映的是连续观测变量和公因子之间的相关关系,一般认为当因子载荷超过0.5时是可以接受的。[292]

2. 各变量分量表的信度与效度检验

(1) 旅游者茶文化空间感知

首先,研究对茶文化空间感知量表进行内部一致性检验,检验结果见表 5.7。

表 5.7 旅游者茶文化空间感知的信度检验

维 度	题项	修正后的项与总计相关性(CITC)	删除项后的 Cronbach's α	维度 Cronbach's α
空间设计感知	SD1	0.820	0.853	
	SD2	0.849	0.851	
	SD3	0.855	0.851	
	SD4	0.878	0.850	0.858
	SD5	0.866	0.850	
	SD6	0.864	0.850	
	SD7	0.880	0.850	
	SD8	0.309	0.960	
环境氛围感知	EA1	0.800	0.821	
	EA2	0.845	0.811	
	EA3	0.366	0.842	0.832
	EA4	0.463	0.833	
	EA5	0.733	0.808	
空间活动感知	SA1	0.837	0.736	
	SA2	0.348	0.747	
	SA3	0.347	0.850	0.746
	SA4	0.820	0.738	
	SA5	0.839	0.735	
	SA6	0.420	0.858	

从表 5.7 可以看出,空间设计感知量表整体 Cronbach's α 值为 0.858,各个题项的 CITC 值,除 SD8 小于 0.5 外,其余 SD1~SD7 均大于 0.5。各个题项删除后的 Cronbach's α 值除 SD8 之外,其余 SD1~SD7 项已删除的 Cronbach's α 值处于 0.850~0.853 之间,都小于整体量表的 Cronbach's α 值 0.858,因此考虑将题项 SD8 删除。

环境氛围感知整体量表的 Cronbach's α 值为 0.832,各个题项的 CITC 值中 EA3 与 EA4 的 CITC 值小于 0.5,其余 EA1、EA2、EA5 的 CITC 处于 0.733~

0.845 之间,都大于 0.5。各个题项删除后的 Cronbach's α 值中除 EA3 与 EA4 外,其余 EA1、EA2、EA5 的项已删除的 Cronbach's α 值处于 0.808~0.821 之间,均小于整体量表的 Cronbach's α 值 0.832,因此考虑将题项 EA3 与 EA4 删除。

空间活动感知整体量表的 Cronbach's α 值为 0.746,各个题项中 SA2、SA3 与 SA6 的 CITC 值均小于 0.5,而其余 SA1、SA4 和 SA5 的 CITC 值大于 0.5,而各个题项删除后的 Cronbach's α 值,SA2、SA3 与 SA6 的项删除后的 Cronbach's α 值均大于空间活动整体量表的 Cronbach's α 值 0.746,其余 SA1、SA4 与 SA5 的项删除后的 Cronbach's α 值处于 0.735~0.738 之间,均小于空间活动整体量表的 Cronbach's α 值 0.746,因此关于空间活动这个维度,考虑删除题项 SA2、SA3 与 SA6。

研究继续对删除 SD8、EA3、EA4、SA2、SA3、SA6 后的量表进行可靠性分析,分析结果如表 5.8 所示。

表 5.8　删除不达标题项后的旅游者茶文化空间感知信度检验

维　度	题项	修正后的项与总计相关性(CITC)	删除项后的 Cronbach's α	维度 Cronbach's α
空间设计感知	SD1	0.662	0.897	0.905
	SD2	0.711	0.892	
	SD3	0.769	0.885	
	SD4	0.773	0.884	
	SD5	0.739	0.888	
	SD6	0.704	0.892	
	SD7	0.660	0.897	
环境氛围感知	EA1	0.725	0.772	0.846
	EA2	0.769	0.729	
	EA5	0.653	0.840	
空间活动感知	SA1	0.644	0.715	0.795
	SA4	0.658	0.699	
	SA5	0.612	0.748	

从表 5.8 可以看出,修正后的旅游者茶文化空间感知信度检验结果中,空间设计感知中各个题项的 CITC 值均大于 0.5,项已删除的 Cronbach's α 值处于 0.884~0.897 之间,均小于空间设计感知整个维度的 Cronbach's α 值 0.905。环境氛围感知中各个题项的 CITC 值均大于 0.5,项已删除的 Cronbach's α 值处于 0.729~0.840 之间,均小于环境氛围感知整个维度的 Cronbach's α 值 0.846。空间活

动感知中各个题项的 CITC 值均大于 0.5,项已删除的 Cronbach's α 值处于 0.699~0.748 之间,均小于空间活动整个维度的 Cronbach's α 值 0.795。由此可见,删除旅游者茶文化空间感知三个维度中不符合标准题项后,各维度题项 CITC 值与项已删除的 Cronbach's α 值均在可接受范围内。

然而,研究提出,不能仅仅以量表的信度或效度二者之中的某一个单一指标来确定正式量表,应该综合量表的信度与效度来判断是否应该删除某些题项,进而确定最终量表。因此,本部分研究继续对旅游者茶文化空间感知量表进行效度检验。本书使用 SPSS 24.0,采用主成分分析法在上文信度检验基础上对预调研数据进行探索性因子分析,并基于特征值大于 1 来抽取主成分[293],旅游者茶文化空间感知的效度检验结果见表 5.9。

表 5.9　旅游者茶文化空间感知的探索性因子检验结果

题项	成分			公因子方差
	1	2	3	
SD1	0.657			0.612
SD2	0.769			0.736
SD3	0.785			0.752
SD4	0.739			0.688
SD5	0.685			0.690
SD6	0.728			0.709
SD7	0.680			0.652
SA1		0.781		0.744
SA4		0.742		0.690
SA5		0.554		0.586
EA1			0.755	0.746
EA2			0.789	0.790
EA5			0.606	0.701

KMO = 0.939

Sig. = 0.000

累计解释的总方差 = 69.954%

由表 5.9 可以看出,旅游者茶文化空间感知的量表的 KMO 值为 0.939,Bartlett 球形度检验结果显示显著性为 0.000。各题项公因子方差值处于 0.586~0.790 之间,均大于 0.4,可以接受。另外,对数据基于特征值大于 1 进行主成分抽取,旋转后提取 3 个公因子,累计解释的总方差值为 69.954%,大于 60%,检验结果符合标准,且各题项因子载荷值处于 0.554~0.789 之间,均大于 0.5,可以接受。

综合以上信度与效度检验结果,旅游者茶文化空间感知量表的 13 个题项(SD1、SD2、SD3、SD4、SD5、SD6、SD7、SA1、SA4、SA5、EA1、EA2、EA5)可以作为正式量表供后续调研使用。

(2) 审美联想

研究采用 SPSS 24.0 对审美联想量表进行内部一致性检验,检验结果见表5.10。

表 5.10 审美联想量表信度检验

维度	题项	修正后的项与总计相关性(CITC)	删除项后的 Cronbach's α	维度 Cronbach's α
审美联想	AI1	0.806	0.908	
	AI2	0.830	0.903	
	AI3	0.853	0.899	0.925
	AI4	0.801	0.909	
	AI5	0.734	0.922	

从表 5.10 可以看出,审美联想量表整体 Cronbach's α 值为 0.925,各个题项的 CITC 值处于 0.734~0.853 之间,均大于 0.5。各个题项删除后的 Cronbach's α 值处于 0.899~0.922 之间,都小于整体量表的 Cronbach's α 值 0.925,说明审美联想量表题项之间具有比较良好的内部一致性。

研究继续使用 SPSS 24.0,采用主成分分析法对预调研数据进行探索性因子分析,并基于特征值大于 1 来抽取主成分[293],审美联想效度检验结果见表 5.11。

表 5.11 审美联想探索性因子检验结果

题项	成分 1	公因子方差
AI1	0.880	0.774
AI2	0.897	0.804
AI3	0.911	0.830
AI4	0.875	0.766
AI5	0.825	0.681

KMO = 0.900

Sig. = 0.000

累计解释的总方差 = 77.108%

由表 5.11 可以看出,审美联想量表的 KMO 值为 0.900,Bartlett 球形度检验结果显示显著性为 0.000。各题项公因子方差值处于 0.681~0.830 之间,均大于 0.4,可以接受。另外,对数据基于特征值大于 1 进行主成分抽取,旋转后提取 1 个公因子,累计解释的总方差值为 77.108%,大于 60%,检验结果符合标准,且各题项因子载荷值处于 0.825~0.911 之间,均大于 0.5,可以接受。

综合以上对审美联想量表的信度与效度分析检验结果,审美联想的 5 个题项(AI1、AI2、AI3、AI4、AI5)均可以保留供后续正式调研使用。

(3) 审美理解

研究采用 SPSS 24.0 对审美理解量表进行内部一致性检验,检验结果见表 5.12。

表 5.12 审美理解量表信度检验

维度	题项	修正后的项与总计相关性(CITC)	删除项后的 Cronbach's α	维度 Cronbach's α
审美理解	AU1	0.854	0.943	0.952
	AU2	0.847	0.944	
	AU3	0.850	0.944	
	AU4	0.836	0.945	
	AU5	0.844	0.944	
	AU6	0.819	0.946	
	AU7	0.809	0.947	

从表 5.12 可以看出,审美理解量表整体 Cronbach's α 值为 0.952,各个题项的 CITC 值处于 0.809~0.854 之间,均大于 0.5。各个题项删除后的 Cronbach's α 值处于 0.943~0.947 之间,都小于整体量表的 Cronbach's α 值 0.952,说明审美理解量表题项之间具有比较良好的内部一致性,因此可以将研究所有题项保留。

研究继续使用 SPSS 24.0,采用主成分分析法对预调研数据进行探索性因子分析,并基于特征值大于 1 来抽取主成分[293],审美理解效度检验结果见表 5.13。

表 5.13 审美理解量表探索性因子检验

题项	成分 1	公因子方差
AU1	0.895	0.801
AU2	0.891	0.793
AU3	0.893	0.798

续表

题项	成分1	公因子方差
AU4	0.880	0.775
AU5	0.887	0.787
AU6	0.868	0.753
AU7	0.861	0.741

KMO = 0.916

Sig. = 0.000

累计解释的总方差 = 77.837%

由表 5.13 可以看出,审美理解量表的 KMO 值为 0.916,Bartlett 球形度检验结果显示显著性为 0.000。各题项公因子方差值处于 0.741～0.801 之间,均大于 0.4,可以接受。另外,对数据基于特征值大于 1 进行主成分抽取,旋转后提取 1 个公因子,累计解释的总方差值为 77.837%,大于 60%,检验结果符合标准,且各题项因子载荷值处于 0.861～0.895 之间,均大于 0.5,可以接受。

综合以上对审美理解量表的信、效度检验结果,审美理解的 7 个题项(AU1、AU2、AU3、AU4、AU5、AU6、AU7)均可以保留供后续正式调研使用。

（4）审美体验

研究采用 SPSS 24.0 对审美体验量表进行内部一致性检验,检验结果如表 5.14 所示。

表 5.14 审美体验量表信度检验

维度	题项	修正后的项与总计相关性(CITC)	删除项后的 Cronbach's α	维度 Cronbach's α
感官审美	SAE1	0.837	0.917	
	SAE2	0.809	0.912	
	SAE3	0.818	0.910	0.928
	SAE4	0.497	0.930	
	SAE5	0.799	0.914	
情绪审美	EAE1	0.891	0.809	
	EAE2	0.914	0.841	
	EAE3	0.911	0.838	0.963
	EAE4	0.391	0.964	
	EAE5	0.381	0.984	

续表

维度	题项	修正后的项与总计相关性(CITC)	删除项后的 Cronbach's α	维度 Cronbach's α
茶文化空间认同	CI1	0.888	0.965	0.969
	CI2	0.895	0.964	
	CI3	0.911	0.961	
	CI4	0.330	0.970	
	CI5	0.428	0.978	
自我实现	SR1	0.895	0.948	0.960
	SR2	0.905	0.946	
	SR3	0.914	0.943	
	SR4	0.888	0.950	

从表 5.14 可以看出,感官审美量表整体 Cronbach's α 值为 0.928,各个题项的 CITC 值除 SAE4 外,均大于 0.5,而各个题项删除后的 Cronbach's α 值除 SAE4 外,都小于感官审美整体量表的 Cronbach's α 值 0.928,说明感官审美量表题项应考虑删除题项 SAE4,将研究其他题项保留。

情绪审美量表 Cronbach's α 值为 0.963,各个题项的 CITC 值除 EAE4 和 EAE5 外,均大于 0.5。各个题项中,EAE4 和 EAE5 的题项删除后的 Cronbach's α 值大于情绪审美量表整体 Cronbach's α 值 0.963,而 EAE1、EAE2、EAE3 题项删除后的 Cronbach's α 值都小于情绪审美整体量表的 Cronbach's α 值 0.963,说明应考虑删除题项 EAE4 和 EAE5,将题项 EAE1、EAE2、EAE3 保留。

茶文化空间认同量表 Cronbach's α 值为 0.969,题项 CI4 和 CI5 的 CITC 值小于 0.5,且二者题项删除后的 Cronbach's α 值也超过茶文化空间认同整体量表的 Cronbach's α 值 0.969,因此考虑将题项 CI4 和 CI5 删除,保留其他题项。

自我实现量表 Cronbach's α 值为 0.960,各个题项的 CITC 值处于 0.888~0.914 之间,均大于 0.5。各个题项删除后的 Cronbach's α 值处于 0.943~0.950 之间,都小于整体量表的 Cronbach's α 值 0.960,说明自我实现量表题项之间具有比较良好的内部一致性,因此可以将研究所有题项保留。

研究继续对将题项 SAE4、EAE4、EAE5、CI4、CI5 删除后的审美体验量表进行可靠性分析,分析结果见表 5.15。

表 5.15　删除不达标题项后的审美体验量表信度检验

维　度	题项	修正后的项与总计相关性（CITC）	删除项后的 Cronbach's α	维度 Cronbach's α
感官审美	SAE1	0.832	0.880	0.915
	SAE2	0.813	0.886	
	SAE3	0.818	0.885	
	SAE5	0.761	0.905	
情绪审美	EAE1	0.896	0.927	0.950
	EAE2	0.900	0.924	
	EAE3	0.890	0.931	
茶文化空间认同	CI1	0.873	0.931	0.946
	CI2	0.883	0.923	
	CI4	0.904	0.907	
自我实现	SR1	0.895	0.948	0.960
	SR2	0.905	0.946	
	SR3	0.914	0.943	
	SR4	0.888	0.950	

从表 5.15 可以看出，修正后的审美体验量表中的感官审美量表整体 Cronbach's α 值为 0.915，各个题项的 CITC 值处于 0.761～0.832 之间，均大于 0.5。各个题项删除后的 Cronbach's α 值处于 0.880～0.905 之间，都小于整体量表的 Cronbach's α 值 0.915，说明修正后的感官审美体验量表题项之间具有比较良好的内部一致性，因此可以将现有研究题项保留。

情绪审美量表整体 Cronbach's α 值为 0.950，各个题项的 CITC 值处于 0.890～0.900 之间，均大于 0.5。各个题项删除后的 Cronbach's α 值处于 0.924～0.931 之间，都小于整体量表的 Cronbach's α 值 0.950，说明修正后的情绪审美量表题项之间具有比较良好的内部一致性，因此可以将现有研究题项保留。

茶文化空间认同量表整体 Cronbach's α 值为 0.946，各个题项的 CITC 值处于 0.873～0.904 之间，均大于 0.5。各个题项删除后的 Cronbach's α 值处于 0.907～0.931 之间，都小于整体量表的 Cronbach's α 值 0.946，说明修正后的茶文化空间认同量表题项之间具有比较良好的内部一致性，因此可以将现有研究题项保留。

自我实现量表整体 Cronbach's α 值为 0.960，各个题项的 CITC 值处于 0.888～0.914 之间，均大于 0.5。各个题项删除后的 Cronbach's α 值处于 0.943～0.950 之间，都小于整体量表的 Cronbach's α 值 0.960，说明修正后的自我实现量表题项之间具有比较良好的内部一致性,因此可以将现有研究题项保留。

研究继续使用 SPSS 24.0 在修正的审美体验信度检验的基础上采用主成分分析法对预调研数据进行探索性因子分析,并基于特征值大于 1 来抽取主成分[293],审美体验效度检验结果如表 5.16 所示。

表 5.16 审美体验量表探索性因子检验

题项	成分				公因子方差
	1	2	3	4	
SAE1	0.821				0.791
SAE2	0.738				0.672
SAE3	0.709				0.718
SAE5	0.688				0.692
EAE1		0.685			0.761
EAE2		0.764			0.778
EAE3		0.740			0.757
CI1			0.753		0.765
CI2			0.838		0.849
CI4			0.578		0.629
SR1				0.765	0.749
SR2				0.813	0.802
SR3				0.801	0.787
SR4				0.738	0.759

KMO = 0.941

Sig. = 0.000

累计解释的总方差 = 75.055%

由表 5.16 可以看出,审美体验量表的 KMO 值为 0.941,Bartlett 球形度检验结果显示显著性为 0.000。各题项公因子方差值处于 0.629~0.849 之间,均大于 0.4,可以接受。另外,对数据基于特征值大于 1 进行主成分抽取,旋转后提取 4 个公因子,累计解释的总方差值为 75.055%,大于 60%,检验结果符合标准,且各题项因子载荷值处于 0.578~0.838 之间,均大于 0.5,可以接受。

综合以上对审美体验量表的信度与效度分析检验结果,审美体验的 14 个题项(SAE1、SAE2、SAE3、SAE5、EAE1、EAE2、EAE3、CI1、CI2、CI4、SR1、SR2、SR3、SR4)均可以保留供后续正式调研使用。

5.2.4 正式测量量表确定

通过使用 SPSS24.0 对预调研数据进行信度与效度分析,结果表明,茶文化空间感知构成维度中空间设计感知维度的题项 SD8,环境氛围维度构成中的题项 EA3 与 EA4,空间活动维度构成中的题项 SA2、SA3 以及审美体验构成维度中感官审美体验维度的构成题项 SAE4,情绪审美体验维度的构成题项 EAE4、EAE5,茶文化空间认同维度的构成题项 CI3 与 CI5 的 CITC 值都小于标准值 0.4,同时题项删除后的 Cronbach's α 值也都超过了各分量表的整体 Cronbach's α 值,因此,将这些题项删除。除此之外,审美联想与审美理解构成题项的 CITC 值与各题项删除后的 Cronbach's α 值在标准范围之内,二者都呈现较好的内部一致性,因此,将二者构成题项都予以保留。研究对删除以上不合标准题项后量表重新进行内部一致性检验,结果表明,修正后的量表各指标都符合各自标准值要求,呈现较好的内部一致性。

另外,在以上修正后量表信度检验基础上,研究继续对量表进行探索性因子分析,效度检验结果表明,各变量的 KMO 值、因子载荷、公因子方差以各变量累计解释方差都符合各自标准值要求(具体见上文相应内容),表明修正后的量表也具有较好的效度。

综合上述分析结果,最终形成的正式调查问卷各变量量表见表 5.17。

表 5.17 本书正式调研测量量表构成题项

测量结构	维度	题项编码	测量题项
茶文化空间感知	空间设计感知(SD)	SD1	我喜欢武夷山茶文化空间的整体风格特征。
		SD2	我喜欢武夷山茶文化空间的灯光设计。
		SD3	我喜欢武夷山茶文化空间的色彩呈现。
		SD4	武夷山茶文化空间的装修材质与空间风格相协调。
		SD5	武夷山茶文化空间的装饰品精致有品位。
		SD6	武夷山茶文化空间的建筑物特点与整体环境相协调。
		SD7	我喜欢武夷山茶文化空间的整体景观布局。
	环境氛围感知(EA)	EA1	我喜欢武夷山茶文化空间给我带来的听觉感受。
		EA2	我喜欢武夷山茶文化空间的气味。
		EA5	我喜欢武夷山整体浓厚的茶文化氛围。

续表

测量结构	维度	题项编码	测量题项
茶文化空间感知	空间活动感知(SA)	SA1	我对武夷山茶文化空间采茶、制茶、品茶场景的印象好。
		SA4	我对自己参加的一些茶文化体验项目的印象好。
		SA5	茶文化演艺活动以真实方式再现了武夷山的茶文化。
审美联想	审美联想（AI）	AI1	在武夷山体验茶文化时，让我联想到古代的生活场景。
		AI2	在武夷山体验茶文化时，让我联想到古代文人墨客品茶论诗时的场景。
		AI3	在武夷山体验茶文化时，让我联想到诗歌中描述的场景。
		AI4	在武夷山体验茶文化时，让我联想到图画或影视剧中的场景。
		AI5	在武夷山体验茶文化时，会让我想到一些人。
审美理解	审美理解（AU）	AU1	在武夷山体验了茶文化后，我在一定程度上了解了武夷山茶文化的历史渊源。
		AU2	在武夷山体验了茶文化后，我在一定程度上了解了种茶、制茶、泡茶或品茶等相关条件与流程。
		AU3	在武夷山体验了茶文化后，我在一定程度上了解了茶的价值功能。
		AU4	在武夷山体验了茶文化后，我感受到了做茶人的辛苦。
		AU5	在武夷山体验了茶文化后，我感受到了做茶人的茶文化素养与情怀。
		AU6	在武夷山体验了茶文化后，我感受到了当地人生活节奏很慢、很惬意。
		AU7	在武夷山体验了茶文化后，我感觉茶是当地人生活的一部分。

续表

测量结构	维度	题项编码	测量题项
审美体验	感官审美体验(SAE)	SAE1	武夷山茶文化空间给我带来视觉上的享受。
		SAE2	武夷山茶文化空间给我带来听觉上的享受。
		SAE3	武夷山茶文化空间给我带来嗅觉上的享受。
		SAE5	武夷山茶及相关美食给我带来味觉上的享受。
	情绪审美体验(EAE)	EAE1	在武夷山体验茶文化时,我内心感到放松与平静。
		EAE2	在武夷山体验茶文化时,我感到心情愉悦。
		EAE3	在武夷山体验茶文化时,我身心都感到满足。
	茶文化空间认同(CI)	CI1	在武夷山体验了茶文化,让我觉得这是一个可以让人忘记烦恼的地方。
		CI2	在武夷山体验了茶文化,让我觉得这是一个能体现茶文化力量的地方。
		CI3	武夷山自然与茶文化相得益彰,让我觉得这是一个特别的地方。
	自我实现(SR)	SR1	在武夷山体验了茶文化,一定程度上改变了我对生活的态度与认知。
		SR2	在武夷山体验了茶文化,我内心得到了充实。
		SR3	在武夷山体验了茶文化,我学到了很多东西。
		SR4	在武夷山体验了茶文化,我感觉自己有所收获。

5.3 正式调研数据收集

5.3.1 正式问卷调研方法

采用结构方程对概念模型或者结构模型进行检验时,对于样本规模有一定的要求。有的学者认为样本数量与观察题项之间的关系最好大于 10∶1[294],还有学者认为该比例应超过 15∶1[295]。本书最终确认正式测量题项共 39 项,因此正式调查问卷样本量至少需要 390 份。

本书正式调研于 2020 年 10 月 25 日至 2020 年 12 月 6 日进行,调研方法采用现场纸质问卷发放与在线电子问卷发放两种方式。其中纸质问卷于武夷山与茶文化体验相关景点及与茶文化相关民宿处进行发放并邀请游客填写。电子问卷则是通过微信、QQ 等社交平台以滚雪球的方式邀请近一年内到过武夷山并体验过茶文化的游客通过回想自身经历感受进行填写。最终纸质问卷共发放 430 份,收回 422 份,回收率为 98.14%,电子问卷共收回 536 份,因此最终共收回问卷 958 份。

接下来,研究按照以下几点标准对收回的问卷进行清洗。第一,调查问卷第一题设置多选题"您在武夷山到过哪些茶文化空间?"因此数据清理时,只保留去过茶文化演艺空间及其他至少两种茶文化空间的问卷。第二,删除答题时间短于 120 秒的问卷。第三,删除答题有较强规律性的问卷。第四,删除有大量未答题项问卷。因此,按照以上四条数据清理原则,本书最终获得正式调查问卷共 591 份。

5.3.2　控制样本有效性

在控制样本有效性方面,本书做了如下举措:首先,向导游了解了游客在武夷山与茶相关景点的游览顺序。我们向导游了解到,跟团游游客在武夷山一般第一天或第二天晚上观看茶文化演艺活动(《印象大红袍》),第二天到大红袍景点,第三天或第四天参观茶厂等,期间都有机会在茶叶店、民宿、茶室等空间喝茶并与当地人交流。因此,我们将调研地点选在大红袍景点、茶叶店、民宿及茶厂,这样就能保证本书调研对象在不同茶文化空间体验了武夷山的茶文化,同时在这些地点邀请游客填写问卷,既不影响游客游玩,同时游客又有充分的空间与时间填写问卷。其次,问卷发放过程中,我们向游客表明身份及调研目的,并在游客填问卷过程中,客观中立地向游客解释题项,告诉旅游者只需客观真实地根据自身的体验感受进行填写问卷即可。

5.3.3　正式调研数据的统计学样本结构

本部分内容使用 SPSS 24.0 对正式调研获得的 591 份样本数据进行统计学样本结构分析,分析结果如表 5.18 所示。

由表 5.18 可以看出,本书有效样本数据结构构成为:性别构成上,男性与女性构成占比相对均衡,其中女性占总样本数量的 48.2%,男性占总样本数量的 51.8%。年龄构成上,31~40 岁年龄段旅游者最多,占总样本数量的 23.2%,20~25 岁、26~30 岁、40 岁及以上旅游者占比相当,分别为 20.6%、21.5% 与 20.8%,20 岁以下旅游者占比最少,为 13.9%。学历构成上,本科学历占大部分,占总样本数量的 66.0%($n=390$),专科占总样本数量的 13.5%($n=80$),硕士及以上占总样本数量的 10%($n=59$),高中占总样本数量的 7.4%($n=44$),初中及以下占比最少，占总样本数量的3.0%（$n=18$）。从职业构成看，在校学生与企业职员占比相对较多，分别占总样本数量的20.5%（$n=121$）和19.5%（$n=115$），其次是政府工作人员、教育及科研人员、其他职业及个体经营者，分别占总样本数量的14.9%（$n=88$）、11.7%（$n=69$）、10.6%（$n=63$）及10.3%（$n=61$）。从收入构成结构来看，工资水平在2501～5000元的样本占比最多，占总样本数量的33.7%（$n=199$），其次为月平均收入小于2500元及处于5001～10000元之间的样本数量，都占样本总数量的26.4%（$n=156$），这或许与样本中在校学生占比较多及25岁以下调研对象占比较多有关。从被调研去过的茶文化空间来看，本书选择的被调研者必须是去过茶文化演艺空间及其他至少两种茶文化空间的旅游者，由于研究对调研对象的选择控制，从调研结果，去过茶文化演艺空间的旅游者占比100%（$n=591$），除茶厂外，几乎所有旅游者都到过茶室、茶山、茶园及大红袍景点。

表5.18　正式调研数据的描述性统计分析（$n=591$）

类别	分类	频数	占比	类别	分类	频数	占比
性别	男	285	48.2%	职业	企业职员	115	19.5%
	女	306	51.8%		政府工作人员	88	14.9%
年龄	20岁及以下	83	13.9%		教育及科研人员	69	11.7%
	20～25岁	122	20.6%		军人	6	1.0%
	26～30岁	127	21.5%		个体经营者	61	10.3%
	31～40岁	136	23.2%		技术人员	24	4.1%
	40岁及以上	123	20.8%		在校学生	121	20.5%
学历	初中及以下	18	3.0%		自由职业者	44	7.4%
	高中	44	7.4%		其他	63	10.6%
	专科	80	13.5%	去过的茶文化空间	茶室、茶叶店	569	96.3%
	本科	390	66.0%		茶厂	366	61.9%
	硕士及以上	59	10.0%		茶山、茶园	579	98.0%
月均收入	≤2500元	156	26.4%		茶文化演艺空间	591	100%
	2501～5000元	199	33.7%		大红袍景区景点	572	96.8%
	5001～10000元	156	26.4%				
	10001～20000元	64	10.8%				
	≥20001元	16	2.7%				

本 章 小 结

本章内容首先基于前期文献阅读及整理，收集与本书相关的变量及量表。在此基础上，结合本书前期的质性研究结果，将文献中的成熟量表进行选取与修改，使其适用于本书的研究内容与情境，从而开发设计出适用于本书的初期量表。

初期量表确认后，研究展开小样本的预调研，并将预调研收集的问卷数据进行清洗，在此基础上进行描述性统计分析及信效度分析，并根据信效度分析检验结果，删除不符要求的题项，确定最终正式调查问卷，其中茶文化空间感知3个维度共13个题项，审美联想5个题项，审美理解7个题项，审美体验4个维度共14个题项，因此最终用于正式大样本调研的问卷核心内容共39个题项。对删除不符要求的题项后的问卷进行信度检验与探索性因子检验，结果显示，量表具有较好的内部一致性与效度。

在确认了正式调查问卷后，笔者经历一个多月时间进行大样本数据的调研，通过现场调研及在线调研两种方式，共收回问卷958份，按照数据清洗要求对数据进行清洗后，最终获得有效问卷591份。对正式调研大样本有效问卷进行人口统计特征分析发现，被调研对象性别、年龄、学历结构分配均匀，与预调研数据构成大体一致，可用于接下来进一步的数据检验分析。

第6章 旅游者茶文化空间感知对审美体验影响机制实证检验

本章利用 SPSS 24.0 以及 AMOS 24.0 对研究所收集大数据样本进行数理统计分析。第一,研究检验收集的数据能否用于结构方程模型检验,具体方法包括多重共线性检验、正态分布检验、共同方法偏差检验。第二,研究通过验证性因子分析对各因子测量模型及信效度进行检验。第三,研究通过模型修正对本书的各构念及构建的模型进行修正与完善。第四,研究采用结构方程模型检验旅游者茶文化空间感知(空间设计感知、环境氛围感知、空间活动感知)对审美体验(感官审美体验、情绪审美体验、茶文化空间认同、自我实现)的影响,以及审美联想、审美理解在旅游者茶文化空间感知与审美体验之间的中介效应。

6.1 大样本数据检验

6.1.1 多重共线性检验

"多重共线性"(multicollinearity)一词由弗里希于 1934 年提出,是指两个自变量或多个自变量之间因存在相关性,从而使模型难以估计。[296]多重共线性的检验方法有相关系数检验法、方差膨胀因子法(variance inflation factor,VIF)、特征根检验法等。这些方法各有利弊[297],其中,相关系数检验法只检验两个解释变量间的简单相关关系,并没有进行综合考虑;方差膨胀因子法和特征根检验法对自变量进行了综合考量,但其结果大小的判断却没有统一标准[297]。

综合以上,本书采用方差膨胀因子法、相关系数检验法来检验本书所收集的大样本数据是否存在多重共线性,同时还通过比对平均变异抽取量(AVE)的平方根与变量相关系数的大小来进一步检验变量间的区分效度。

1. 方差膨胀因子法

对于共线性问题的检测,各指标的 VIF 临界值应小于 5,且越低越好。[298]经过检验,本书中所有变量 VIF 值的范围位于 1.751~2.647,均小于 5,说明本书自变量与因变量之间不存在多重共线性问题。

2. 相关系数检验法

研究检验了所有变量间的相关系数,并计算出了 AVE 的平方根,通过对它们的比对进一步检验变量间的区分效度。当变量间相关系数大于 0.8 时可能会有共线性问题,大于 0.9 时在统计分析中就会存在共线性问题。本书结果显示:变量间的相关系数处于 0.479~0.701 之间,说明本书变量间不存在共线性问题,另外,任何两个变量间的相关系数也都小于 AVE 平方根,说明变量间的区分效度较好。[299]

6.1.2 正态分布检验

题项的峰度系数和偏度系数是用来验证样本数据是否存在正态分布情况的重要指标,研究表明,偏度系数的绝对值小于 3,峰度系数的绝对值小于 10(严格小于 8)就表明样本数据接近正态分布,反之,则可能不是正态分布。[300]

基于以上,本书采用 SPSS 24.0 对收集的大数据样本进行描述性统计分析,得出本书主要构念各题项的偏度系数和峰度系数,如表 6.1 所示。从表 6.1 中可以看出,本书中的主要构念(茶文化空间感知、审美联想、审美理解、审美体验)的各题项的偏度系数绝对值均小于 2,峰度系数绝对值均小于 2,即所有题项的数据均接近正态分布,可进一步进行本书后续所需的统计分析。

表 6.1 本书所有构念题项的偏度系数与峰度系数($n = 591$)

构　念	题项偏度系数	题项峰度系数
茶文化空间感知	0.411~1.079	0.136~1.575
审美联想	0.599~0.705	0.257~0.860
审美理解	0.213~0.963	0.291~0.827
审美体验	0.396~0.909	0.008~1.286

6.1.3 共同方法偏差检验

共同方法偏差(common method biases)是指预测变量与校标变量之间产生的人为的共变[301],产生数据共同方法偏差的原因包括:第一,同样的数据来源或打分者,涉及到一致性动机、积极或消极的情感、打分者短暂的情绪状态等因素。第二,量表题项特征造成的偏差,包括量表的格式、消极用语、题项的复杂性与模糊性等。第三,量表测量题项的语境带来的偏差,包括量表概念混合、量表长度造成的干扰等。第四,测量环境导致的偏差,包括问卷填写的时间、地点等。当调研所收集数据因为以上原因产生共变时,会影响研究结果的准确性[302],若数据存在共同方法偏差现象较严重,则测量的数据结果将不具备统计学意义[303]。为避免数据存在共同方法偏差,在准确性上影响检验结果,本部分内容对其进行检测。

共同方法偏差的控制方法分程序控制和统计控制:程序控制是在研究设计与测量过程中进行控制,例如完善量表项目、平衡量表的项目顺序,在空间、时间、方法等方面控制;统计控制是在统计方法上控制,具体方法包括 Harman 单因子检验法、偏相关法、多质多法模型等。[302]

在程序控制环节,本书根据预调研结果对量表进行完善,即根据预调研测量过程中被调研者的反应情况完善量表题项表述、平衡量表顺序等。其次,在统计控制环节,研究采用 Harman 单因子检验法对本书收集数据进行共同方法偏差检验,即将所有题项放到一起按照特征根大于 1 的方法做未旋转的探索性因子分析,如果分析结果只得出一个因子或第一个主成分的因子的解释总方差贡献率超过 50%,则说明有共同方法偏差,反之,则没有。[303]研究利用 SPSS 24.0,基于 Harman 单因子检验步骤对数据进行共同方法偏差检验,结果显示:第一个主成分因子的解释总方差贡献率为 47.096%,小于 50%,说明样本数据不存在严重的共同方法偏差,进一步表明样本数据具有一定的可靠性。

6.2 验证性因子分析

6.2.1 验证指标及标准

验证性因子分析(confirmatory factor analysis,CFA)用于检测观测变量与潜变量间的关系。[304]本书采用吴明隆开发的计算 AVE 和组合信度(CR)的软件进行验证性因子分析,具体包括利用拟合度评价指标检测模型适配度,利用一阶验证因子分析的标准因子载荷(standard factor loading,SFL)检验模型中各个题项间的一致性,利用 AVE 检测量表的聚合度,采用 CR 值评价量表的组合信度。具体各验证指标及标准见表 6.2。

1. 拟合度评价指标

研究表明,对样本数据进行验证性因子分析时,应先确认各构念题项没有出现负的误差方差,则表明没有违反模型适配度。[305]基于现有研究建议,本书选取 χ^2/df、CFI、GFI、AGFI、RMSEA、RMR 作为评价模型拟合度的指标,而各指标的临界值,本书借鉴温忠麟等人的建议[306],选用传统临界值作为标准[307],一般认为 χ^2/df 的值位于 2.0~5.0 之间时,模型可以接受;CFI、GIF 与 AGFI 的值一般应大于 0.9;RMSEA<0.08 则认为模型有较好的适配度;RMR<0.05 时,模型适配度可以接受;AVE 的值一般应大于 0.50,且 AVE 的平方根应大于两个构念之间的相关系数时,模型具有较好的区分效度;而 CR 的取值一般要大于 0.60 时可以

接受,而大于 0.70 时比较理想。

2. 信度与效度检验指标

本书借鉴吴明隆的研究[289],采用标准因子载荷(SFL)与组合信度(CR)对各构念的信度进行检验,当 SFL>0.50 时可以接受,SFL>0.70 时则比较理想,CR>0.60 时是可以接受的,而 CR>0.70 时比较理想。

本书利用 AVE 指标来检测量表的聚合程度,当 AVE>0.5 时,说明量表的聚合度较好,当 AVE 的平方根大于两个构念之间的相关系数时,说明量表区分效度较好。

表 6.2 本书采用的主要验证指标及标准

评 价 指 标	评 价 标 准
非标准化估计模型误差项方差 t	非负
χ^2/df	小于 5.0
CFI	大于 0.90
GFI	大于 0.90
AGFI	大于 0.90
RMSEA	小于 0.08
RMR	小于 0.05
Cronbach's α	大于 0.60 可以接受,大于 0.70 比较理想
CR	大于 0.60 可以接受,大于 0.70 比较理想
AVE	大于 0.50,且其平方根应大于两个构念间的相关系数

6.2.2 本书验证性因子分析结果

本部分内容依据上文阐述验证性因子指标及标准对本书收集大数据样本进行验证性因子分析。另外,结构方程检验中每个题项的因子载荷可以反映出题项测量误差带来的影响,因子载荷的大小可以反映题目的聚敛程度,当因子载荷较大时,说明题项能够较好地反映与测量潜变量。一般认为,因子载荷大于 0.5 时可以接受,而大于 0.7 时则比较理想。[292]本书选取题项因子载荷 0.5 为标准,因此,在对本书收集大样本做验证性因子分析时,因子载荷小于 0.5 和误差项相关性较高的题项应当删除。

1. 本书各构念测量模型检验

(1) 茶文化空间感知的测量模型检验

基于前文研究可以得出,茶文化空间感知由 3 个因子构成,分别为空间设计感知(SD)、环境氛围感知(EA)、空间活动感知(SA)。其中,空间设计感知包括 7 个测量指标,分别为 SD1、SD2、SD3、SD4、SD5、SD6、SD7;环境氛围感知包括 3 个测量指标,分别为 EA1、EA2、EA5;空间活动感知包括 3 个测量指标,分别为 SA1、SA4、SA5。本部分内容运用 AMOS 24.0 对以上 3 个因子的 13 个题项进行一阶三因子模型检验,模型拟合结果见表 6.3,模型标准化路径系数图见图 6.1。

表 6.3 茶文化空间感知一阶测量模型拟合结果

	χ^2/df	CFI	GFI	AGFI	RMSEA	SRMR
适配标准	<5	>0.90	>0.90	>0.90	<0.08	<0.05
茶文化空间感知	4.267	0.958	0.933	0.902	0.074	0.039
适配判断	符合	符合	符合	符合	符合	符合

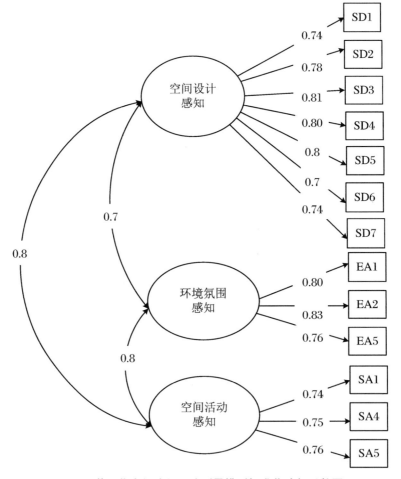

图 6.1 茶文化空间感知一阶测量模型标准化路径系数图

从表 6.3 可以看出,模型 χ^2/df 为 4.267,小于 5;比较拟合指数(CFI)为 0.958,大于 0.9;拟合优度指数(GFI)为 0.933,大于 0.90;调整后的拟合优度指数(AGFI)为 0.902,大于 0.90;近似误差均方根(RMSEA)为 0.074,小于 0.08;标准化残差均方根(SRMR)为 0.039,小于 0.05。综合来看,各模型拟合度指标均在临界值范围内,说明茶文化空间感知模型拟合良好,可以接受。

从图 6.1 可以看出,测量茶文化空间感知的 3 个因子的题项测量指标,最小因子载荷为 0.7,最大因子载荷为 0.83,均大于临界值 0.50,表明所有因子的测量质量较好。从综合模型拟合指标来看,茶文化空间感知 3 个因子的测量模型,可以接受。

(2)审美联想的测量模型检验

基于前文质性研究与本书定量研究的预调研环节,审美联想包含 5 个题项。本部分内容运用 AMOS 24.0 对审美联想的 5 个题项进行一阶三因子模型检验,模型拟合结果见表 6.4,模型标准化路径系数图见图 6.2。

表 6.4 审美联想一阶测量模型拟合结果

	χ^2/df	CFI	GFI	AGFI	RMSEA	SRMR
适配标准	<5	>0.90	>0.90	>0.90	<0.08	<0.05
审美联想	2.445	0.997	0.992	0.976	0.049	0.017
适配判断	符合	符合	符合	符合	符合	符合

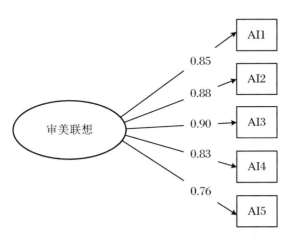

图 6.2 审美联想一阶测量模型标准化路径系数图

从表 6.4 可以看出,模型 χ^2/df 为 2.445,小于 5;CFI 为 0.997,大于 0.9;GFI 为 0.992,大于 0.90;AGFI 为 0.976,大于 0.90;RMSEA 为 0.049,小于 0.08;SRMR 为 0.017,小于 0.05。综合来看,各模型拟合度指标均在临界值范围内,说明审美联想模型拟合良好,可以接受。

从图 6.2 可以看出,测量旅游者审美联想的 3 个因子的题项测量指标,最小因子载荷为 0.76,最大因子载荷为 0.90,均大于临界值 0.50,表明所有因子的测量质量较好。从综合模型拟合指标来看,旅游者审美联想 3 个因子的测量模型,可以接受。

(3) 审美理解的测量模型检验

综合质性研究与本书定量研究的预调研内容,审美理解包含了 7 个测量题项,分别为 AU1、AU2、AU3、AU4、AU5、AU6、AU7。本部分内容运用 AMOS 24.0 对审美理解的 7 个题项进行一阶三因子模型检验,模型拟合结果见表 6.5,模型标准化路径系数图见图 6.3。

表 6.5 审美理解一阶测量模型拟合结果

	χ^2/df	CFI	GFI	AGFI	RMSEA	SRMR
适配标准	<5	>0.90	>0.90	>0.90	<0.08	<0.05
审美理解	9.393	0.983	0.967	0.906	0.101	0.025
适配判断	不符合	符合	符合	符合	不符合	符合

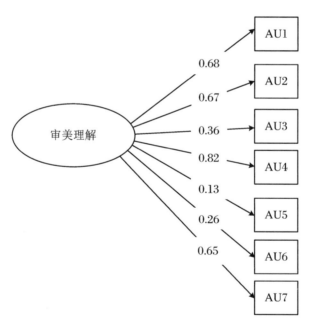

图 6.3 审美理解一阶测量模型标准化路径系数图

从表 6.5 可以看出,模型 χ^2/df 为 9.393,大于 5;CFI 为 0.983,大于 0.9;GFI 为 0.967,大于 0.90;AGFI 为 0.906,大于 0.90;RMSEA 为 0.101,大于 0.08;SRMR 为 0.025,小于 0.05。综合来看,模型拟合度指标中 χ^2/df、RMSEA 两个指标检验结果均超出临界值范围内,说明审美理解模型拟合效果不好,需要进行修正。另外,从标准化路径系数图(图6.3)可以看出,测量旅游者审美理解中AU3、AU5和AU6这3个题项的因子载荷均小于0.5,因此模型需要修正。

基于以上模型拟合与各因子构成因子载荷分析结果,结合结构方程模型的修订原理,对本书模型进行修正,即将测量题项中因子载荷小于0.5的AU3、AU5和AU6这3个题项进行删除,保留因子载荷大于0.5的题项。修正后的模型拟合结果见表6.6,模型标准化路径系数图如图6.4。

表6.6 修正后的审美理解模型拟合结果

	χ^2/df	CFI	GFI	AGFI	RMSEA	SRMR
适配标准	<5	>0.90	>0.90	>0.90	<0.08	<0.05
审美理解	0.551	1.000	1.000	0.995	0.000	0.004
适配判断	符合	符合	符合	符合	符合	符合

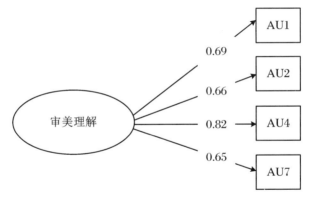

图6.4 修正后的审美理解一阶测量模型标准化路径系数图

修正后的模型拟合指数 χ^2/df 为0.551,小于标准值5,CFI、GFI和AGFI分别为1.000、1.000、0.995,都大于标准值0.90,RMSEA为0.000,小于标准值0.080,SRMR为0.004,小于适配标准值0.05,由此可见,修正后的审美理解模型拟合指数均符合标准,该模型可以接受。

另外,修正后的审美理解各因子标准化路径系数图(图6.4)显示,测量题项因子载荷最大为0.82,最小为0.66。由此可见,修正后的审美理解各构成因子测量题项质量较好,可以用来测量审美理解。

(4)审美体验的测量模型检验

基于前文质性研究与定量研究的预调研,本书中审美体验共包括4个因子,即感官审美体验(SAE)、情绪审美体验(EAE)、茶文化空间认同(CI)与自我实现(SR)。其中感官审美包括SAE1、SAE2、SAE3、SAE5共4个测量题项,情绪审美包括EAE1、EAE2、EAE3共3个测量题项,茶文化空间认同包括CI1、CI2、CI4共3个测量题项,自我实现因子包括SR1、SR2、SR3、SR4共4个测量题项。本部分内容运用 AMOS 24.0 对审美体验 4 个构成因子的 14 个测量题项进行一阶四因子模型检验,模型拟合结果见表 6.7,模型标准化路径系数见图 6.5。

表 6.7　审美体验一阶测量模型拟合结果

	χ^2/df	CFI	GFI	AGFI	RMSEA	SRMR
适配标准	<5	>0.90	>0.90	>0.90	<0.08	<0.05
审美体验	3.665	0.964	0.939	0.910	0.067	0.036
适配判断	符合	符合	符合	符合	符合	符合

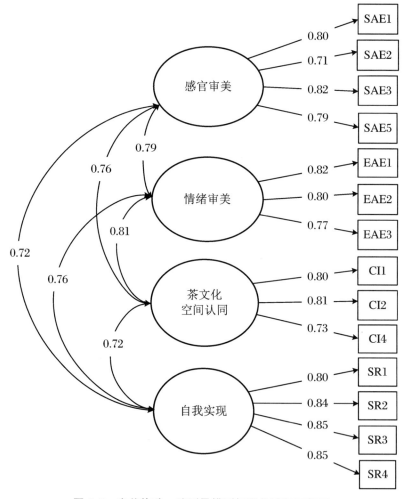

图 6.5　审美体验一阶测量模型标准化路径系数图

从表 6.7 可以看出,模型拟合指数 χ^2/df 为 3.665,小于标准值 5;CFI、GFI 和 AGFI 分别为 0.964、0.939、0.910,均大于标准值 0.90;RMSEA 为 0.067,小于标

准值 0.080；SRMR 为 0.036，小于适配标准值 0.05。由此可见，审美体验模型拟合指数均符合标准，该模型可以接受。

从图 6.5 可以看出，感官审美测量题项因子载荷最大为 0.82，最小为 0.71；情绪审美测量题项最大因子载荷为 0.82，最小为 0.77；茶文化空间认同测量题项最大因子载荷为 0.81，最小为 0.73；自我实现测量题项因子载荷最大为 0.85，最小为 0.80。由此可见，审美体验各构成因子测量题项质量较好，可以用来测量审美体验。

2. 问卷信度与效度检验

本部分内容使用 AMOS 24.0 与吴明隆构建的效度计算程序对本书修正后的题项进行信度与效度检验，其检验结果参照 SFL、CR 以及 AVE，其中 SFL 大于 0.5 时可以接受，CR 大于 0.6 时可以接受，AVE 大于 0.5 可以接受。本书检验结果见表 6.8。

表 6.8 本书变量因子载荷、聚合度及组合信度（$n = 591$）

变 量	测量题项	SFL	t	AVE	CR
空间设计感知	SD1	0.735		0.602	0.914
	SD2	0.778	18.853		
	SD3	0.810	19.678		
	SD4	0.797	19.347		
	SD5	0.806	19.587		
	SD6	0.764	18.495		
	SD7	0.739	17.855		
环境氛围感知	EA1	0.802		0.638	0.841
	EA2	0.828	21.161		
	EA5	0.764	19.359		
空间活动感知	SA1	0.743		0.563	0.745
	SA4	0.753	17.116		
	SA5	0.755	17.156		
审美联想	AI1	0.849		0.712	0.926
	AI2	0.879	27.707		
	AI3	0.899	28.790		
	AI4	0.833	25.311		
	AI5	0.763	22.035		

续表

变　量	测量题项	SFL	t	AVE	CR
审美理解	AU1	0.685		0.510	0.799
	AU2	0.656	17.793		
	AU4	0.822	12.945		
	AU7	0.653	12.752		
感官审美	SAE1	0.801		0.612	0.863
	SAE2	0.706	17.892		
	SAE3	0.823	21.577		
	SAE5	0.794	20.680		
情绪审美	EAE1	0.820		0.634	0.838
	EAE2	0.797	21.084		
	EAE3	0.770	20.200		
茶文化空间认同	CI1	0.800		0.608	0.823
	CI2	0.808	20.185		
	CI3	0.729	18.053		
自我实现	SR1	0.798		0.700	0.902
	SR2	0.843	22.915		
	SR3	0.852	23.222		
	SR4	0.847	23.059		

从表6.8的检验结果可以看出，各观测变量的因子载荷均大于0.5，各构念平均变异抽取量均大于标准参考值0.5。此外，本书各变量的组合信度CR也均大于0.7。整体而言，问卷具有较好的信度。

本部分内容继续对本书核心变量进行区分效度检验，即通过比较AVE的平方根与两个因子之间的标准化系数的大小来对区分效度进行检验，若任意两个变量之间的AVE的平方根大于两个变量之间的标准化相关系数，则说明具有较好的区分效度。本书检验结果见表6.9。

表6.9 变量相关性分析检验结果

	1空间设计感知	2环境氛围感知	3空间活动感知	4审美联想	5审美理解	6感官审美	7情绪审美	8茶文化空间认同	9自我实现
1空间设计感知	**0.776**								
2环境氛围感知	0.681**	**0.799**							
3空间活动感知	0.677**	0.687**	**0.751**						
4审美联想	0.542**	0.536**	0.528**	**0.846**					
5审美理解	0.608**	0.627**	0.695**	0.608**	**0.734**				
6感官审美	0.648**	0.657**	0.646**	0.646**	0.692**	**0.783**			
7情绪审美	0.557**	0.603**	0.598**	0.479**	0.653**	0.664**	**0.797**		
8茶文化空间认同	0.541**	0.611**	0.608**	0.484**	0.625**	0.645**	0.685**	**0.780**	
9自我实现	0.583**	0.585**	0.640**	0.529**	0.701**	0.639**	0.668**	0.638**	**0.835**

注：对角线上加粗的数字为AVE的平方根；** 表示 $p<0.01$。

从表6.9可以看出，本书任何两个变量之间AVE的平方根均大于两个变量之间的标准化相关系数，说明本书变量之间具有较好的区分效度。

6.3 旅游者茶文化空间感知对审美体验影响机制模型检验

6.3.1 模型检验

在进行模型假设检验之前，本部分内容采用AMOS 24.0进行模型拟合检验，检验结果见表6.10。

表6.10 测量模型整体拟合指数检验结果

	χ^2/df	RMSEA	SRMR	CFI	GFI	NFI	RFI	IFI
适配标准	<5	<0.08	<0.05	>0.90	≥0.90	>0.90	>0.90	>0.90
整体测量模型	2.091	0.043	0.036	0.960	0.900	0.926	0.916	0.960
适配判断	符合	符合	符合	符合	符合	符合	符合	符合

以上测量模型拟合分析结果表明，假设检验整体测量模型简约适配指数 χ^2/df 为2.091，小于3；模型的绝对适配指数RMSEA为0.043，SRMR为0.036，均满足

检验标准;增值的拟合适配度指标 CFI 为 0.960,GIF 为 0.900,NFI 为 0.926,RFI 为 0.916,IFI 为 0.960,均大于等于 0.90。以上分析结果表明,本书构建的模型整体拟合度指标较好。

6.3.2 假设检验

1. 直接效应检验

本部分内容利用 SPSS 24.0 对本书模型中的直接效应进行了检验,具体检验结果见表 6.11。

表6.11 直接效应检验

假设	路径关系	路径系数(β)	Bootstrap 95%CI		p	检验结果
			LLCI	ULCI		
H1	茶文化空间感知→审美体验	0.728	0.673	0.783	0.000	显著
H1a	空间设计感知→感官审美	0.645	0.584	0.706	0.000	显著
H1b	空间设计感知→情绪审美	0.546	0.480	0.611	0.000	显著
H1c	空间设计感知→茶文化空间认同	0.518	0.453	0.583	0.000	显著
H1d	空间设计感知→自我实现	0.623	0.553	0.693	0.000	显著
H1e	环境氛围感知→感官审美	0.584	0.530	0.639	0.000	显著
H1f	环境氛围感知→情绪审美	0.528	0.417	0.584	0.000	显著
H1g	环境氛围感知→茶文化空间认同	0.523	0.468	0.578	0.000	显著
H1h	环境氛围感知→自我实现	0.558	0.495	0.621	0.000	显著
H1i	空间活动感知→感官审美	0.610	0.551	0.668	0.000	显著
H1j	空间活动感知→情绪审美	0.555	0.494	0.615	0.000	显著
H1k	空间活动感知→茶文化空间认同	0.551	0.493	0.610	0.000	显著
H1m	空间活动感知→自我实现	0.647	0.584	0.710	0.000	显著
H2-1	茶文化空间感知→审美联想	0.790	0.706	0.875	0.000	显著
H2-2	茶文化空间感知→审美理解	0.751	0.682	0.820	0.000	显著
H2a	空间设计感知→审美联想	0.667	0.584	0.751	0.000	显著

续表

假设	路径关系	路径系数(β)	Bootstrap 95%CI		p	检验结果
			LLCI	ULCI		
H2b	空间设计感知→审美理解	0.592	0.529	0.654	0.000	显著
H2c	环境氛围感知→审美联想	0.589	0.514	0.665	0.000	显著
H2d	环境氛围感知→审美理解	0.546	0.491	0.600	0.000	显著
H2e	空间活动感知→审美联想	0.617	0.536	0.697	0.000	显著
H2f	空间活动感知→审美理解	0.640	0.597	0.694	0.000	显著

通过表6.11可以看出：

第一，旅游者茶文化空间感知对审美体验整体之间具有显著正向影响（$\beta=0.728$，$p<0.001$）；茶文化空间感知对审美联想整体之间具有显著正向影响（$\beta=0.790$，$p<0.001$）；茶文化空间感知对审美理解整体之间具有显著正向影响（$\beta=0.751$，$p<0.001$）。由此可见，本书提出的假设H1，H2-1，H2-2在统计学意义上得到了支持。

第二，旅游者茶文化空间设计感知对感官审美具有显著正向影响（$\beta=0.645$，$p<0.001$）；空间设计感知对情绪审美具有显著正向影响（$\beta=0.546$，$p<0.001$）；空间设计感知对茶文化空间认同具有显著正向影响（$\beta=0.518$，$p<0.001$）；空间设计感知对自我实现具有显著正向影响（$\beta=0.623$，$p<0.001$）。由此可见，本书提出的假设H1a，H1b，H1c，H1d在统计学意义上得到了支持。

第三，旅游者茶文化空间环境氛围感知对感官审美具有显著正向影响（$\beta=0.584$，$p<0.001$）；环境氛围感知对情绪审美具有显著正向影响（$\beta=0.528$，$p<0.001$）；环境氛围感知对茶文化空间认同具有显著正向影响（$\beta=0.523$，$p<0.001$）；环境氛围感知对自我实现具有显著正向影响（$\beta=0.558$，$p<0.001$）。由此可见，本书提出的假设H1e，H1f，H1g，H1h在统计学意义上得到了支持。

第四，旅游者茶文化空间活动感知对感官审美具有显著正向影响（$\beta=0.610$，$p<0.001$）；空间活动感知对情绪审美具有显著正向影响（$\beta=0.555$，$p<0.001$）；空间活动感知对茶文化空间认同具有显著正向影响（$\beta=0.551$，$p<0.001$）；空间活动感知对自我实现具有显著正向影响（$\beta=0.647$，$p<0.001$）。由此可见，本书提出的假设H1i，H1j，H1k，H1m在统计学意义上得到了支持。

第五，旅游者茶文化空间设计感知对审美联想具有显著正向影响（$\beta=0.667$，$p<0.001$）；空间设计感知对审美理解具有显著正向影响（$\beta=0.592$，$p<0.001$）。由此可见，本书提出的假设H2a，H2b在统计学意义上得到了支持。

第六，旅游者茶文化空间环境氛围感知对审美联想具有显著正向影响（$\beta=0.589$，$p<0.001$）；环境氛围感知对审美理解具有显著正向影响（$\beta=0.546$，$p<0.001$）。因此，本书提出的假设H2c，H2d在统计学意义上得到了支持。

第七，旅游者茶文化空间活动感知对审美联想具有显著正向影响（$\beta=0.617$，$p<0.001$）；空间活动感知对审美理解具有显著正向影响（$\beta=0.640$，$p<0.001$）。因此，本书提出的假设 H2e, H2f 在统计学意义上得到了支持。

2. 中介效应检验

根据前文质性研究结果，审美联想与审美理解在旅游者茶文化空间感知与审美体验之间存在中介作用。本部分内容利用 SPSS 24.0 宏程序 PROCESS 2.16 中的 MODEL 4 对审美联想与审美理解在旅游者茶文化空间感知与审美体验之间的中介作用进行检验，检验过程采用 Bootstrap 中介效应检验方法，其中 Bootstrap 抽样数为 5000，偏差校正为 95% 置信区间。

（1）审美联想与审美理解在茶文化空间感知与审美体验之间的中介效应检验

根据以上中介效应检验方法，审美联想与审美理解分别在茶文化空间感知与审美体验之间的中介作用检验结果如图 6.6 所示，具体中介效应检验结果指标见表 6.12。

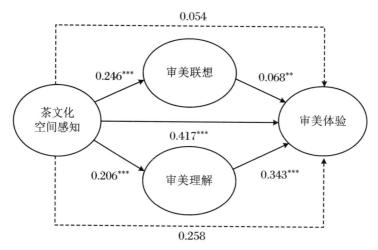

图 6.6　茶文化空间感知与审美体验中介效应图

表 6.12　审美联想与审美理解在茶文化空间感知与审美体验之间的中介效应分析

	路径	系数	SE	t	p	Bootstrap 95%CI	
						LLCI	ULCI
总效应	X→Y	0.7281	0.0279	6.0795	0.000	0.6733	0.7829
直接效应	X→Y	0.4167	0.0401	9.4016	0.000	0.3380	0.4954
间接效应	总间接效应	0.3114	0.0331	/	/	0.2466	0.3767
	审美联想	0.0535	0.0193	/	/	0.0182	0.0923
	审美理解	0.2579	0.0289	/	/	0.2047	0.3174

由图 6.6 和表 6.12 可以看出,旅游者茶文化空间感知对审美体验的总效应为 0.7281($p<0.001$),直接效应为 0.4167($p<0.001$),茶文化空间感知对审美体验的间接效应是 0.3114,占总效应的 42.77%(0.3114/0.7281)。由此可见,审美联想与审美理解分别在茶文化空间感知与审美体验之间具有显著中介效应,本书提出的假设 H3-1,H3-2 分别得到了统计学意义上的支持。

(2) 审美联想与审美理解在空间设计感知与审美体验之间的中介效应检验

根据以上中介效应检验方法,审美联想与审美理解在空间设计感知与审美体验之间的中介作用检验结果如图 6.7 所示,具体中介效应检验结果指标见表 6.13。

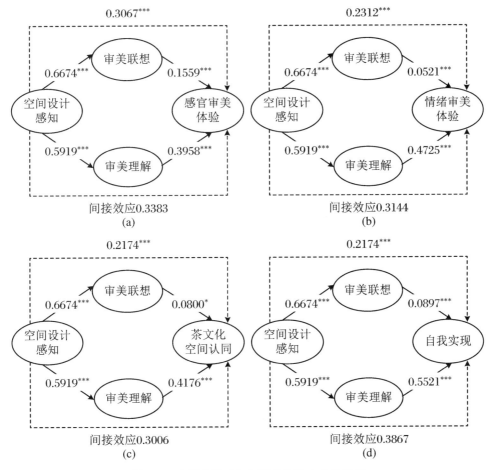

图 6.7 空间设计感知与审美体验中介效应图

表 6.13　审美联想与审美理解在空间设计感知与审美体验之间的中介效应分析

	路径	系数	SE	t	p	Bootstrap 95%CI	
						LLCI	ULCI
总效应	X1→Y1	0.6450	0.0312	2.6499	0.000	0.5837	0.7064
直接效应	X1→Y1	0.3067	0.0348	8.8161	0.000	0.2384	0.3751
间接效应	总间接效应	0.3383	0.0317	/	/	0.2781	0.4026
	审美联想	0.1040	0.0243	/	/	0.0609	0.1554
	审美理解	0.2343	0.0319	/	/	0.1736	0.2995
总效应	X1→Y2	0.5456	0.0335	6.2889	0.0000	0.4798	0.6114
直接效应	X1→Y2	0.2312	0.0385	5.9774	0.0000	0.1555	0.3069
间接效应	总间接效应	0.3144	0.0373	/	/	0.2437	0.3905
	审美联想	0.0348	0.0248	/	/	−0.0120	0.0855
	审美理解	0.2796	0.0338	/	/	0.2177	0.3506
总效应	X1→Y3	0.5180	0.0332	5.6094	0.0000	0.4528	0.5832
直接效应	X1→Y3	0.2174	0.0388	5.6007	0.0000	0.1412	0.2936
间接效应	总间接效应	0.3006	0.0353	/	/	0.2332	0.3716
	审美联想	0.0534	0.0283	/	/	0.0024	0.1149
	审美理解	0.2472	0.0314	/	/	0.1882	0.3119
总效应	X1→Y4	0.6228	0.0357	7.4312	0.0000	0.5526	0.6929
直接效应	X1→Y4	0.2361	0.0393	6.0074	0.0000	0.1589	0.3132
间接效应	总间接效应	0.3867	0.0445	/	/	0.3018	0.4756
	审美联想	0.0599	0.0272	/	/	0.0078	0.1161
	审美理解	0.3268	0.0429	/	/	0.2473	0.4145

由图 6.7 和表 6.13 可以看出,旅游者茶文化空间设计感知对感官审美体验的总效应为 0.6450(p<0.001),直接效应为 0.3067(p<0.001),空间设计感知对感官审美体验的间接效应是 0.3383,占总效应的 52.45%(0.3383/0.6450)。空间设计感知对情绪审美体验的总效应为 0.5456,直接效应为 0.2312,空间设计感知对情绪审美体验的间接效应是 0.3144,占总效应的 57.62%(0.3144/0.5456)。空间设计感知对茶文化空间认同的总效应是 0.5180,直接效应是 0.2174,空间设计感知对茶文化空间认同的间接效应是 0.3006,占总效应的 58.03%(0.3006/0.5180)。空间设计感知对自我实现的总效应为 0.6228,直接效应是 0.2361,空间设计感知对自我实现的间接效应是 0.3867,占总效应的 62.09%(0.3867/

0.6228)。然而，审美联想在空间设计感知与情绪审美体验之间的中介效应检验结果显示，审美联想对情绪审美体验路径系数不显著。

综上，审美联想分别在空间设计感知与感官审美体验、茶文化空间认同、自我实现之间具有显著的中介效应。因此，本书提出的假设 H3a，H3c，H3d 得到支持。然而，审美联想在空间设计感知与情绪审美体验之间的中介效应的检验结果不显著，即本书提出的研究假设 H3b 没有得到支持。

审美理解在茶文化空间设计感知与审美体验四维度（感官审美体验、情绪审美体验、茶文化空间认同、自我实现）之间均具有显著的中介效应，因此，本书提出的假设 H3e，H3f，H3g，H3h 均得到支持。

（3）审美联想与审美理解在环境氛围感知与审美体验之间的中介作用检验

根据中介效应检验方法，审美联想与审美理解在环境氛围感知与审美体验之间的中介作用检验结果如图 6.8 所示，具体中介效应检验结果指标见表 6.14。

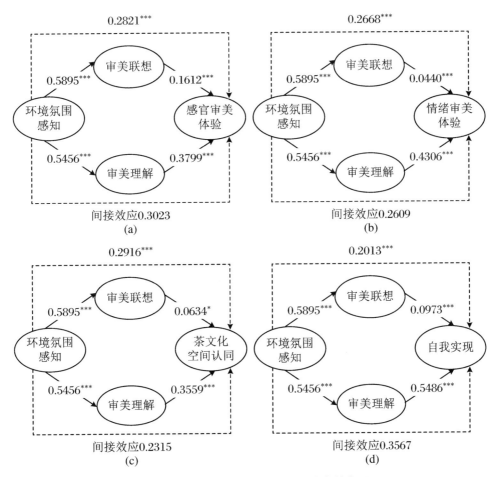

图 6.8　环境氛围感知与审美体验中介效应图

表 6.14　审美联想与审美理解在环境氛围感知与审美体验之间的中介效应

	路径	系数	SE	t	p	Bootstrap 95%CI	
						LLCI	ULCI
总效应	X2→Y1	0.5844	0.0276	2.1608	0.0000	0.5301	0.6387
直接效应	X2→Y1	0.2821	0.0314	8.9815	0.0000	0.2204	0.3438
	总间接效应	0.3023	0.0270	/	/	0.2509	0.3565
间接效应	审美联想	0.0950	0.0232	/	/	0.0541	0.1458
	审美理解	0.2073	0.0288	/	/	0.1524	0.2667
总效应	X2→Y2	0.5277	0.0288	8.3549	0.0000	0.4713	0.5842
直接效应	X2→Y2	0.2668	0.0342	7.8016	0.0000	0.1997	0.3340
	总间接效应	0.2609	0.0324	/	/	0.1986	0.3246
间接效应	审美联想	0.0260	0.0223	/	/	−0.0172	0.0713
	审美理解	0.2349	0.0307	/	/	0.1751	0.2957
总效应	X2→Y3	0.5231	0.0279	8.7490	0.0000	0.4683	0.5779
直接效应	X2→Y3	0.2916	0.0340	8.5814	0.0000	0.2248	0.3583
	总间接效应	0.2315	0.0310	/	/	0.1709	0.2942
间接效应	审美联想	0.0374	0.0230	/	/	−0.0067	0.0841
	审美理解	0.1942	0.0304	/	/	0.1365	0.2551
总效应	X2→Y4	0.5580	0.0319	7.5009	0.0000	0.4953	0.6206
直接效应	X2→Y4	0.2013	0.0357	5.6414	0.0000	0.1312	0.2714
	总间接效应	0.3567	0.0399	/	/	0.2784	0.4379
间接效应	审美联想	0.0574	0.0255	/	/	0.0092	0.1083
	审美理解	0.2993	0.0396	/	/	0.2310	0.3766

由图 6.8 和表 6.14 可以看出，旅游者茶文化空间环境氛围感知对感官审美体验的总效应为 0.5844（$p<0.001$），直接效应为 0.2821（$p<0.001$），环境氛围感知对感官审美体验的间接效应是 0.3023，占总效应的 51.73%（0.3023/0.5844）。环境氛围感知对情绪审美体验的总效应为 0.5277，直接效应为 0.2668，环境氛围感知对情绪审美体验的间接效应是 0.2609，占总效应的 49.44%（0.2609/0.5277）。环境氛围感知对茶文化空间认同的总效应是 0.5231，直接效应是 0.2916，环境氛围感知对茶文化空间认同的间接效应是 0.2315，占总效应的 44.26%（0.2315/0.5231）。环境氛围感知对自我实现的总效应为 0.5580，直接效应是 0.2013，环境氛围感知对自我实现的间接效应是 0.3567，占总效应的 63.92%（0.3567/

0.5580)。

综上，审美联想在茶文化空间环境氛围感知与感官审美体验、茶文化空间认同、自我实现之间均具有显著的中介效应，因此本书提出的假设 H3i,H3k,H3m 得到了支持。然而，审美联想在茶文化空间环境氛围感知与情绪审美体验之间的中介效应检验结果不显著，即本书提出的假设 H3j 没有得到支持。

审美理解在茶文化空间氛围感知与审美体验四维度（感官审美体验、情绪审美体验、茶文化空间认同、自我实现）之间均具有显著的中介效应，即本书提出的假设 H3n,H3o,H3p,H3q 均得到了支持。

(4) 审美联想与审美理解在空间活动感知与审美体验之间的中介作用检验

根据中介效应检验方法，审美联想与审美理解在空间活动感知与审美体验之间的中介作用检验结果如图 6.9 所示，具体中介效应检验结果指标见表 6.15。

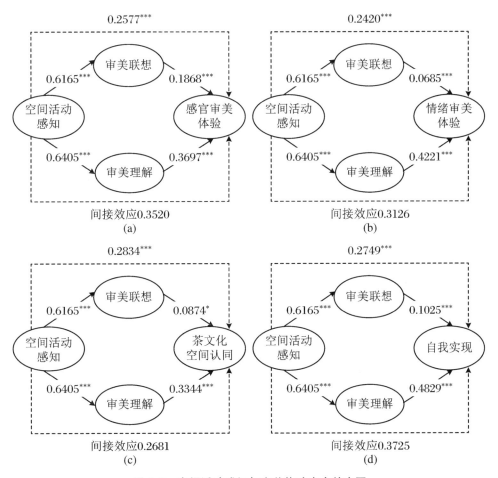

图 6.9　空间活动感知与审美体验中介效应图

表 6.15 审美联想与审美理解在空间活动感知与审美体验之间的中介效应分析

	路径	系数	SE	t	p	Bootstrap 95%CI	
						LLCI	ULCI
总效应	X3→Y1	0.6097	0.0331	8.3971	0.0000	0.5446	0.6748
直接效应	X3→Y1	0.2577	0.0472	5.4561	0.0000	0.1650	0.3505
	总间接效应	0.3520	0.0368	/	/	0.2827	0.4260
间接效应	审美联想	0.1152	0.0247	/	/	0.0716	0.1697
	审美理解	0.2368	0.0384	/	/	0.1660	0.3146
总效应	X3→Y2	0.5546	0.0361	5.3424	0.0000	0.4836	0.6256
直接效应	X3→Y2	0.2420	0.0472	5.1325	0.0000	0.1494	0.3346
	总间接效应	0.3126	0.0381	/	/	0.2415	0.3910
间接效应	审美联想	0.0422	0.0226	/	/	−0.0006	0.0874
	审美理解	0.2704	0.0359	/	/	0.2002	0.3409
总效应	X3→Y3	0.5515	0.0353	5.6451	0.0000	0.4823	0.6207
直接效应	X3→Y3	0.2834	0.0518	5.4690	0.0000	0.1816	0.3852
	总间接效应	0.2681	0.0378	/	/	0.1969	0.3459
间接效应	审美联想	0.0539	0.0265	/	/	0.0079	0.1131
	审美理解	0.2142	0.0343	/	/	0.1492	0.2848
总效应	X3→Y4	0.6473	0.0388	6.5850	0.0000	0.5711	0.7235
直接效应	X3→Y4	0.2749	0.0512	5.3690	0.0000	0.1743	0.3754
	总间接效应	0.3725	0.0398	/	/	0.2984	0.4554
间接效应	审美联想	0.0632	0.0257	/	/	0.0146	0.1163
	审美理解	0.3093	0.0389	/	/	0.2381	0.3890

由图 6.9 和表 6.15 可以看出,旅游者茶文化空间活动感知对感官审美体验的总效应为 0.6097($p<0.001$),直接效应为 0.2577($p<0.001$),空间活动感知对感官审美体验的间接效应是 0.3520,占总效应的 57.73%(0.3520/0.6097)。空间活动感知对情绪审美体验的总效应为 0.5546,直接效应为 0.2420,空间活动感知对情绪审美体验的间接效应是 0.3126,占总效应的 56.36%(0.3126/0.5546)。空间活动感知对茶文化空间认同的总效应是 0.5515,直接效应是 0.2834,空间活动感知对茶文化空间认同的间接效应是 0.2681,占总效应的 48.61%(0.2681/0.5515)。空间活动感知对自我实现的总效应为 0.6473,直接效应是 0.2749,空间活动感知对自我实现的间接效应是 0.3725,占总效应的 57.55%(0.3725/0.6473)。

综上，审美联想在旅游者茶文化空间活动感知与感官审美体验、茶文化空间认同、自我实现之间均具有显著的中介效应，因此本书提出的假设 H3r，H3t，H3u 得到了支持。然而，审美联想在茶文化空间活动感知与情绪审美体验之间的中介效应检验结果不显著，即本书提出的研究假设 H3s 没有得到支持。

审美理解分别在茶文化空间活动感知与审美体验四维度（感官审美体验、情绪审美体验、茶文化空间认同、自我实现）之间均具有显著的中介效应，因此本书提出的假设 H3v，H3w，H3x，H3y 得到了支持。

本 章 小 结

本章使用 SPSS 24.0 与 AMOS 24.0 对正式问卷调查收集的数据进行实证检验。具体检验方法与结果如下：第一，通过对大样本数据进行多重共线性检验、正态分布检验以及共同方法偏差检验，分析本书数据及构建模型是否适合结构方程模型检验。检验结果表明，本书数据不存在多重共线性，接近正态分布，并且不存在共同方法偏差，适合进一步进行结构方程模型的检验。第二，研究对通过问卷调查收集的数据进行验证性因子检验，即对各构念的测量模型以及问卷信效度进行检验。检验结果表明，通过对各构念测量模型的检测发现，只有审美理解的模型应将题项 AU3、AU5、AU6 进行删除，删除后进一步模型检测结果指标良好，适合进一步的结构方程模型检验。第三，研究继续对本书中提出的概念模型及研究假设进行实证检验，检验结果汇总见表 6.16，检验结果显示，本书提出的大部分研究假设得到统计学意义上的支持，但也有罕见几个假设没有得到支持。

表 6.16 本书研究假设检验结果汇总

假设	原　　假　　设	检验结果
H1	旅游地茶文化空间感知对旅游者审美体验具有正向影响	支持
H1a	旅游者茶文化空间设计感知对感官审美体验有正向影响	支持
H1b	旅游者茶文化空间设计感知对情绪审美体验有正向影响	支持
H1c	旅游者茶文化空间设计感知对茶文化空间认同有正向影响	支持
H1d	旅游者茶文化空间设计感知对自我实现有正向影响	支持
H1e	旅游者茶文化空间环境氛围感知对感官审美体验有正向影响	支持
H1f	旅游者茶文化空间环境氛围感知对情绪审美体验有正向影响	支持
H1g	旅游者茶文化空间环境氛围感知对茶文化空间认同有正向影响	支持
H1h	旅游者茶文化空间环境氛围感知对自我实现有正向影响	支持
H1i	旅游者茶文化空间活动感知对感官审美体验有正向影响	支持
H1j	旅游者茶文化空间活动感知对情绪审美体验有正向影响	支持

续表

假设	原假设	检验结果
H1k	旅游者茶文化空间活动感知对茶文化空间认同有正向影响	支持
H1m	旅游者茶文化空间活动感知对自我实现有正向影响	支持
H2-1	旅游地茶文化空间感知对旅游者审美联想具有正向影响	支持
H2-2	旅游地茶文化空间感知对旅游者审美理解具有正向影响	支持
H2a	旅游者茶文化空间设计感知对审美联想有正向影响	支持
H2b	旅游者茶文化空间设计感知对审美理解有正向影响	支持
H2c	旅游者茶文化空间环境氛围感知对审美联想有正向影响	支持
H2d	旅游者茶文化空间环境氛围感知对审美理解有正向影响	支持
H2e	旅游者茶文化空间活动感知对审美联想有正向影响	支持
H2f	旅游者茶文化空间活动感知对审美理解有正向影响	支持
H3-1	审美联想在旅游地茶文化空间感知与审美体验之间具有中介作用	支持
H3-2	审美理解在旅游地茶文化空间感知与审美体验之间具有中介作用	支持
H3a	审美联想在茶文化空间设计感知与感官审美体验之间起中介作用	支持
H3b	审美联想在茶文化空间设计感知与情绪审美体验之间起中介作用	不支持
H3c	审美联想在茶文化空间设计感知与茶文化空间认同之间起中介作用	支持
H3d	审美联想在茶文化空间设计感知与自我实现之间起中介作用	支持
H3e	审美理解在茶文化空间设计感知与感官审美体验之间起中介作用	支持
H3f	审美理解在茶文化空间设计感知与情绪审美体验之间起中介作用	支持
H3g	审美理解在茶文化空间设计感知与茶文化空间认同之间起中介作用	支持
H3h	审美理解在茶文化空间设计感知与自我实现之间起中介作用	支持
H3i	审美联想在茶文化空间环境氛围感知与感官审美体验间起中介作用	支持
H3j	审美联想在茶文化空间环境氛围感知与情绪审美体验间起中介作用	不支持
H3k	审美联想在茶文化空间环境氛围感知与茶文化空间认同之间起中介作用	支持
H3m	审美联想在茶文化空间环境氛围感知与自我实现之间起中介作用	支持
H3n	审美理解在茶文化空间环境氛围感知与感官审美体验间起中介作用	支持
H3o	审美理解在茶文化空间环境氛围感知与情绪审美体验间起中介作用	支持
H3p	审美理解在茶文化空间环境氛围感知与茶文化空间认同之间起中介作用	支持
H3q	审美理解在茶文化空间环境氛围感知与自我实现之间起中介作用	支持

续表

假设	原假设	检验结果
H3r	审美联想在茶文化空间活动感知与感官审美体验之间起中介作用	支持
H3s	审美联想在茶文化空间活动感知与情绪审美体验之间起中介作用	不支持
H3t	审美联想在茶文化空间活动感知与茶文化空间认同之间起中介作用	支持
H3u	审美联想在茶文化空间活动感知与自我实现之间起中介作用	支持
H3v	审美理解在茶文化空间活动感知与感官审美体验之间起中介作用	支持
H3w	审美理解在茶文化空间活动感知与情绪审美体验之间起中介作用	支持
H3x	审美理解在茶文化空间活动感知与茶文化空间认同之间起中介作用	支持
H3y	审美理解在茶文化空间活动感知与自我实现之间起中介作用	支持

由表6.16可以得出：

（1）整体来看，旅游者茶文化空间感知对旅游者审美体验具有显著正向影响；审美联想和审美理解分别在茶文化空间感知与审美体验之间具有显著中介效应。

（2）具体来看，旅游者茶文化空间设计感知对旅游者四个层次的审美体验均具有显著正向影响；旅游者茶文化空间氛围感知对旅游者四个层次的审美体验均具有显著正向影响；旅游者茶文化空间活动感知对旅游者四个层次的审美体验具有显著正向影响。以上结果说明，旅游地茶文化空间构成因素自身在对旅游者感官产生刺激，使旅游者获得对茶文化空间的基础感知后，就能直接影响旅游者在感官、情绪、茶文化空间认同（情感）、自我实现（精神）四个层次的审美体验。

（3）旅游者茶文化空间设计感知对旅游者审美联想与审美理解均具有显著正向影响；旅游者茶文化空间环境氛围感知对旅游者审美联想与审美理解均具有显著正向影响；旅游者茶文化空间活动感知对旅游者审美联想与审美理解均具有显著正向影响。以上结果说明，旅游地茶文化空间构成要素在对旅游者感官产生刺激，使旅游者对茶文化空间获得基础感知后，这一感知能激发旅游者主观思想空间产生对相关记忆中相关场景、人物等的联想，或产生对茶文化空间内涵意义的进一步理解。

（4）审美联想分别在茶文化空间设计感知与旅游者感官审美体验、茶文化空间认同及自我实现之间具有显著中介效应；审美联想分别在茶文化空间环境氛围感知与旅游者感官审美体验、茶文化空间认同及自我实现之间具有显著中介效应；审美联想分别在茶文化空间活动感知与旅游者感官审美体验、茶文化空间认同及自我实现之间具有显著中介效应。以上结果说明，旅游地茶文化空间构成要素在对旅游者感官产生刺激，使旅游者对茶文化空间获得基础感知后，这一感知能通过激发旅游者主观思想空间产生对经验中的相关场景、人物等的联想，进而强化旅游者在茶文化空间获得的感官审美体验、茶文化空间认同及自我实现。然而，审美联想在茶文化空间设计感知、环境氛围感知、空间活动感知三者与情绪审美体验之间的中介效应均不显著。这一研究结果与过往研究中的结果有所矛盾,过往研究提出,旅游者不同感官在受到空间刺激产生感知后,会开启记忆的大门,产生相关联想,进而增进旅游者获得的审美欣赏[70]、审美情趣[308]或审美感受[83]等。针对这一研究结果的矛盾性,研究者猜测,这与本书所选文化主题茶文化的特点及武夷山对茶文化的展示方式有密切关系,本书选取的案例地武夷山在物理空间中物质空间的形塑及空间活动的开展中,更多地融合"茶"在中国文化中的符号意义,关注空间意境这一美学范畴的形塑,进而与旅游者心中对茶文化含义的理解建立联系,同时通过不同方式更关注旅游者对茶文化内在含义的审美理解,使旅游者在情绪上专注并融入当下的空间。在本书中,旅游者在旅游地茶文化空间获得的情绪上的审美体验表现为内心平静、放松与身心满足等,这些情绪上的审美体验与旅游者对茶文化内在含义的解读相契合。也就是说,旅游地茶文化空间,在功能上更多地通过与旅游者不同形式的互动,强化了旅游者对茶文化内在含义的进一步理解,使旅游者与茶文化传达的"静、专注"等精神精、髓融汇,进而更能在情绪上感受到放松、身心满足与精神恢复等情绪审美体验。而在这一过程中,因为旅游者更多地专注于当下,专注在对茶文化内涵的理解,反而使得审美联想在这一过程中的中介作用退居其次,不显著。

(5) 审美理解分别在茶文化空间设计感知与旅游者感官审美体验、情绪审美体验、茶文化空间认同及自我实现之间均具有显著的中介效应;审美理解分别在茶文化空间环境氛围感知与旅游者感官审美体验、情绪审美体验、茶文化空间认同及自我实现之间均具有显著的中介效应;审美理解分别在茶文化空间活动感知与旅游者感官审美体验、情绪审美体验、茶文化空间认同及自我实现之间均具有显著的中介效应。以上研究结果说明,旅游地茶文化空间构成要素在对旅游者身体感官产生刺激,使旅游者对茶文化空间获得基础感知后,这一感知能通过强化旅游者对旅游地茶文化空间内涵的审美理解,进而强化旅游者在茶文化空间获得的感官审美体验、情绪审美体验、茶文化空间认同及自我实现。

第 7 章 研究结论与展望

本章对本书的研究发现与结论进行总结,同时结合现有文献中的相关内容与观点,对本书的结论进一步展开讨论。在此基础上,提出本书的理论贡献及管理建议,总结研究不足,提出未来可能的研究方向。

7.1 研究结论

在厄里提出"place consumption"(地域消费)的概念之后,一定程度上,可以把旅游可以看成是一种对地方或空间的消费[309],随着经济全球化带来的影响,旅游作为经济全球化的一种重要媒介,在全球化与地方文化力量的共同作用下,促使旅游地空间得以重塑[310]。随着以符号与审美为主的后现代消费主义范式的崛起与发展,文化成为空间重塑的重要方式。[311]另外,审美与旅游常常联系在一起,有研究者提出,旅游审美是一种诗意的对话[79],旅游审美是普遍的大众审美实践[312]。在旅游研究领域,旅游者审美体验的重要性已经得到认同。[159,160]然而遗憾的是,关于旅游者审美体验的研究在数量上看极其有限,在内容上仍缺少对旅游者审美体验结构维度及形成机制的系统性研究[155],当前涉及审美体验的文献也呼吁,应加强对文化与审美融合的研究,原因在于,以文化为情境的审美研究既能实现对文化与经济融合的关注,同时又能促进中华传统文化的传承[153]。

基于以上,本书以"理论构建—实证检验—综合研究"为主体内容线索,旨在通过定性与定量相结合的研究方法对旅游地茶文化空间对旅游者审美体验内在影响机制进行系统、深入的剖析,以期对旅游地其他同类型的文化空间的形塑与再生产提供实际案例分析与理论参考依据。

其中理论构建阶段,本书主要基于空间生产与第三空间等基础理论及现有文献中的相关知识,采用扎根理论分析方法对访谈获取的一手访谈资料进行分析,主要探究以下问题:

(1) 旅游地茶文化空间是什么?旅游者对茶文化空间的感知由哪些维度构成?

(2) 旅游者在旅游地茶文化空间获得的审美体验由哪些维度构成?

(3) 旅游者茶文化空间感知对审美体验的内在影响机制是怎样的？

另外，在获得质性分析结果以后，本书将其与前期参考的基础理论知识及已有文献中的相关内容进行关联与比对，进一步综合性地阐释本书构建的旅游者茶文化空间感知概念维度、旅游者审美体验概念维度以及旅游者茶文化空间感知对旅游者审美体验的影响机制模型。

实证研究阶段，本书采用问卷调查及数理统计分析方法对本书质性分析阶段构建的旅游者茶文化空间感知概念维度、旅游者审美体验概念维度以及旅游者茶文化空间感知对审美体验的内在影响机制进行实证检验。

综合分析阶段，主要是对本书定性与定量阶段的研究结果进行综合、系统的分析、总结与讨论，进而得出本书的理论贡献，同时提出针对旅游地文化空间再生产及提升旅游者文化空间审美体验质量的管理建议。整体而言，本书希望通过多阶段的综合分析，系统性、完整性地揭示旅游地文化空间对旅游者审美体验的影响机制。本书主要研究结论与分析讨论具体如下。

7.1.1　旅游者茶文化空间感知的三维度结构

综合文献研究与本书的研究情境，文章将旅游地茶文化空间界定为：旅游地为提高吸引力，以茶文化为主题，采用静态或动态的方式，对旅游地茶文化进行展现和诠释的不同实景空间与演艺空间的集合，旨在供旅游者体验，了解其茶文化信息、内涵及价值。在操作定义层面，本书认为，旅游地茶文化空间包括与茶文化相关的茶室、茶厂、茶山、茶园、户外品茶场所等实景空间与以茶文化为主题的演艺活动空间。

本书以空间生产理论中的空间实践维度（包括物质空间与空间实践活动）与现有文献中相关理论知识为基础，结合本书质性分析结果与当前研究中的相关成熟量表，初步确定本书中旅游者茶文化空间感知这一变量的结构维度与量表。另外，本书进一步通过两阶段定量研究（预调研与正式调研）对质性研究阶段构建的旅游者茶文化空间感知概念维度及量表进行检验，并依据检验分析结果逐次对该量表进行修订，最终构建旅游者茶文化空间感知的三维度结构，具体包括：空间设计感知、环境氛围感知以及空间活动感知。其中，空间设计感知具体包括旅游者对旅游地茶文化空间风格、灯光、颜色、材质、装饰、布局及建筑的感知；环境氛围感知具体包括旅游者对旅游地茶文化空间内的环境因素（声音、气味、空气质量）与茶文化氛围要素的感知（家家户户喝茶、茶室多、茶山多、茶厂多等）；空间活动感知具体包括旅游者对茶文化空间中社会活动与演艺活动的感知，其中社会活动感知表现为对东道主行为活动、游客行为活动的感知，演艺活动感知则主要表现为旅游者对茶文化空间中演艺活动真实性与文化性的感知。整体而言，本书经过两阶段的定量研究，通过探索性因子分析与验证性因子分析，不断对前期基于文献中成熟量表与本

第7章 研究结论与展望

书质性分析结果构建的旅游者茶文化空间感知各维度量表进行修订与完善,最后统计分析结果表明,经过修订后的旅游者茶文化空间感知量表具有较好的内部一致性(根据 Cronbach's α 判定)、组合信度(根据 CR 判定)及区分效度(根据 AVE 判定)。

随着对"空间"研究的不断演化,空间早已不再仅仅是空洞的实体"物质空间",而成了各种意义符号的堆积,空间的装饰、布局、环境氛围及空间内的活动都成为符号表征文化意义的重要支撑。本书基于空间生产理论中的空间实践维度(具体涵盖物质层面空间与空间实践活动)等相关基础理论,关注旅游者对旅游地茶文化空间的感知。旅游者对旅游地茶文化空间的在场感知在于旅游者身体在空间中的"浸入"性以及旅游者"身""心"与茶文化空间的互动性和不可分割性。因此,本书得出结论,在"空间"与"身体"视角下,旅游者对旅游地茶文化空间设计感知源于视觉层面对物质空间构成要素的感知;旅游者对旅游地茶文化空间环境氛围感知源于听觉、嗅觉等多感官层面对空间环境因素及文化氛围因素的感知;旅游者对茶文化空间活动的感知则是旅游者对空间中人的社会互动活动以及演艺活动的感知。

在现有研究中,关于咖啡馆、酒吧、书店、饭店、景区等空间研究中,都有涉及本书中提出的旅游者茶文化空间感知结构维度。例如,比特内将消费环境中的物理空间分为空间氛围、空间功能(包括空间布局、设施陈列等)以及标识与工艺品(包括空间装饰、标识物等)[117],在比特内提出的空间构成中,空间氛围与本书中得出的旅游地茶文化空间的环境氛围对应,比特内提出的空间功能(空间布局、设施陈列等)对应本书中空间设计维度涵盖的功能设计中的内容,而比特内提出的标识与工艺品(空间装饰、标识物等)则对应本书中空间设计维度涵盖的美观设计内容。波恩等把旅游者感知的遗产/文化景点的空间构成分为设计布局、氛围环境及社交环境[118],这三个维度分别对应本书中旅游者在旅游地茶文化空间中感知的空间设计、环境氛围与空间活动。不同的是,本书的空间活动包含两部分,除社会活动以外,还包含旅游地以茶文化为主题的演艺活动。国内对微空间的研究中,旅游者(消费者)对空间的感知包括对空间布局、装饰设计、氛围格调、音乐、灯光、气味、颜色、空间互动等要素的感知[121-123],以上因素也都可对应本书中提出的旅游者茶文化空间感知三个维度的具体内容。

综上可得,本书提出的旅游者茶文化空间感知三维度结构与当前现有研究中关于空间感知结构的探讨既相呼应,又有其研究尺度(旅游地)与研究情境上的特殊性。

从研究尺度上看,本书采用微空间研究方法探讨旅游者对整个旅游地尺度下多个茶文化空间的综合感知,而过往对旅游者空间感知或体验进行的研究多以某个具体微空间为研究情境,例如书店、酒吧,又或者以中观层面为研究情境,例如某个文化景点。

此外,从研究情境上看,本书以旅游地茶文化空间为研究情境,茶文化空间在情境上的特殊性决定了本书提出的旅游者对旅游地茶文化空间活动的感知维度与过往研究略有不同。过往研究在探讨旅游者对空间活动的感知时多为对社会互动活动的感知。而本书认为，旅游者对旅游地茶文化空间活动的感知既包含对社会活动的感知，也包含对茶文化主题的演艺活动的感知。

7.1.2 旅游者茶文化空间审美体验的四维度结构

综合文献研究与本书情境，本书将旅游者在旅游地茶文化空间获得的审美体验界定为：旅游者身体受到审美对象及审美情境所呈现的表面形态和内在含义刺激时，调动内部心理活动，最终获得的具身愉悦感受。

本书以索亚对都市空间审美呈现的理论探讨以及现有研究中与审美体验相关的知识为基础，结合本书质性分析结果与现有研究中相关成熟量表，初步确定本书中旅游者在旅游地茶文化空间获得的审美体验的结构维度与量表。另外，本书进一步通过两阶段定量研究（预调研与正式调研）对旅游者审美体验量表进行检验，并依据检验分析结果对本书量表进行修订，最终构建旅游者在旅游地茶文化空间获得的审美体验的四维度结构，包括：感官审美体验、情绪审美体验、茶文化空间认同与自我实现。

其中，感官审美体验表现为旅游者在视觉、听觉、嗅觉以及味觉方面获得的享受；情绪审美体验表现为旅游者在旅游地茶文化空间感受到的内心放松平静、心情愉悦与满足；茶文化空间认同体现为旅游者对茶文化空间中的文化及空间的综合认同感，具体表现为旅游者认为武夷山是一个能体现茶文化力量的地方，是一个能让人忘记烦恼的地方，是一个修身养性的地方；自我实现主要表现为旅游者在体验茶文化后感受到的内心的充实感与收获感，包括体验茶文化后感受到内心很充实、体验茶文化后感觉学习到很多东西、体验茶文化后认为有所收获等。

整体来看，本书经过两阶段的定量研究，通过探索性因子分析与验证性因子分析，不断对前期基于文献中成熟量表与质性分析结果构建的旅游者在茶文化空间获得的审美体验各维度量表进行修订完善，最后统计分析结果表明，经过修订后的旅游者审美体验量表具有较好的内部一致性、组合信度及区分效度。

过往研究认为，审美体验是一种心理感受。[77]本书主要基于第三空间理论与具身理论提出，物理空间与精神空间不是二分对立割裂开的，而是相互融合在一起的，旅游者在旅游地茶文化空间获得的体验是通过身体与外部情境（物理空间）的互动，建构心理内部认识（精神空间），进而获得"身""心"一体的体验。在此基础上，本书通过综合质性分析与定量实证检验，认为旅游者的审美体验是人与空间交互的结果，审美体验的实现过程在于浸入性、主体性与互动性，旅游者在茶文化空间获得的是一种具身的审美体验，具体包括旅游者在感官、情绪、情感（茶文化空间认同）与精神（自我实现）四个维度获得的美的感受。这一结论呼应李泽厚提出的悦耳悦目、悦心悦意、悦志悦神审美三层次，也呼应索亚在探究都市空间审美呈现的审美态度，即都市空间的审美应渗透着身体感官上的享受、心理愉悦、空间核心价值的体现、主体的自我关照与省察。另外，本书与现有文献中对审美体验研究的具体关联与对比分析如下。

1. 感观审美体验

本书中旅游者的感官审美体验是指旅游者在感知到来自外界的感官刺激后，所获得的一种感官上的主观评价感受。经过文献阅读、定性与定量研究，本书最终确定旅游者在旅游地茶文化空间获得的感官审美体验包括旅游者在视觉、听觉、嗅觉、味觉四方面获得的感官上的享受。

当前研究中，具身认知理论认为，人的认知根植于身体，身体感官是认知的起点。克里希纳基于具身认知理论提出的感官营销模型认为，人通过感官与外部环境交流，在感官接受到外界环境的刺激后产生感觉，随后，个体会随着感觉的刺激产生知觉，个体身体受到外界刺激后产生的感知又会影响人后续的态度、判断与评价。[244]具体来说，戈尔茨坦在其研究中提出，感觉（眼睛、耳朵、鼻子、味觉感受器的激活）是个体感受周围世界的起点，在这个过程中，感官选择、组织、解释感官接收的信息，从而产生有意识的感官体验。[313]因此，在本书中，旅游者在旅游地茶文化空间获得的感官审美体验是旅游者在受到茶文化空间物理环境刺激后，感官选择、组织、解释其接收到的信息，进而产生的有意识的、积极的感官体验，具体体现在游客在视觉、听觉、嗅觉及味觉上获得的享受。格里泽和费森迈尔的研究中提出在设计旅游及休闲体验时，应关注旅游者在视觉、听觉及嗅觉三方面的感官体验。[314] Chen H. T. 和 Lin Y. T. 研究了咖啡馆情境下消费者的体验，并将消费者在咖啡馆获得的感官体验分为：咖啡馆的风格、灯光、色彩等给消费者带来的视觉体验，背景音乐带给消费者的听觉体验，气味带来的嗅觉体验，桌椅材质带来的触觉体验，以及咖啡、食物带来的味觉体验，此外还提出，好的感官体验有助于消费者获得积极情绪并正向影响消费者的行为意向。[279]阿加皮托在其研究中强调，乡村旅游目的地应该关注旅游者视觉、听觉、嗅觉、味觉及触觉方面获得的多感官体验，按照不同感官来进行相关主题设计，进而综合多感官体验来为旅游者提供丰富、有吸引力的乡村旅游体验。[315]当前研究还提出，要想为旅游者提供令人满意的体验，必须关注影响旅游者感知的外部物理环境要素，关注这些外部物理空间环境要素对人的感官的刺激以及对旅游者获得后续积极体验评价的影响。[316, 317]钟科在对感官营销研究进行综述分析时提到，人的感官（视觉、听觉、嗅觉、味觉、触觉）在外部空间环境中捕捉空间的特征、颜色、布局、光亮、声音、气味等信息，这些信息有意识或无意识地影响人的体验与认知评价。[318]

将本书结论与过往研究关联对比可以得出，本书以旅游地茶文化空间为研究情境，最初基于文献中的基础知识及质性研究结果得出，旅游者在旅游地茶文化空间获得的审美体验包括旅游者在视觉、听觉、嗅觉、味觉以及触觉五个方面获得的感官享受。然而,经过定量阶段的验证后,研究进一步确定旅游者在旅游地茶文化空间获得的感官审美体验只包括旅游者在视觉、听觉、嗅觉以及味觉四方面获得的感官享受。这一研究结果与当前现有关于感官体验的研究既相呼应,又有其特殊性,该特殊性在于,通过定量阶段验证后的感官审美体验不包含触觉方面的享受。笔者推测,这与旅游地对茶文化的表征有关,旅游地主要通过视觉层面的空间设计(空间风格、空间布局、空间内的灯光、色调等)、气味(茶香、熏香等)、声音(安静、静谧)等感官层面的环境设计、茶文化氛围的营造,以及社会互动活动和演艺活动给旅游者带来视觉、听觉、嗅觉、味觉方面的享受体验,然而在这个过程中,旅游者在触觉方面的体验与其他感官体验相比退居其次。

2. 情绪审美体验

本书中旅游者获得的情绪审美体验是指,旅游者在受到旅游地茶文化空间物理环境刺激并经过主观加工过程后所产生的积极情绪评价的结果。审美情感一般是积极的[319],表现为愉悦、放松等方面[155]。根据莱德等人的审美经验模型,持续的认知成功会使人的情绪状态发生积极的变化,引导个人走向愉悦或满足的状态。[285]本书主要用旅游者在旅游地茶文化空间产生的积极情绪,如放松、愉悦与满足,来测量其情绪审美体验。

积极心理学是心理学领域的一个主要流派[320],关注个体积极的主观体验等[321]。旅游环境中的各种外部环境因素都能影响游客积极情绪的产生,例如,目的地的自然景观、文化氛围、服务等[322],而人们在休闲旅游中体验到的积极情绪不仅可以对休闲领域本身产生有益的影响,也可以间接地影响到包括精神生活在内的其他生活领域[323]。

塞利格曼使用积极心理学研究旅游者幸福模型并提出,旅游者的积极情绪体验包括兴趣、愉快、爱与满足。[324]Chen H. T.和Lin Y. T.在研究咖啡馆空间中的消费者体验时提出,情绪是消费者对商店环境刺激因素的情感反映,积极情绪包括消费者感受到的满足、愉快、兴奋、平静与精力恢复。[279]张庆芳和徐红罡在研究自然情境旅游中旅游者的审美体验时提到,颜色、形状、图案等认知刺激因素为旅游者提供了一种审美情境,旅游者在受到环境刺激后经过认知处理过程产生审美判断,进而引发审美情绪,并且该研究用旅游者感受到的放松、愉快、精神升华等积极情绪来衡量旅游者的情绪审美体验。[155]徐宁宁等基于情绪评价理论研究了自然环境与人文环境对积极情绪的影响,并用快乐、兴奋、高兴等来衡量旅游者获得的积极情绪。[322]

综上所述,本书在旅游地茶文化空间情境下提出的旅游者情绪审美体验的测量关注旅游者在情绪层面获得的美的与积极的体验,其测量内容与已有研究相呼应,具有一定合理性。

3. 茶文化空间认同

本书提出的审美体验的第三个维度为旅游者对旅游地茶文化空间的认同,即旅游者在对旅游地茶文化空间的物理空间产生感知并对旅游地茶文化空间所呈现的空间与文化内在含义产生理解后,进一步对茶文化空间产生的情感维度的体验,既包括对文化本身的认同,又包括对空间的认同。本书中旅游者对旅游地茶文化空间的认同体现在旅游者对茶文化传达出的"静""专注"等内在含义的认同,也包括对茶文化渲染出的地方特质的认同,具体表现为:体验了茶文化后,旅游者认为武夷山是一个能让人感受到茶文化力量的地方,是一个可以让人忘记烦恼的地方,是一个能修身养性的地方。

随着旅游者在旅游地文化空间不断获得正面的感知与情绪体验,文化空间对于旅游者来说已经不再是陌生的、与己无关的物质空间,而是转换成与自身身体、记忆、认知以及情感不断建立起联结的有意义的空间,这便实现了旅游者对该空间呈现与诠释的文化认同的建构。从空间角度讲,当每个人存在于某个特定的空间时,都会与这个空间建立一定的联系,如果旅游者在旅游地空间感受到这个地方的特色并产生较好的体验时,一般会产生与这个空间之间正向的情感意象,强化对自身所处空间的认同。[325] 从文化角度讲,文化是想象的共同体[326],在某个旅游场域中,如果能发现一些能满足自身想象的东西,能为旅游者带来愉悦感,进而实现对文化的认同。过往从文化空间角度进行的认同研究中,谢晓如等以书店为例研究了消费者对文化微空间的认同,该认同具体体现在对实体空间的认同(空间布局、音乐、气味、灯光等营造出的环境氛围的认同)、对空间展示出的文化的认同(异域商品文化)以及对空间内群体的认同(将空间与文化的意义移植到群体中,实现自身"局内人"的想象)。[121] 张健等的研究从消费者对实体空间的感知入手,研究了消费者对实体空间及文化(意义)空间的认同,其中对实体空间的认同体现在该实体空间在审美特性与传递文化价值方面得到消费者的认同上,而对文化(意义)空间的认同则体现在消费者对文化内涵及真实性的追求上。[125]

由此可以看出,本书中旅游者对旅游地茶文化空间认同的测量涵盖旅游者对茶文化内在含义及对表征茶文化含义的空间的综合性认同,从旅游者认同的内容上看,本书与过往研究相呼应,具有合理性。另外,本书中旅游者对旅游地茶文化空间认同量表又体现出本书研究情境的特殊性,茶文化的特性体现在其哲学层面传递出的"安静""专注""禅意"等,因此,基于茶文化意象,旅游者在旅游地体验茶文化空间后,整体认同武夷山是一个能让人感受到茶文化力量的地方,是一个可以让人忘记烦恼的地方,是一个能修身养性的地方。

4. 自我实现

本书中提出的审美体验的第四个维度为旅游者的自我实现,指旅游者在与旅游地茶文化空间的不断互动中产生的对自我的关照与省察,表现为旅游者在旅游地茶文化空间中获得的充实感("在武夷山体验了茶文化后,我内心感到充实")、收获感("在武夷山体验了茶文化后,我学到了很多东西";"在武夷山体验了茶文化后,我感到自己有所收获")与意义感("在武夷山体验了茶文化,一定程度上改变了我对生活的态度与认知")。

自我实现是马斯洛需求层次理论中人的最高层次需求,而旅游则为个体认识自我、实现自我提供了一个很好的机会。麦坎内尔赋予旅游新的尊严并提出,旅游是对真实性的朝圣,这一观点正是道出了旅游是旅游者对自我精神家园的追寻。[58]人类学家特纳更具体地将旅游这一"朝圣"的过程视为"通过仪式",也就是说,旅游者从离开常住地出去旅游再回到常住地的这一过程,不仅仅是娱乐,还像是完成了一次"朝圣",标志着旅游者在自我精神层面有所收获,有所升华。[327]席慕蓉也说,"旅行的意义在于人们离开日常生活,放松自我……于嬉游中观察与反省自我"[328],也就是说,旅游的深层意义是旅游者在旅游中遇见"他者"的过程中获得新奇感并审视自我、有所收获。

当前,关于旅游对于旅游者的意义大致可以分为两类,一方面是技能、知识的学习与收获[329,330],一方面是旅游者自我感悟与改变[331]。例如,背包旅游者旅游后既实现了身心的放松与愉悦,也增长了个人见识、开阔视野,转变了人生态度及对世界的看法。[332]余志远与游娆在研究旅游者在古镇旅游场中的怀旧体验时提出,对于游憩于古镇的旅游者来说,他们最终在那里获得的不仅是身心的放松,是在怀旧场景、物品与人物中产生怀想,并从中感悟人生,收获慰藉,并实现积极的自我。[168]林源源与周勇通过半结构访谈关注探险旅游者从决策到旅游再返回的过程中的经历与想法,得出探险旅游者的自我实现在于探险旅游为其带来的自由与人生感悟。[156]

由此看来,本书中自我实现作为旅游者在旅游地茶文化空间获得的审美体验的最高层次,其测量问题的设计与以往研究中旅游对于旅游者自身意义实现的测量指标相近,具有合理性。

7.1.3 旅游地茶文化空间对旅游者审美体验的影响机制

本书以第三空间理论与现有相关研究为基础,结合前期质性研究结果,构建旅游者茶文化空间感知对审美体验的影响机制模型(即旅游者茶文化空间感知、审美联想、审美理解与审美体验关系模型)。研究通过问卷调研,获得一手调研数据,并利用 SPSS 24.0 与 AMOS 24.0 对所收集数据进行实证检验,具体包括信度与效度分析、相关性分析、模型检验及假设检验,检验结果如下:

(1) 旅游者茶文化空间感知对审美体验具有显著正向影响(研究假设 H1 成立)。具体来说,旅游者茶文化空间设计感知对旅游者的感官审美体验、情绪审美体验、茶文化空间认同及自我实现均具有显著正向影响(研究假设 H1a,H1b,H1c,H1d 成立);旅游者茶文化空间环境氛围感知对旅游者的感官审美体验、情绪审美体验、茶文化空间认同及自我实现均具有显著正向影响(研究假设 H1e,H1f,H1g,H1h 成立);旅游者茶文化空间活动感知对旅游者的感官审美体验、情绪审美体验、茶文化空间认同及自我实现均具有显著正向影响(研究假设 H1i,H1j,H1k,H1m

成立)。也就是说,当旅游者置身于旅游地茶文化空间(第一空间——物理空间)时,物理空间中的构成要素本身(空间风格、布局、灯光、颜色、声音、气味、活动等)对旅游者的身体感官产生刺激,使其产生感觉与知觉后,促使旅游者在感官、情绪、情感与精神四个层面产生审美体验。

(2) 旅游者茶文化空间感知分别对审美联想与审美理解均具有显著正向影响(研究假设 H2-1,H2-2 成立)。具体来说,旅游者茶文化空间设计感知显著正向影响旅游者的审美联想与审美理解(研究假设 H2a,H2b 成立);旅游者茶文化空间环境氛围感知显著正向影响旅游者的审美联想与审美理解(研究假设 H2c,H2d 成立);旅游者茶文化空间活动感知显著正向影响旅游者的审美联想与审美理解(研究假设 H2e,H2f 成立)。当旅游地茶文化空间(第一空间——物理空间)对旅游者产生刺激,使其产生一定感知后,空间设计、环境氛围或空间活动会与旅游者内在经验(旅游者内心积累的知识、经历、生活经验等)产生互动,促使旅游者进一步解读与理解空间中所呈现的物质、非物质文化符号意义,或促使旅游者产生联想,回忆起曾经经历的相关场景与人物等。

(3) 审美联想与审美理解分别在旅游者茶文化空间设计感知与感官审美体验、情绪审美体验、茶文化空间认同、旅游者自我实现之间产生中介效应(研究假设 H3a,H3c,H3d,H3e,H3f,H3g,H3h 成立)。实证检验结果证明:

第一,审美联想与审美理解在旅游者茶文化空间设计感知与感官审美体验之间的间接效应占总效应的 52.45%(0.3383/0.6450),并且在这一中介效应过程中,审美联想与审美理解分别起到的中介效应都显著。这一研究结果表明,当旅游者受到旅游地茶文化空间设计因素刺激并对空间的设计要素产生基础感知后,与旅游者内在经验(旅游者内心积累的知识、经历、生活经验等)互动,促使旅游者进一步理解旅游地茶文化空间设计因素符号表征的文化意义,或者说,旅游者对茶文化空间的初步感知会引发旅游者联想起自身经历与记忆中的相关往事、场景或人物等,进而在旅游地茶文化空间与旅游者内在构想空间的(对文化的进一步理解及对相关往事、场景、人物的联想)共同作用下,强化旅游者在视觉、听觉、嗅觉、味觉方面的积极体验感受。

第二,审美联想与审美理解在旅游者茶文化空间设计感知与情绪审美体验之间的间接效应占总效应的 57.62%(0.3144/0.5456)。但是,在这一过程中,仅仅只有审美理解的中介效应显著,审美联想的中介效应不显著。这一结果说明,当旅游地茶文化空间设计因素对旅游者产生刺激,使其产生感知后,促进旅游者产生对文化的审美理解,当旅游者理解了空间设计符号因素背后的文化意义时,就会强化旅游者的情绪审美体验感受。然而,遗憾的是,研究结果表明,审美联想在旅游者茶文化空间设计感知与情绪审美体验之间的中介效应不显著,过往研究提出,茶文化的精髓在于其中所蕴含的"静""和""雅""虚空"等哲学精神[333],而本书中旅游地茶文化空间的设计则更多的在灯光、风格、色彩等方面强化旅游者与茶文化这一内在意义的联系,因此笔者猜测,本书所选取案例地茶文化空间设计因素在功能上更多地融合了"茶"在中国文化中的符号意义、强调空间意境这一美学范畴的形塑,进而与旅游者心中对茶文化含义的理解建立联系,同时更关注、也进一步强化旅游者对茶文化内在含义的审美理解,使旅游者在情绪上专注并融入当下的空间意境。正如旅游者所说,"当时那个空间就是让我们可以专注于当下,去享受那一杯茶的味道和那个环境带来的放松,我觉得这就是一种禅意"。

第三,审美联想与审美理解在旅游者茶文化空间设计感知与旅游者茶文化空间认同之间的间接效应占总效应的58.03%(0.3006/0.5180),在这一过程中,审美联想与审美理解分别起的中介效应都显著。这一研究结果表明,当旅游者受到旅游地茶文化空间设计因素刺激并对空间的设计要素产生基础感知后,与旅游者内在经验(旅游者内心积累的知识、经历、生活经验等)互动,促使旅游者进一步理解旅游地茶文化空间设计因素符号表征的文化意义,或者说,旅游者对茶文化空间的初步感知会引发旅游者联想起自身经历与记忆中的相关往事、场景或人物等,进而在旅游地茶文化空间与旅游者内在构想空间的(对文化的进一步理解及对相关往事、场景、人物的联想)共同作用下,强化旅游者对旅游地茶文化空间的认同。需要强调的是,虽然审美理解与审美联想在旅游者茶文化空间设计感知与茶文化空间认同之间中介效应都显著,但是,审美理解在空间设计感知与旅游者茶文化空间认同之间的中介效应在99.9%水平上显著。而审美联想在空间设计感知与旅游者茶文化空间认同之间的中介效应在95%水平上显著,且审美理解对茶文化空间认同影响的路径系数高于审美联想对茶文化空间影响的路径系数。也就是说,在旅游者茶文化空间感知对茶文化空间认同的影响过程中,审美理解发挥的中介效应高于审美联想产生的中介效应。

第四,审美联想与审美理解在旅游者茶文化空间设计感知与自我实现之间的间接效应占总效应的62.09%(0.3867/0.6228)。在这一过程中,审美联想与审美理解分别起的中介效应均显著。这一研究结果表明,当旅游者受到旅游地茶文化空间设计因素刺激,产生对茶文化空间设计要素的基础感知后,与旅游者内在经验文本(旅游者内心积累的知识、经历、生活经验等)互动,促使旅游者进一步理解旅游地茶文化空间设计因素符号表征的文化意义,或者说,旅游者对茶文化空间设计因素的初步感知会引发旅游者联想起自身经历与记忆中的相关往事、场景或人物等,进而在旅游地茶文化空间与旅游者内在构想空间的(对文化的进一步理解及对相关往事、场景、人物的联想)共同作用下,强化旅游者自我实现层面自身内心的收获感、意义感与充实感。

(4)审美联想与审美理解分别在旅游地茶文化空间环境氛围感知(空间声音、气味、空气质量)与感官审美体验、情绪审美体验、茶文化空间认同、旅游者自我实现之间具有中介效应(研究假设 H3i、H3k、H3m、H3n、H3o、H3p、H3q 成立)。实证检验结果证明:

第一,审美联想与审美理解在旅游者茶文化空间环境氛围感知与感官审美体验之间的间接效应占总效应的51.73%(0.3023/0.5844)。在这一过程中,审美联想与审美理解分别起的中介效应均显著。这一研究结果表明,当旅游地茶文化空间的环境氛围因素对旅游者产生刺激,使旅游者对其产生基础感知,进而与旅游者内在经验(旅游者内心积累的知识、经历、生活经验等)互动,促使旅游者进一步理解旅游地茶文化空间环境氛围因素所表征的文化意义,或者说,旅游者对茶文化空间环境氛围的初步感知会引发旅游者联想起自身经历与记忆中的相关往事、场景或人物等,进而在旅游地茶文化空间与旅游者内在构想空间的(对文化的进一步理解及对相关往事、场景、人物的联想)共同作用下,强化旅游者在视觉、听觉、嗅觉、味觉方面的体验感受。

第二,审美联想与审美理解在旅游者茶文化空间环境氛围感知与情绪审美体验之间的间接效应占总效应的49.44%(0.2609/0.5277)。在这一中介效应中,发挥作用的是审美理解,审美联想的中介效应不显著。这一研究结果说明,旅游者对旅游地茶文化空间环境氛围感知能通过促使旅游者产生对茶文化空间的审美理解来强化旅游者的情绪审美体验,也就是说,旅游者对茶文化空间环境氛围的感知能加强旅游者对茶文化空间内在意义的理解,这一审美理解会进一步强化旅游者在情绪上获得的审美体验。然而,在本书中,审美联想在旅游者茶文化空间环境氛围感知与情绪审美体验之间的中介效应不显著,研究者在此猜测,对于旅游地茶文化空间而言,旅游供给者将茶文化的符号意义"静""和""雅""虚空"等外显于茶文化空间营造的环境氛围因素上,目的在于使旅游者在身、心上更多地专注于当下这一空间,强化旅游者与其心目中对"茶"这一符号意义的理解之间的联系。

第三,审美联想与审美理解在旅游者茶文化空间环境氛围感知与茶文化空间认同之间的间接效应占总效应的44.26%(0.2315/0.5231)。在这一过程中,审美理解与审美联想的中介效应均显著。这一研究结果表明,当旅游者受到旅游地茶文化空间环境氛围因素刺激后对其产生基础感知,这一感知与旅游者内在经验(旅游者内心积累的知识、经历、生活经验等)互动,促使旅游者进一步理解茶文化空间表征的内在意义,或者说,旅游者对茶文化空间环境氛围的初步感知会引发旅游者联想起自身经历与记忆中的相关往事、场景或人物等,进而在旅游地茶文化空间环境氛围与旅游者内在构想空间的(对文化的进一步理解及对相关往事、场景、人物的联想)共同作用下,强化旅游者对旅游地茶文化空间的认同。需要强调的是,虽然审美理解与审美联想在旅游者茶文化空间环境氛围感知与茶文化空间认同之间中介效应都显著,但是,审美理解在茶文化空间环境氛围感知与茶文化空间认同之间的中介效应在99.9%水平上显著,而审美联想在茶文化空间环境氛围感知与旅游者茶文化空间认同之间的中介效应在95%水平上显著,且审美理解对茶文化空间认同影响的路径系数高于审美联想对茶文化空间认同影响的路径系数。也就是说,在旅游者茶文化空间环境氛围感知对茶文化空间认同的影响过程中,审美理解发挥的中介效应高于审美联想产生的中介效应。

第四,审美理解与审美联想在旅游者茶文化空间环境氛围感知与自我实现之间的间接效应占总效应的63.92%(0.3567/0.5580)。在这一过程中,审美理解与审美联想的中介效应均显著。这一实证结果表明,旅游者在受到茶文化空间环境氛围刺激后产生的感知,会进一步促使旅游者围绕旅游地茶文化空间产生审美理解与审美联想。具体来说,旅游者对旅游地茶文化空间的环境氛围感知会与旅游者内在经验(旅游者内心积累的知识、经历、生活经验等)互动,进而促使旅游者产生对茶文化空间内在含义的进一步理解。或者旅游者会由对茶文化空间环境氛围的基础感知,联想起其曾经经历或记忆中的相关场景、人物与事件等,由此,在旅游者茶文化空间环境氛围感知通过激发旅游者构想的空间(对文化的进一步理解与相关联想),强化旅游者在旅游地茶文化空间自我实现感(充实感、收获感及意义感)。

(5) 审美联想与审美理解分别在旅游者茶文化空间活动感知(社会活动与演艺活动)与感官审美体验、情绪审美体验、茶文化空间认同、自我实现之间具有中介效应(研究假设 H3r, H3t, H3u, H3v, H3w, H3x, H3y 成立)。实证检验结果证明:

第一,审美理解与审美联想在旅游者茶文化空间活动感知与感官审美体验之间的间接效应占总效用的57.73%(0.3520/0.6097)。在这一过程中,审美理解与审美联想的中介效应均显著。这一实证结果表明,当旅游地茶文化空间中的社会互动活动与演艺活动使旅游者产生基本感知后,会加深旅游者对茶文化空间的审美理解,同时诱发旅游者的审美联想(联想其记忆中的相关场景、人物或事件等),当旅游者通过空间活动感知加深对茶文化空间内在含义的理解或在茶文化空间活动的刺激下联想到相关场景与人物时,则会强化旅游者在旅游地茶文化空间中获得的感官审美体验。

第二,审美理解与审美联想在旅游者茶文化空间活动感知与情绪审美体验之间的间接效应占总效应的56.36%(0.3126/0.5546)。在这一过程中,审美理解发挥的中介效应显著,而审美联想的中介效应不显著。这一实证结果表明,旅游地茶文化空间活动会通过强化旅游者对茶文化空间的审美理解来增强旅游者获得的情绪审美体验。然而遗憾的是,审美联想在旅游地茶文化空间活动感知与旅游者审美情绪体验之间的中介效应不显著。研究者猜测其原因在于旅游者在旅游地茶文化空间获得的情绪上的审美体验表现为内心平静、放松与身心满足等,这些情绪上的审美体验与旅游者对茶文化内涵的解读相契合。也就是说,旅游地茶文化空间的社会活动与演艺活动,在功能上更多地通过与旅游者不同形式的互动强化旅游者对茶文化内涵的进一步理解,使旅游者与茶文化传达的"静""专注"等精神精髓融汇,进而更能在情绪上感受到放松、身心满足与精神恢复等情绪审美体验。在这一情绪审美体验实现过程中,旅游地的茶文化空间通过社会活动和演艺活动向旅游者传达茶文化历史、价值及其他文化内涵,促使旅游者深入理解茶文化内涵,而此时,通过审美联想对情绪审美的影响作用则退居其次,不显著。正如旅游者描述道,"我们听当地人介绍了这种茶的历史渊源、制作过程和如何品茶后,就加深了我们对武夷山茶文化的理解,理解了以后,我们的心情或者其他体验、感受就会更好"。

第三,审美理解与审美联想在旅游地茶文化空间活动感知与茶文化空间认同之间的间接效应占总效应的48.61%(0.2681/0.5515)。在这一过程中,审美理解与审美联想发挥的中介效应均显著,区别在于,审美联想的中介效应在95%水平上显著,而审美理解的中介效应在99.9%水平上显著,且审美理解对旅游者茶文化空间认同影响的路径系数高于审美联想对茶文化空间认同的路径系数。这一研究结果表明,旅游地茶文化空间活动能通过加深旅游者对茶文化空间的审美理解或诱发旅游者产生相关的审美联想来强化旅游者对茶文化空间的认同。也就是说,旅游地茶文化空间的活动(社会互动活动和演艺活动),无论在形式上还是内容上,越能促使旅游者加深对茶文化的理解,或者越能调动旅游者经验中的相关记忆产生相关联想,则越能强化旅游者对茶文化空间的认同。区别在于,在本书中选取的旅游地茶文化空间情境下,审美理解在茶文化空间活动与茶文化空间认同之间发挥的中介效应要强于审美联想发挥的中介效应。

第四,审美理解与审美联想在旅游地茶文化空间活动感知与自我实现之间的间接效应占总效应的57.55%(0.3725/0.6473),在这一过程中,审美理解与审美联想发挥的中介效应均显著,区别在于,审美联想的中介效应在95%水平上显著,而审美理解的中介效应在99%水平上显著,且审美理解对旅游者自我实现影响的路径系数高于审美联想对旅游者自我实现影响的路径系数。这一研究结果表明,旅游地茶文化空间的社会互动活动与演艺活动能加深旅游者对茶文化的审美理解,也会诱发旅游者产生相关的审美联想,进而强化旅游者的自我实现感(充实感、收获感与意义感),也就是说,旅游地茶文化空间的活动(社会互动活动和演艺活动),无论在形式上还是内容上,越能促使旅游者加深对茶文化的理解,或者越能调动旅游者经验中的相关记忆,则越能强化旅游者的充实感、获得感与意义感。区别在于,在本书中选取的旅游地茶文化空间情境下,审美理解在茶文化空间活动与自我实现之间发挥的中介效应要强于审美联想发挥的中介效应。

7.2 理论贡献与管理启示

7.2.1 理论贡献

本书以世界自然与文化双重遗产地武夷山为例,系统地剖析旅游地茶文化空间对旅游者审美体验的内在影响机制,旨在对旅游地面向旅游者的文化空间再生

产与提升旅游者对旅游地的文化体验质量提供理论与实践层面的借鉴意义。通过定性与定量两阶段研究分析,本书主要理论贡献如下:

1. 提出旅游地研究尺度下旅游者茶文化空间感知三维度结构

本书探明并提出旅游者茶文化空间感知的三维度结构模型,具体包括茶文化空间设计感知、茶文化空间环境氛围感知、茶文化空间活动感知。

本书以列斐伏尔空间生产理论的空间实践维度与当前对空间感知的相关研究作为理论基础,探讨旅游地尺度下旅游者茶文化空间感知的构成维度。列斐伏尔提出的空间实践维度涵盖物质空间与空间实践活动两方面[87],本书提出的旅游者茶文化空间感知包括三个维度,其中茶文化空间设计感知与茶文化空间活动感知分别对应列斐伏尔空间实践维度中涵盖的物质空间与空间实践活动。然而,本书提出的茶文化空间感知的第三个维度(环境氛围感知)虽超出列斐伏尔的空间实践维度所涵盖的内容,但得到当前消费与旅游研究领域中对消费者(或旅游者)空间感知研究内容的支持,具体见本书第 7.1.1 小节中探讨的内容。

此外,由于本书以旅游地为研究尺度探讨旅游者茶文化空间感知,这一研究尺度决定了旅游者对茶文化空间活动的感知不仅包括空间社会活动感知,还包括旅游者对以茶文化为主题的演艺活动的感知。旅游地茶文化空间中的社会活动与以茶文化为主题的演艺活动都是旅游者与旅游地东道主进行的空间实践活动,是旅游地茶文化空间再生产过程中的重要组成部分。这一研究结果为从微空间视角研究旅游者对旅游地文化的感知与体验做了基础性工作。

2. 提出具身视角下旅游者茶文化空间审美体验四维度结构

本书提出旅游者在旅游地茶文化空间获得的审美体验四维度结构模型,具体包括感官审美体验、情绪审美体验、茶文化空间认同与自我实现。

本书将审美体验引入旅游者对旅游地文化空间的体验研究中,以索亚对都市空间的审美呈现的探讨以及现有研究中与旅游体验、审美体验相关的内容为理论基础,提出旅游者在旅游地茶文化空间获得的审美体验四维度结构模型。过往的研究用审美情绪来衡量审美体验结果,而本书认为,旅游者的审美体验是具身性的,涵盖感官审美、情绪审美、情感审美(体现为旅游者对茶文化空间的认同)与精神层面的审美(体现为旅游者的自我实现)。该研究结果丰富了旅游者对文化体验的研究基础,拓展了审美体验的研究情境,深化了审美体验在旅游研究领域、文化情境下的系统性分析。

3. 揭示了旅游者茶文化空间感知对审美体验的内在影响机制

本书基于第三空间等基础理论提出了旅游者茶文化空间感知对审美体验的内在影响机制模型。研究表明,旅游者茶文化空间感知对审美体验的影响有三条路径:

第一,旅游地茶文化空间构成要素自身会在一定程度上直接影响旅游者的四层次审美体验。

第二,旅游者对旅游地茶文化空间的感知会通过与旅游者内在经验(旅游者内心积累的知识、经历、生活经验等)的互动,诱使其对相关场景与人物产生联想,强化旅游者的审美体验(影响机制路径:旅游者茶文化空间感知→审美联想→审美体验)。

第三,旅游者对旅游地茶文化空间的感知会通过与旅游者内在经验(旅游者内心积累的知识、经历、生活经验等)的互动,强化旅游者对空间文化内涵的理解,进而正向影响旅游者的审美体验(影响机制路径:旅游者茶文化空间感知→审美理解→审美体验)。

这一研究结果揭示了空间视角下,旅游地文化展示对旅游者审美体验的内在影响机制,该影响机制强调旅游者对旅游地的文化体验结果是旅游地文化空间形态与旅游者内在经验、知识发挥协同效应的结果。

4. 拓展了第三空间理论的研究情境,深化了第三空间理论在旅游研究领域的应用

当前第三空间理论在旅游研究领域的应用还十分有限,本书采用定性与定量结合的研究方法,将第三空间理论应用于旅游地茶文化空间与旅游者审美体验二者之间关系的研究,是对第三空间理论在旅游研究领域更进一步的系统性、综合性研究,拓展了第三空间理论的研究情境与外延。

5. 拓展了索亚对都市空间的审美呈现探讨的研究领域,深化了其研究内容

研究基于索亚的空间文化理论中关于都市空间的审美呈现的探讨,构建并实证检验了旅游者在旅游地茶文化空间获得的审美体验结构维度。索亚对审美呈现探讨的研究背景是城市空间,而本书则将研究情境聚焦旅游地尺度下的茶文化空间,这一研究视角拓展了索亚对都市空间的审美呈现探讨的研究情境。

此外,本书提出的旅游者茶文化空间审美体验四个维度虽与索亚对城市空间的审美呈现探讨的四个方面较一致,然而,本书对旅游者审美体验四个维度的获得进行了质性阶段的探索与定量阶段的验证,是对索亚城市空间的审美呈现探讨内容进一步具象化的延伸与检验。

7.2.2 管理启示

本书系统地探索了旅游者茶文化空间感知对审美体验的内在影响机制,研究结果对旅游地面向旅游者的文化空间再生产以及提升旅游者对旅游地文化体验质量具有一定的管理启示,可以从以下几个方面进行探讨:

1. 深挖文化内涵,选择适当符号进行文化表征

旅游地以文化为主题,借助文化内涵、符号表征及地方主体(地方居民等),以静态或动态方式进行文化空间的形塑。因此,旅游地文化空间再生产过程应深挖旅游地文化内涵,选择能表征文化内涵的且具有协同效应的文化符号在空间的设计、环境氛围及空间活动三方面来形塑空间中被展示文化的特性与意义,使得空间构成要素自身既能成为文化吸引物直接影响旅游者不同层次的审美体验,同时又能表征文化内涵,与文化意义同构,发挥协同作用来共同影响旅游者不同层次的审美体验。

具体来说,以此研究情境为例,旅游地茶文化空间的再生产在空间设计上无须刻意追求浪费、奢华的风格,而应紧紧围绕茶文化内涵进行表征,《茶经》中传达的"茶"的精神内涵渗透着俭朴、谦逊与温和等,旅游者在茶文化空间追求的是身心的闲适、自身的充实感和获得感以及诗意的栖居。正如旅游者描述:

其实我们那天喝茶的环境没有多豪华,但是它整个感觉很静谧,室内摆放着木质的家具,绿植透过窗户进入我们视线,就像是一幅画,很美,仿佛还能听见外面虫鸣的声音,整个环境很原生态,坐在那儿喝一杯茶,整个人由内而外地感到放松与享受。

2. 关注旅游地文化空间不同文化展示方式对旅游者审美体验的影响

旅游地茶文化空间对茶文化的展示主要呈现静态与动态两种方式。其中静态方式包括茶文化空间设计与茶文化空间环境氛围的营造。具体来看,茶文化空间设计涉及空间风格、灯光、色彩、空间布局等因素,环境氛围涉及空间中的声音、气味、空气质量等环境因素与茶厂、茶室、茶树在数量上烘托出的茶文化氛围因素。动态展示方式主要体现为旅游地茶文化空间活动的开展,具体包括旅游地东道主与游客之间、游客与游客之间互动的社会活动以及以茶文化为主题的空间演艺活动。

(1) 旅游地茶文化空间在静态方式上对茶文化的展示对旅游者审美体验的影响主要体现在:

① 旅游者身体"浸入"茶文化空间中,茶文化空间通过对旅游者多感官的刺激与旅游者内心的茶文化意象建立关联,进而或直接或通过增进旅游者对茶文化内涵的进一步理解来影响旅游者不同层面的审美体验。如在访谈过程中,旅游者这样表述:

我们那天喝茶的茶室很大,里面布置的非常精致,灯光是暖光,我们坐在那喝茶,大家都很安静,没人大声说话。在那样的环境中,你不会大声说话。我还记得那天茶室主人点了熏香,还放了一点轻音乐,让人觉得在那个当下,你就应该专注地享受那杯茶,那种感觉让我觉得很舒服。

② 茶文化空间静态方式的文化展示与旅游者记忆建立关联,使旅游者联想起记忆中的相关场景、往事与人物,进而强化旅游者对茶文化空间的审美体验。例如访谈中,旅游者这样描述:

你看,我觉得我们这次住的民宿就是一个茶空间。我记得那天我们刚到的时候,一走进来,看它的布置,瞬间就让我想到日本类似的家居空间,也让我想到了中国古代文人墨客品茶的感觉,就是非常雅、非常安静的场景,会让人觉得这个空间看起来很美、很舒服,也让人心里觉得很静。

(2) 旅游地茶文化空间中的动态的文化展示对审美体验的作用应从两个视角探讨。

① 本书对茶文化空间中社会活动对旅游者审美体验影响的分析结果表明,旅游地与旅游者的社会互动活动应更多地关注旅游者对茶文化内涵的理解,进而通过加深旅游者对茶文化内涵的理解来强化旅游者对茶文化空间的整体审美体验。例如,旅游者描述道:

我本来不会品茶,但是那天,老板一步一步跟我们讲解如何泡茶,比如这边的功夫茶泡茶有哪些步骤,还教我们如何品茶。然后你就会发现,在他这样一步一步的引导下,我们好像真的学会了品茶,然后就会觉得那个时候再喝那杯茶,它的味道确实有不一样。

② 本书茶文化空间演艺活动对旅游者审美体验的影响结果表明,文化空间演艺活动首先要在表演方式与舞台设计方面以沉浸式的方式,全方位地刺激旅游者的不同感官,使旅游者在感官层面获得审美体验。另外,文化空间演艺活动还应将表演方式、表演空间设计、表演内容与文化内涵融合,通过增进旅游者对旅游地茶文化内涵的理解或促使旅游者产生对自己经验中相关场景、人物等的联想,进而强化旅游者不同层次的审美体验。例如,旅游者提到:

《印象大红袍》茶文化表演给我的感觉很好,我觉得最震撼的就是舞台灯光打开那一瞬间,打到后面的山上,这种实景山水表演在视觉上就是一种极大的震撼,还有声效也很不错。然后看表演时,让我联想到古时候的市集和古人品茶之类的,当下还有点感觉像回到了古代一样。我很喜欢那种感觉,让我觉得很兴奋。另外,我觉得《印象大红袍》它不仅仅是一个简单的表演,看完以后,我会进一步了解了武夷山这个地方茶文化的历史渊源。整体来说,我真的觉得这个表演很好,有感官上的震撼,还有学习到知识。

(3) 旅游地文化空间的再生产,应提升旅游地东道主对自身文化的认同感。本书还发现,目的地居民及旅游从业者对茶文化的知识性累积、专业程度以及对茶文化的情感表达对旅游地茶文化内涵的传递与影响旅游者在茶文化空间中获得的审美体验起着重要作用。正如旅游者提及:

我们住的那个民宿的老板给我们讲茶,讲她小时候家里种茶的故事,你就能感受到茶文化在武夷山的传承与力量。我最喜欢的就是那天喝茶的时候,老板给我们泡茶、讲茶,举手投足间都很优雅,我们就这样安安静静地在那喝茶,这种感觉很好。你会觉得如果那个时候大声说话就是不文明的,就该安静下来喝茶。

我平时不怎么喝茶,但是当你听了当地人给你讲茶以后,讲了这个武夷山茶文化的历史、茶的制作,你就能感受到这边人确实爱茶,然后我就觉得我对这个茶的体验感受又不一样了。

由此可见,旅游地旅游参与者在与旅游者互动过程中对自身文化认同感的表达,以及这种认同感背后的专业性的积累与情感流露都能影响旅游者对文化的理解或促使其产生相关联想,进而影响旅游者在茶文化空间获得不同层次的审美体验。

3. 以美学生活为切入口,融合文化与自然景观,进行全域空间下的旅游地文化空间再生产

首先,本书认为,茶文化包括茶的种植、制作、品鉴等环节,是融合自然与文化的典型。从对旅游者的访谈中可以获悉,旅游者对旅游地茶文化空间的感知涉及对茶山、茶园、茶厂、茶室、茶演艺及居民生活空间等各个微空间的感知,旅游者获得的美的体验来源于茶自然景观及茶文化符号意义的融合。例如旅游者提及:

我们在茶山走走,然后再坐在山上喝喝茶,风吹一吹,真的感觉心很静。

我们那天喝茶的茶室是木质的,外面是荷塘,那一瞬间,我就体会到了什么叫作"禅意",就是专注于当下的空间,专注于那一杯茶。

由此可见,旅游地茶文化空间融合茶文化内涵与自然景观,给旅游者带来的是一种从身体到精神不同层面的审美体验结果。旅游者从茶文化空间感受到的"静""专注""禅意""放松"是基于茶在中国传统文化中意义的渲染,旅游者对茶文化内在符号意义的解读外显于茶文化空间的塑造(自然山水、人文活动等)。因此,旅游地文化空间的再生产应是融合自然与文化内在含义的文化表达方式。

其次,从访谈中还可以看出,旅游者对武夷山茶文化的感知除了来源于景区景点,还来源于茶文化在居民生活中的渗透,正如旅游者描述:

这里家家户户都喝茶,到处都可以喝茶。我感觉在这里,你不想去了解茶文化也会不经意间了解到茶文化。

我看到这里的人在户外铺一个茶席,带点吃的,在山水间喝茶,这个场景在视觉上就很美。这里人的生活很惬意、很美好。

由此可以看出,旅游地文化空间的再生产不应局限在景区景点,应在全域空间下布局各个文化微空间,并使各个微空间之间形成良性的、积极的互动,以激发文化展示与表达的生命力与渗透力。

4. 关注旅游者对文化空间审美体验的具身性

当旅游者进入旅游地文化空间,其身体"浸入"在此空间中,文化空间中的构成要素或文化符号对旅游者的感官产生刺激,旅游者则以身体亲历、感知着空间,当旅游者对外在文化空间产生了一定感知后,旅游者内部经验空间则通过身体与外部空间产生互动,旅游者的身体、心智与文化空间构成一个不可分割的体系,此时旅游者会获得身心一体的体验。

本书认为,旅游者在茶文化空间获得的审美体验包括身心一体四层次的审美体验,体现为感官审美(视觉、听觉、嗅觉、味觉四方面获得的美的感受及享受)、情绪审美、情感上对文化空间的认同以及精神层面的自我实现。具体来说,旅游者在茶文化空间获得的具身性审美体验来源于两个方面:

(1) 旅游者对茶文化空间构成要素的基础感知会直接影响旅游者在感官、情绪、情感(对文化空间的认同)以及精神层面(旅游者的自我实现)的审美体验。例如,在本书中,关于空间感知直接引发的感官审美,旅游者认为:

茶文化空间的整体风格、颜色,以及茶文化空间的一些活动(采茶活动、品茶活动)等在视觉上给我们带来一种美的享受。另外,茶文化空间有古琴声、轻音乐,又在听觉上给我们带来享受。

关于茶文化空间感知直接引发的情绪审美,旅游者认为:

在那样的环境中,我就可以专注在当下的空间,专注地品那一杯茶,内心感到非常平静。

关于茶文化空间感知直接引发的旅游者对茶文化空间的认同,旅游者认为:

武夷山家家户户都喝茶,茶文化氛围很浓厚。我确实感受到了这里茶文化的力量。

关于茶文化空间感知直接引发的旅游者自我实现,旅游者认为:

在这里,当地人给我们一杯茶喝,给我们讲一讲茶文化,我感觉收获了人家的一份尊重。

(2) 旅游者对茶文化空间的感知,通过强化旅游者对文化空间的审美理解与审美联想,也会引发并强化旅游者在感官、情绪、情感、精神层面获得的审美体验。例如,被访谈者们提及:

我一开始看那几棵茶树没什么感觉,因为离得远,但是当导游给我讲解了茶树背后的一些历史故事后,让我加深了对它的理解,我再看它,就觉得挺美的。(茶文化空间感知→审美理解→感官审美)

我们当时喝茶的茶室的装修风格让我想起古时候的场景,有点像宋代人喝茶的那种感觉,我瞬间就觉得在那样的环境下喝茶,我的整个心情、感受都特别好。(茶文化空间感知→审美联想→情绪审美)

我印象特别深刻的是,茶室的老板在给我们泡茶的过程中不急不躁,我当时就觉得她特别有情怀。整个过程让我感受到茶文化对我们中国人来说,带来的那种心静或者说就是我理解的"禅意"……就确实感受到在这喝喝茶,可以暂时忘掉一些烦恼。(茶文化空间感知→审美理解→茶文化空间认同)

民宿老板给我们泡茶的过程中,给我们讲解了一些茶文化知识,我们就一步一步按照她说的去品茶。当你了解了这个茶文化背后的一些知识、历史以后,那种感受又不一样,会觉得自己有学习到新知识、有收获。(空间感知→审美理解→自我实现)

由此可见,旅游地文化空间的再生产与提升旅游者对旅游地文化的体验质量,要关注文化空间表征形式与文化含义分别在感官、情绪、情感与精神层面对旅游者审美体验的影响。

5. 关注旅游地文化空间对旅游者审美体验影响的内在作用机制

旅游者体验的空间是"身体的空间",是"知觉的空间"。本书基于第三空间理论对旅游者的审美体验进行研究,旨在强调提升旅游者对旅游地文化空间体验应关注三方面的问题:

第一,应关注旅游者所处空间的"情境性"。

第二,应关注旅游者身体的"浸入性"。

第三,应关注旅游者主观内在经验与外在空间的"互动性"。旅游者第三空间审美体验的获得依赖于物质的第一空间、旅游者主观建构的第二空间及二者的协同作用。

具体来说,本书认为,旅游地茶文化空间对旅游者审美体验的影响有三条途径:① 旅游者对茶文化空间构成(空间设计、环境氛围、空间活动)的初步感知会直接影响旅游者不同层次的审美体验。② 旅游者对旅游地茶文化空间的感知会通过加强旅游者对旅游地文化的审美理解来影响旅游者不同层次的审美体验,如:旅游者茶文化空间感知→审美理解→审美体验。③ 旅游者对旅游地茶文化空间的感知会通过诱使旅游者产生对相关场景、人物的联想来影响旅游者不同层次的审美体验,如:旅游者茶文化空间感知→审美联想→审美体验。

整体来看,以上途径①的启示在于,旅游地文化空间构成因素自身在形式上能直接影响旅游者的四层次审美体验,因此,旅游地文化空间的再生产应关注其空间呈现的美观性、功能性与"意境"的营造。途径②③是通过建立旅游者所处"外在空间"与旅游者自身"内在空间"的情感联结,由对"外在对象的欣赏"转变为对"内在自我的情感",使旅游者所处外在物理的第一空间与内在构想的第二空间形成同形同构,进而强化旅游者的审美体验结果。

6. 关注旅游地文化宣传与旅游者日常生活中文化自觉性的培养以及旅游者的精神需求

关注文化符号意义在旅游地文化空间再生产中的作用,应强化旅游地文化符号与旅游者的内在关联。事实上,旅游地对面向旅游者的文化空间再生产源于社会文化背景的内在动力。首先,以本书的研究情境为例,旅游地对茶文化空间风格的打造源于中华文化中的文化自觉,所谓文化自觉是指文化群体对自身文化底蕴的认识与理解。具体来说,这种文化自觉体现为茶文化在中国古典传统文化中的地位及特性,也源于"茶"这个元素在中国人心中的意象与情感。高度的文化自觉能在社会文明进程中发挥精神纽带的凝聚作用,也为人们提供情感与精神上的归属感与认同感。因此,在旅游地茶文化空间中,被展示的文化表征元素一般与其他传统文化意象元素相关联,例如毛笔字、水墨画、古琴、轻音乐、茶服、茶仪式等,整体营造中国风、禅风、安静的环境氛围。事实上,这些元素在旅游者到达旅游地之前早已在旅游者心中形成一定的想象意象与经验,而旅游地对茶文化空间的形塑正是基于这种共同的意象与情感,结合旅游地浓厚的茶文化氛围,聚焦"茶"的意象,通过对多种方式的表征与展示,形塑茶文化的空间特性与意义,构建富有想象的空间。具体来说,旅游地空间设计者、开发者将茶的制作技艺、价值功能、历史文化、精神意义等以物质形态、互动活动、表演活动的形式及旅游东道主的情感表达等更具象化地传达给旅游者,使旅游地茶文化空间与旅游者心中的内在经验文本产生互动与共鸣。

另外,面向旅游者的文化空间再生产,除了要关注文化元素在旅游者心中的意象及集体记忆,还要关注时代背景下旅游者的精神需求。旅游地茶文化空间的形塑动力还源于茶文化意象与人们日常生活的对比。旅游地茶文化空间营造专注、静、放松、禅意的空间氛围,这正与现在部分旅游者浮躁、忙碌的日常生活形成对比,旅游者能到旅游地享受几杯茶带来的安静,也正体现了当今旅游者旅游方式及精神需求的转变。正如旅游者描述:

我们在茶室喝茶,茶室建在荷花塘上方,坐在那看向外面全是荷花。我们几个朋友在那里喝喝茶、聊聊天,一待三四个小时就过去了。我觉得那个充满荷花的环境就是我心目中喝茶的环境,很原生态、很安静、很有禅意。那个环境就是让我专注当下,享受当下的那杯茶,那种氛围以及自己内心的那一份安静让我觉得非常惬意。我想这对于现在任何一个都市人来说都是一种享受。

茶文化不仅仅是旅游地的一种文化资源,更是融入中国人基因里的共同记忆及诗性精神。茶文化与旅游的融合,彰显了中国人对传统文化的认同与文化自觉。而中国人的品茶在于静心、精简,茶文化与旅游的融合,也体现出了旅游者对"慢旅游"的需求及从中国传统文化中获得感悟与心灵慰藉的精神需求。因此,从旅游长期发展中的社会意义层面,若要提升旅游者对旅游地文化体验的质量,日常生活中培养旅游者的文化自觉性并关注这一主体精神层面需求的变化是旅游高质量发展的重要环节。

7.3 研究不足与展望

7.3.1 研究不足

第三空间理论、具身理论与旅游审美为解析旅游者对文化的体验提供了一种新的理论视角,本书基于第三空间等理论构建的旅游者茶文化空间感知对审美体验的影响机制模型是一种初步的尝试。研究虽然对旅游者茶文化空间感知的结构维度、旅游者审美体验的结构维度以及旅游者茶文化空间感知对审美体验的影响机制进行了系统的梳理与探究,但由于时间与理论知识的限制,研究在内容与方法上还存在一定的不足,今后需要不断完善与继续探索。

1. 研究样本方面的局限

本书正式调研阶段总共收集958份问卷,有效问卷591份,虽然此样本数量符合结构方程模型检验的要求,但由于时间等因素的限制,调研样本覆盖类别与范围仍存在一定局限性。

2. 案例研究方面的局限

本书选取世界自然与文化双重遗产地武夷山为例,对茶文化空间中旅游者的体验进行研究,一方面是归因于笔者近几年对茶文化在旅游中呈现方式变化的观察,另一方面来源于对美好生活视域下当代旅游者旅游需求及旅游方式转变的思考。然而,中国传统文化有很多类别,研究构建及检验的旅游者茶文化空间感知对审美体验影响机制模型是否适用于其他类型文化的体验过程及结果,在今后还应将此研究构建的模型在其他文化情境下进行进一步检验。

7.3.2 研究展望

未来研究可以在以下几个方面进一步深化与探索:

1. 研究情境可以进一步多样化

本书基于世界自然与文化双重遗产地武夷山的茶文化空间,构建并检验旅游者茶文化空间感知对审美体验的影响机制模型,然而,本书构建的此影响机制模型是否适用于其他类型及其他地域的文化情境,还有待今后的研究予以进一步检验。

2. 影响机制与模式可以进一步深化

本书探索的旅游者茶文化空间感知对审美体验的影响机制模型涉及旅游者茶文化空间感知、审美理解、审美联想、审美体验四个变量,未来研究还需对旅游地文化空间与旅游者审美体验二者之间的内在关系进行进一步深化与探索。

3. 研究对象可以进一步拓展

本书在研究对象方面并没有考察不同文化背景带来的体验结果与体验过程的差异性。今后研究可以把其他文化背景的旅游者作为研究对象,探究他们对中国文化的审美体验形成机制。

4. 研究视角可以进一步丰富

今后的研究可从供给者角度深入探索旅游地文化空间审美呈现的动机、策略,以及旅游地文化空间中社会关系的生产。

参 考 文 献

[1] 习近平.习近平关于社会主义文化建设论述摘编[M].北京:中央文献出版社,2017.
[2] 雒树刚.努力推动文化建设和旅游发展再上新台阶[J].商业文化,2019,418(1):81-89.
[3] 章尚正.从黄山市看目的地国际营销的误区[J].旅游学刊,2006,21(8):5-6.
[4] 张宏梅.文化学习与体验:文化遗产旅游者的核心诉求[J].旅游学刊,2010,25(4):10.
[5] 戴斌.文旅融合时代:大数据、商业化与美好生活[J].人民论坛·学术前沿,2019(11):6-15.
[6] 陈少峰,黄锦宗.文化旅游融合趋势与模式创新[J].理论学习与探索,2019(5):69-72.
[7] 田逢军,吴珊珊,胡海胜,等.江西省城市旅游形象的网络化呈现[J].经济地理,2019,39(6):214-222.
[8] 邓明艳.旅游目的地文化展示与形象管理研究[D].武汉:华中师范大学,2012.
[9] 孙全胜.列斐伏尔"空间生产"的理论形态研究[D].南京:东南大学,2015.
[10] Jack P G. Imperatives, behaviors, and indentities: essays in early American culture history[M]. Charlottesville: University of Virginia Press, 1992.
[11] 段义孚.经验透视中的空间与地方[M].北京:中国人民大学出版社,2017.
[12] 黄继刚.爱德华·索亚和空间文化理论研究的新视野[J].中南大学学报.社会科学版,2011,2(17):25-28.
[13] Rapoport A. Human aspects of urban form[M]. Oxford: Pergamon Press, 1977.
[14] 李玉臻.非物质文化遗产视角下的文化空间研究[J].学术论坛,2008(9):178-181.
[15] 张祥,李星明.基于文化认同的旅游地文化空间再生产:以湖北来凤舍米糊村摆手舞文化空间生产为例[J].华中师范大学学报:人文社会科学版,2020,59(2):86-92.
[16] 郑久良.非遗旅游街区文化空间的生产机理研究[D].合肥:中国科学技术大学,2019.
[17] 郑春霞,周常春.广义文化空间视角下非物质文化遗产保护研究:以福建土楼为例[J].昆明理工大学学报(社会科学版),2012,12(6):82-87.
[18] 桂榕,吕宛青.旅游—生活空间与民族文化的旅游化保护:以西双版纳傣族园为例[J].广西民族研究,2012(3):188-195.
[19] 侯兵,黄震方,徐海军.文化旅游的空间形态研究:基于文化空间的综述与启示[J].旅游学刊,2011,26(3):70-77.
[20] 赵莹,汪丽,黄潇婷,等.主题公园演艺项目对旅游者活动空间的影响:基于时空可达性的分析[J].旅游学刊,2017,32(12):49-57.
[21] 吴志才,张凌媛,郑钟强,等.旅游场域中古城旅游社区的空间生产研究:基于列斐伏尔的空间生产理论视角[J].旅游学刊,2019,34(12):86-97.
[22] 郭文,杨桂华.民族旅游村寨仪式实践演变中神圣空间的生产:对翁丁佤寨村民日常生活

的观察[J].旅游学刊,2018,33(5):92-103.
[23] 郭文.神圣空间的地方性生产、居民认同分异与日常抵抗:中国西南哈尼族箐口案例[J].旅游学刊,2019,34(6):96-108.
[24] 郭文,王丽,黄震方.旅游空间生产及社区居民体验研究:江南水乡周庄古镇案例[J].旅游学刊,2012,27(4):28-38.
[25] 孙佼佼,谢彦君.矛盾的乌托邦:邮轮旅游体验的空间生产:基于扎根理论的质性分析[J].旅游学刊,2019,34(11):41-50.
[26] 曹诗图.旅游哲学引论[M].天津:南开大学出版社,2008.
[27] 胡田.旅游第三空间的审美意蕴:基于哲学和美学的视角[J].四川师范大学学报(社会科学版),2013,40(2):46-50.
[28] 莫兰.社会学思考[M].阎素伟,译.上海:上海人民出版社,2001.
[29] 格尔茨.文化的解释[M].韩莉,译.南京:译林出版社,1999.
[30] 麦金托什,格波特.旅游学:要素,实践,基本原理[M].薄红,译.上海:上海文化出版社,1985.
[31] 徐菊凤.旅游文化与文化旅游:理论与实践的若干问题[J].旅游学刊,2005,20(4):67-72.
[32] UNWTO. UNWTO tourism definitions [Z]. Chengdu: UNWTO, 2019.
[33] Richards G. Cultural tourism: a review of recent research and trends [J]. Journal of Hospitality and Tourism Management, 2018, 36: 12-21.
[34] 张朝枝,朱敏敏.文化和旅游融合:多层次关系内涵、挑战与践行路径[J].旅游学刊,2020,35(3):62-71.
[35] 徐红罡,吴悦芳,彭丽娟.古村落旅游地游线固化的路径依赖:世界遗产地西递、宏村实证分析[J].地理研究,2010,7(29):1324-1334.
[36] 刘文英.中国古代的时空观念[M].天津:南开大学出版社,2000.
[37] 王琳瑛.乡村文化空间形塑及其发展政策义涵[D].北京:中国农业大学,2018.
[38] 郑震.空间:一个社会学的概念[J].社会学研究,2010,5:167-191.
[39] 西美尔.社会学:关于社会化形式的研究[M].林荣远,译.北京:华夏出版社,2002.
[40] Merleau-Ponty M. The phenomenology of perception [M]. London & New York: Routledge, 2002.
[41] 巴什拉.空间的诗学[M].张逸婧,译.上海:上海译文出版社,2009.
[42] Lefebvre H. The production of space [M]. Oxford: Blackwell, 2000.
[43] Soja E W. Thirdspace: journeys to Los Angeles and other real-and-imagined places [J]. Blackwell, 1996.
[44] 潘泽泉.当代社会学理论的社会空间转向[J].江苏社会科学,2009(1):27-33.
[45] 乌丙安.民俗文化空间:中国非物质文化遗产保护的重中之重[J].民间文化论坛,2007(1):98-100.
[46] 苗伟.文化时间与文化空间:文化环境的本体论维度[J].思想战线,2010(1):101-106.
[47] 伍乐平,张晓萍.国内外"文化空间"研究的多维视角[J].西南民族大学学报(人文社科版),2016,37(3):7-12.
[48] 吴传钧.人文地理研究[M].南京:江苏教育出版社,1989.
[49] 姜斌,李雪铭.快速城市化下城市文化空间分异研究[J].地理科学进展,2007,26(5):111-117.
[50] 博厄斯.人类学与现代生活[M].刘莎,谭晓勤,张卓宏,译.北京:华夏出版社,1999.

[51] 傅才武.文化空间营造:突破城市主题文化与多元文化生态生态环境的"悖论"[J].山东社会科学,2021(2):71.

[52] 寇怀云,周俭.文化空间视角的民族村寨保护规划思考[J].上海城市规划,2014(3):44-49.

[53] 余悦.中国古代的品茗空间与当代复原:在日本东京演讲提要[J].农业考古,2006(5):98-105.

[54] 吴凯歌.明代品茗空间及其意境初探[D].合肥:安徽农业大学,2019.

[55] 周新华.茶文化空间概念的拓展及茶席功能的提升[J].农业考古,2011(2):86-89.

[56] 包磊.从生态美学角度探索我国茶文化旅游的发展[J].福建茶叶,2016,38(5):155-156.

[57] Boorstin D. The image: a guide to pseudo-events in America [M]. New York: Harper & Row, 1964.

[58] MacCannell D. Staged authenticity: arrangement of social space in tourist settings [J]. American Journal of Socialology, 1973, 79(3): 589-603.

[59] Cohen E. A phenomenology of tourist experiences [J]. Sociology, 1979, 13(2): 179-201.

[60] Prem C, Colin A, Mervyn J. Determing hiking experiences in nature based tourist destinations [J]. Tourism Management, 2004, 1: 31-43.

[61] 谢彦君.基础旅游学[M].北京:中国旅游出版社,1999.

[62] 邹统钎,吴丽云.旅游体验的本质、类型与塑造原则[J].旅游科学,2003,4:7-10.

[63] 堪莉.旅游景区游客体验研究——以中山陵风景区为例[D].南京:南京师范大学,2003.

[64] 樊友猛,谢彦君."体验"的内涵与旅游体验属性新探[J].旅游学刊,2017,32(11):16-25.

[65] 康德.判断力批判:上[M].宗白华,译.北京:商务印书馆,1964.

[66] 立普斯.论移情作用[M].北京:人民文学出版社,1964.

[67] 王德菊.禅宗审美体验研究[D].芜湖:安徽师范大学,2013.

[68] 王春红.朱光潜论审美经验研究[D].银川:宁夏大学,2016.

[69] 朱光潜.朱光潜全集[M].增订本.北京:中华书局,2012.

[70] Carlson A. Aesthetics and the environment: the appreciation of nature, art and architecture [M]. London: Routledge, 2005.

[71] Blackburn S. Dictionary of philosophy [M]. Oxford: Oxford University Press, 2005.

[72] 今道友信.关于爱和美的哲学思考[M].王永丽,译.北京:三联书店,1997.

[73] 王岳川.艺术本体论[M].上海:三联书店上海分店,1994.

[74] 王苏君.走向审美体验[D].杭州:浙江大学,2003.

[75] 潘立勇.人文旅游[M].杭州:浙江大学出版社,2005.

[76] 叶朗.美学原理[M].北京:北京大学出版社,2009.

[77] Julia H. Being a tourist: finding meaning in pleasure travel [M]. Vancouver: University of British Columbla Press, 2003.

[78] 曹诗图,孙天胜,周德清.旅游审美是诗意的对话:兼论中西哲学思想中的审美观[J].旅游论坛,2011,4(2):115-118.

[79] 潘海颖.旅游体验审美精神论[J].旅游学刊,2012,27(5):88-93.

[80] 渠新璞.想象与真实:民族旅游地游客地方感研究[D].南昌:江西师范大学,2020.

- [81] Ronald H. Nature in the Light of Art [Z]. 1984.
- [82] 鲁天姣.知觉现象学语境下餐饮空间的多维体验研究[D].苏州:苏州大学,2019.
- [83] 杨晓影,李彬.情感空间与情境体验:谈美术馆空间的情感建构与公共教育[J].艺术评论,2019(4):93-102.
- [84] 李怀东.自媒体时代受众的"微"审美心理研究[D].武汉:华中师范大学,2019.
- [85] 王朝闻.美学概论[M].北京:人民出版社,1981.
- [86] 滕守尧.审美心理描述[M].成都:四川人民出版社,1998.
- [87] Lefebvre H. The production of space [M]. Oxford: Blackwell Publishing Ltd., 1991.
- [88] 阳宁东,杨振之.第三空间:旅游凝视下文化表演的意义重解:以九寨沟藏羌歌舞表演《高原红》为例[J].四川师范大学学报(社会科学版),2014,41(1):67-74.
- [89] 爱德华.第三空间:去往洛杉矶和其他真实与想象地方的旅程[M].陆扬,译.上海:上海教育出版社,2005.
- [90] Moles K. A walk in thirdspace: place, methods and walking [J]. Sociological research online, 2008, 13(4): 1-9.
- [91] Tuan Y F. Space and place: the perspective of experience [M]. Minneapolis: University of Minnesota Press, 1977.
- [92] Edward S. Postmodern geographies: the reassertion of space in critical social theory [M]. London: Verso, 1989.
- [93] 黄继刚.爱德华·索雅的空间文化理论研究[D].济南:山东大学,2009.
- [94] 叶浩生.有关具身认知思潮的理论心理学思考[J].心理学报,2011,43(5):589-598.
- [95] 李恒威.认知主体的本性:简述《具身心智:认知科学和人类经验》[J].哲学分析,2010,1(4):176-182.
- [96] 叶浩生."具身"涵义的理论辨析[J].心理学报,2014,46(7):1032-1042.
- [97] 吴俊,唐代剑.旅游体验研究的新视角:具身理论[J].旅游学刊,2018,33(1):118-125.
- [98] Wilson M. Six views of embodied cognition [J]. Psychonomic Bulletin & Review, 2002, 4(9): 625-636.
- [99] 米德.心灵、自我与社会[M].赵月瑟,译.上海:上海译文出版社,2008.
- [100] 彭丹.旅游符号学的理论述评和研究内容[J].旅游科学,2014,28(5):79-94.
- [101] 波普诺.社会学[M].李强,译.北京:中国人民大学出版社,1999.
- [102] Maccannell D. The tourist: a new theory of the leisure class [M]. Berlin: Schocken Books, 1999.
- [103] Culler J. Semiotics of tourism [J]. American Journal of semeotics, 1981, 1: 127-140.
- [104] Herbert D. Literary places, tourism and the heritage experience [J]. Annals of Tourism Research, 2001, 28(2): 312-333.
- [105] 马凌.社会学视角下的旅游吸引物及其建构[J].旅游学刊,2009,24(3):69-74.
- [106] 迪克斯.被展示的文化:当代"可参观性"的生产[M].冯悦,译.北京:北京大学出版社,2012.
- [107] 包亚明.消费文化与城市空间的生产[J].学术月刊,2006(5):13-15.
- [108] 刘沛林,Liu A,Wall G.生态博物馆理念及其在少数民族社区景观保护中的作用:以贵州梭嘎生态博物馆为例[J].长江流域资源与环境,2005,14(2):254-257.

[109] 王春晓.可参观性:消费主义下红色文化空间的生产[J].贵州社会科学,2020(4):108.

[110] 吴健,俞天秀.丝绸之路中国段文化旅游展示与体验创新服务模式探讨[J].敦煌研究,2015(5):111-114.

[111] 冯健.北京城市居民的空间感知与意象空间结构[J].地理科学,2005(2):142-154.

[112] 林奇.城市意象[M].方益萍,何晓军,译.北京:华夏出版社,2001.

[113] 徐英,谢彦君,卫银栋.旅游场的范畴建构:具身体验视角的思辨与草原旅游场的实证研究[J].经济管理,2018,40(10):140-155.

[114] 李波.基于国家认同的根祖文化空间感知研究[D].西安:西安外国语大学,2019.

[115] 李凡,杨蓉,黄丽萍.怀旧消费空间地方建构的比较研究:以广州怀旧餐厅为例[J].地理科学进展,2015,34(4):509-511.

[116] Baker J. The role of the environment in marketing services:the consumer perspective [M]. Chicago:American Marketing Association,1986.

[117] Bitner M J. Servicescapes:the impact of physical surroundings on customers and employees [J]. Journal of Marketing,1992,56(2):57-71.

[118] Bonn M A, Joseph-Mathews S M, Dai M, et al. Heritage/Cultural attraction atmospherics:creating the right environment for the heritage/cultural visitor [J]. Journal of Travel Research,2007,45(3):345-354.

[119] 库瑞,陈锋仪.旅游民俗文化空间的筛选与旅游价值分析:以陕西为例[J].人文地理,2009,24(5):122-125.

[120] 席岳婷.中国考古遗址公园文化旅游研究[D].西安:西北大学,2013.

[121] 谢晓如,封丹,朱竑.对文化微空间的感知与认同研究:以广州太古汇方所文化书店为例[J].地理学报,2014,69(2):184-198.

[122] 左迪,孔翔,文英姿.文化消费空间消费者感知与认同的影响因素:以南京市先锋书店为例[J].城市问题,2019(1):31-39.

[123] 刘彬,阚兴龙,陈忠暖.旅游消费空间的建构与游客感知:以拉萨玛吉阿米餐厅为例[J].世界地理研究,2016,25(3):151-161.

[124] 刘彬,陈忠暖.日常消费空间的地方性建构及消费者感知:以成都顺兴老茶馆为例[J].世界地理研究,2018,27(2):156-165.

[125] 张健,卫倩茹,旸芮,等.文化消费者对秦腔展演空间的感知与地方认同:以"易俗社"与"陕西省戏曲研究院"为例[J].人文地理,2018,33(1):31-42.

[126] 唐元.体验式文化展演的空间生产与记忆建构:以《又见敦煌》为例[J].艺术百家,2018,34(3):212-216.

[127] 邓荷荷.旅游景区文化氛围对游客忠诚度影响研究[D].杭州:浙江工商大学,2020.

[128] 叶宗造.基于顾客感知价值的农家茶庄氛围研究:以杭州地区为例[D].杭州:浙江大学,2010.

[129] 朴松爱,樊友猛.文化空间理论与大遗址旅游资源保护开发:以曲阜片区大遗址为例[J].旅游学刊,2012,27(4):39-47.

[130] 黄克已.宗教旅游景区氛围对游客感知价值的影响研究:以普陀山为例[D].杭州:浙江

大学,2013.

[131] 庞玮.入藏旅游者宗教文化空间认同研究[D].西安:陕西师范大学,2017.
[132] 李艳.符号互动论下文化遗产旅游体验价值生成研究[D].西安:西北大学,2019.
[133] 张建忠,孙根年.基于文化遗产视角的陵墓遗址旅游开发:以乾陵、西夏王陵和明十三陵为例[J].经济地理,2011,31(11):1937-1942.
[134] 廖春花,明庆忠.旅游开发与城市历史街区保护[J].城市问题,2015(4):19-24.
[135] 王浩,李卉妍,王树恩.体验经济视角下文化旅游产业创新开发策略研究:以海南省三亚市为例[J].生产力研究,2014,263(6):97-101.
[136] 鲍德里亚.消费社会[M].刘成富,全志钢,译.南京:南京大学出版社,2001.
[137] 刘力,陈金成,朴根秀,等.感知购物环境对旅游者购物行为的影响机制研究:旅游者购物情绪的媒介作用[J].旅游学刊,2010,25(4):57.
[138] 靳谐美.基于体验的书店空间环境营造策略研究[D].苏州:苏州科技大学,2018.
[139] 何淼.城市更新中的空间生产:南京市南捕厅历史街区的社会空间变迁[D].南京:南京大学,2012.
[140] 张莹.消费符号与空间:陕西袁家村民俗文化的美学体验[D].西安:西北大学,2018.
[141] 孙菲.从空间生产到空间体验:历史文化街区更新的逻辑考察[J].东岳论丛,2020,41(7):149-155.
[142] 陈晔,张辉,董蒙露.同行者关乎己?游客间互动对主观幸福感的影响[J].旅游学刊,2017,32(8):14-24.
[143] Shi S S, Gursoy D, Chen L. Conceptualizing home-sharing lodging experience and its impact on destination image perception: a mixed method approach[J]. Tourism Management, 2019, 75: 245-256.
[144] 陈靓.基于游客感知价值的红色旅游景区氛围研究:以韶山为例[D].湘潭:湘潭大学,2014.
[145] 马克思.1844年经济学哲学手稿[M].北京:人民出版社,2000.
[146] Fenner D. Aesthetic experience and aesthetic analysis[J]. The journal of aesthetic education, 2003(37): 40-53.
[147] 马奇.西方美学史资料选编:下卷[M].上海:上海人民出版社,1987.
[148] 朱光潜.朱光潜美学文集:第一卷[M].上海:上海文艺出版社,1982.
[149] 潘海颖.基于生活美学的旅游审美探析:从观光到休闲[J].旅游学刊,2016,31(6):73-81.
[150] 杨鹏飞.庄子审美体验思想阐释[D].沈阳:辽宁大学,2009.
[151] 黄文娟.空间诗学的理论与实践[D].兰州:兰州大学,2012.
[152] 周敏慧,陈荣富.从中国古代山水诗谈旅游审美心理[J].商业经济与管理,2001(11):43-46.
[153] 姜辽,徐红罡.文学旅游的审美消费:以水泊梁山为例[J].旅游学刊,2017,32(5):71-79.
[154] 李西建.以文化创意激活非物质文化遗产资源的旅游美学效用[J].旅游学刊,2019,34(5):9-11.

[155] Zhang Q F, Xu H G. Understanding aesthetic experiences in nature-based tourism: the important role of tourists' literary associations [J]. Journal of Destination Marketing & Management, 2020, 16: 100429.

[156] 林源源,周勇.探险旅游的审美体验探索:基于乞力马扎罗登山者的访谈[J].艺术百家, 2017,33(3):215-216.

[157] 陈庆娜.当代都市茶馆作为公共休闲空间审美特征及成因研究[D].重庆:西南大学,2014.

[158] 蒋长春,张捷,万基财.名山风景区书法景观在游客地方感中的作用:以武夷山风景区为例[J].旅游学刊,2015,30(4):73-83.

[159] Oh H, Fiore A M, Jeoung M. Measuring experience economy concepts: tourism applications [J]. Journal of Travel Research, 2007, 2(46): 119-132.

[160] Kirillova K, Fu X, Lehto X, et al. What makes a destination beautiful? Dimensions of tourist aesthetic judgment [J]. Tourism Management, 2014, 42: 282-293.

[161] Parga D E, Alonso G P. Sustainable tourism and social value at world heritage sites: towards a conservation plan for Altamira, Spain [J]. Annals of Tourism Research, 2019, 74: 68-80.

[162] Pine J, Gilmore J. Welcome to the experience economy [J]. Harvard Business Review, 1998: 97-105.

[163] Antón C, Camarero C, Garrido M. Exploring the experience value of museum visitors as a co-creation process [J]. Current Issues in Tourism, 2008, 21(12): 1406-1425.

[164] Strannegård L, Strannegård M. Works of art: aesthetic ambitions in design hotels [J]. Annals of Tourism Research, 2012, 39(4): 1995-2012.

[165] 裴萱.空间美学的建构及其后现代文化表征实践[J].郑州大学学报:哲学社会科学版, 2014,47(2):100.

[166] 裴萱.空间美学的知识谱系与方法论意义[J].西南民族大学学报(人文社科版),2019, 40(7):166-173.

[167] Kirillova K, Chan J. "What is beautiful we book": hotel visual appeal and expected service quality [J]. International Journal of Contemporary Hospitality Management, 2018, 30(3): 1788-1807.

[168] 余志远,游姣.现代性视域下古镇旅游场中的怀旧旅游体验研究:以安仁古镇为例[J]. 旅游科学,2018,32(5):67-80.

[169] 沈佳蓓.基于体验式学习理论的儿童绘本馆设计研究[D].上海:华东理工大学,2018.

[170] 刘彬,陈忠暖.城市怀旧空间的文化建构与空间体验:以成都东郊记忆为例[J].城市问题,2016(9):35-41.

[171] 潘海颖.休闲消费之哲学批判与审美呈现[D].杭州:浙江大学,2012.

[172] 陈怡宁,李刚.空间生产视角下的文化和旅游关系探讨:以英国博物馆为例[J].旅游学刊,2019,34(4):11-12.

[173] Chen H, Rahman I. Cultural tourism: an analysis of engagement, cultural contact, memorable tourism experience and destination loyalty [J]. Tourism Management

Perspectives, 2018, 26: 153-163.
[174] 马凌.旅游中的文化生产与文化消费[J].旅游学刊,2020,35(3):9-11.
[175] Daniel Y P. Tourism dance performances: authenticity and creativity [J]. Annals of Tourism Research, 1996, 23(4): 779-780.
[176] Saito Y. Is there a correct aesthetic appreciation of nature? [J]. Journal of Aesthetic Education, 1984, 18(4): 35-46.
[177] Winkielman P, Halberstadt J, Fazendeiro T, et al. Prototypes are attractive because they are easy on the mind [J]. Psychological Science, 2006, 17(9): 799-806.
[178] 林铭亮,高川秀,林元城,等.旅游地品牌化:唐诗第三空间的旅游体验与地方想象的建构[J].旅游学刊,2020,35(5):98-107.
[179] Fudge R S. Imagination and the science-based aesthetic appreciation of unscenic nature [J]. The Journal of Aesthetics and Art Criticism, 2001, 59(3): 275-285.
[180] Richards G, Wilson J. Developing creativity in tourist experiences: a solution to the serial reproduction of culture? [J]. Tourism Management, 2006, 27(6): 1209-1223.
[181] Hong S, Vicdan H. Re-imagining the utopian: transformation of a sustainable lifestyle in ecovillages [J]. Journal of Business Research, 2015, 69(1): 120-136.
[182] Collins-Kreiner N. Researching pilgrimage [J]. Annals of Tourism Research, 2010, 37(2): 440-456.
[183] Albayrak T, Herstein R, Caber M, et al. Exploring religious tourist experiences in Jerusalem: the intersection of abrahamic religions [J]. Tourism Management, 2018, 69: 285-296.
[184] 陶玉霞.旅游:穿越时空的心灵对话[J].旅游学刊,2018,33(8):118-132.
[185] 杜彬,李懋,覃信刚.文旅融合背景下旅游第三空间的建构[J].民族艺术研究,2020,33(3):152-160.
[186] 朱立元.美学大辞典[M].上海:上海辞书出版社,2014.
[187] 吴清林,熊康宁,李坡,等.喀斯特洞穴探险旅游的审美心理要素分析[J].资源科学,2010,32(5):880-885.
[188] 丁以寿.中国茶文化[M].合肥:安徽教育出版社,2011.
[189] 陈彬藩.中国茶文化经典[M].北京:光明日报出版社,1999.
[190] 范增平.中华茶艺学[M].北京:台海出版社,2000.
[191] 吴光荣.茶具珍赏[M].浙江:浙江摄影出版社,2004.
[192] 张曼.中国茶文化内涵塑造[D].广州:华南理工大学,2016.
[193] 戴雯雯.中华茶文化旅游体验优化研究[D].济南:山东大学,2017.
[194] 鲁烨.明代诗歌中的茶文化[D].无锡:江南大学,2011.
[195] 邓宇萍.唐宋咏茶诗词艺术风格与审美意境浅谈[J].福建茶叶,2017(11):363.
[196] 朱海燕.中国茶美学研究:唐宋茶美学思想与当代茶美学建设[D].长沙:湖南农业大学,2008.
[197] 李超,杨越淳,包德福.茶家具设计中传统文化符号的当代转化[J].美术观察,2019,(10):72-73.

[198] 詹伟.试论茶文化背景下景德镇手工茶器的创意与发展[J].艺术评论,2014(12):107-109.

[199] 杨晓华.茶文化空间中的茶席设计研究[D].杭州:浙江农林大学,2011.

[200] 胡杨梓.武夷岩茶文化体验馆展示设计研究[D].福州:福建师范大学,2017.

[201] 李炜.禅宗美学视域下茶文化视觉形象研究[D].成都:成都大学,2020.

[202] 吴莉兰.论武夷文化中的"茶"舞蹈元素[D].福州:福建师范大学,2013.

[203] 侯巧红.论中日茶道文化的意境与精神气质[J].河南社会科学,2012,20(9):73-75.

[204] 林美茂,全定旺."品茗"的审美属性与中国茶道的本质[J].哲学动态,2018(8):94-103.

[205] 姜美爱.中韩茶道文化交流及其茶道观比较研究[D].杭州:浙江大学,2016.

[206] 盛敏.中国茶文化对外传播与茶叶出口贸易发展研究[D].长沙:湖南农业大学,2017.

[207] 彭玉娟,邱健,昌邦.茶马古道及其对茶文化传播的交互影响探析[J].广西民族大学学报(哲学社会科学版),2016,38(5):34-42.

[208] 刘茜.仪式观视域下的茶文化认同和传播[D].济南:山东大学,2015.

[209] 李欣.文化认同视角下的茶叶品牌跨文化传播研究:以川宁(TWININGS)开拓中国市场为例[D].广州:暨南大学,2017.

[210] 杨婧.基于消费行为与购买意愿的湖南黑茶营销策略研究[D].长沙:湖南农业大学,2011.

[211] 张倩楠.茶庄园参与式体验对消费者购买行为的影响研究[D].福州:福建农林大学,2019.

[212] 罗光瑾.生态茶庄园体验营销策略研究[D].昆明:云南大学,2019.

[213] 张明行.基于传统文化的吴裕泰茶叶营销策略研究[D].北京:北京交通大学,2013.

[214] Jolliffe L. Tea and tourism: tourist, traditions, and transformations [M]. Houston: Channel View Publication, 2007.

[215] 曹霞.安徽茶文化旅游的现状、问题及对策[J].安徽农业科学,2006,34(22):5930-5932.

[216] 朱海燕,朱桅帆,刘蓉,等.安化黑茶文化旅游资源与开发模式探究[J].中国农学通报,2010,26(13).

[217] 胡赛强.安溪茶文化旅游资源特色及开发策略[J].茶叶通讯,2010,37(3):36-38.

[218] 蒲绍柳,李云锋,韩丽,等.发挥资源优势,开展民族茶文化旅游[J].中国农学通报,2011,27(11):297-300.

[219] 孙艳红.茶文化旅游的主体层次分析及开发构想[J].商场现代化,2005(3):63-64.

[220] 周坤,王进.从休闲学视角审视我国茶文化旅游开发与发展:以重庆市永川区为例[J].中国商贸,2010(16):152-153.

[221] 夏怡.杭州龙井茶体验式旅游开发模式研究[D].杭州:浙江大学,2017.

[222] 于兰兰.信阳茶文化旅游深度开发研究[D].武汉:华中师范大学,2013.

[223] 张琳洁.论我国茶文化旅游发展现状[J].浙江树人大学学报,2007(4):97-101.

[224] 修嫄嫄,胡泰斌.茶文化旅游模式研究[J].福建茶叶,2016,38(11):155-156.

[225] 熊庆蓉.茶文化旅游模式研究及开发策略[J].福建茶叶,2016(2):125-126.

[226] 韩白连,董玉峰.茶文化旅游中的消费者心理需求分析[J].福建茶叶,2017,39(5):

106-107.

[227] 康健.茶艺体验对游客购买意愿的影响研究[D].泉州:华侨大学,2019.

[228] 陈丽文.基于游客满意度视角下的大田高山茶旅游发展研究:以大仙峰·茶美人景区为例[D].福州:福建农林大学,2019.

[229] 杨铃.武夷山茶文化旅游消费者研究[D].福州:福建农林大学,2015.

[230] 郑小敏.茶文化旅游体验影响因素研究[D].福州:福建农林大学,2012.

[231] Glaser B, Strauss A. The discovery of grounded theory approach: a comparison of Glaser and Strauss[M]. Chicago: Alsine Publication co., 1967.

[232] 冯健,吴芳芳.质性方法在城市社会空间研究中的应用[J].地理研究,2011,30(11):1956-1969.

[233] 苑炳慧,辛应康.基于顾客的旅游目的地品牌资产结构维度:扎根理论的探索性研究[J].旅游学刊,2015,30(11):87-98.

[234] 李方安,陈向明.大学老师对"好老师"之理解的实践推理:一项扎根理论研究的过程及其反思[J].教育学报,2016(2):58-70.

[235] Corbin J M, Strauss A. Grounded theory research: procedures, canons, and evaluative criteria[J]. Qualitative Sociology, 1990, 19(6): 418-427.

[236] 陈向明.质的研究方法与社会科学研究[M].北京:教育科学出版社,2000.

[237] 孙晓娥.扎根理论在深度访谈研究中的实例探析[J].西安交通大学学报(社会科学版),2011(6):87-92.

[238] Pandit N R. The creation of theory: a recent aplication of the grounded theory method[J]. Qualitative Report, 1996, 2(4): 1-15.

[239] 博伊姆.怀旧的未来[M].杨德友,译.南京:译林出版社,2010.

[240] 周佳.都市感知与空间实践:夏衍及中国现代影剧人的文化上海[D].上海:华东师范大学,2016.

[241] Kim S. Extraordinary experience: re-enacting and photographing at screen-tourism lications[J]. Tourism and Hospitality Planning & Development, 2010, 7(1): 59-75.

[242] Riley R, Baker D, Van D. Movie-induced tourism[J]. Annals of Tourism Research, 1998, 25(4): 919-935.

[243] 刘心恬.论再现性环境审美感知的想象维度[J].郑州大学学报(哲学社会科学版),2019,52(6):13-17.

[244] Krishna A. An integrative review of sensory marketing engaging the senses to affect perception, judgment and behavior[J]. Journal of Consumer Psychology, 2012, 3(22): 332-351.

[245] Veijola S, Jokinen E. The body in tourism[J]. Theory, Culture and Society, 1994, 11(3): 125-151.

[246] Davis J I, Benforado A, Esrock E. Four applications of emobodied cognition[J]. Topics in Cognitive Science, 2012, 4(4): 786-793.

[247] Elliot A J, Maier M A. Color psychology: effects of perceiving color on psychological functioning in humans[J]. Annual Review of Psychology, 2014, 65(1): 95-120.

[248] Smith P, Burns D J. Atmospherics and retail environments: the case of the power aisle [J]. International Journal of Retail and Distribution Management, 1996, 24(1): 7-17.

[249] Baker J, Grewal D, Parasuraman A. The influence of store environment on quality inferences and store image [J]. Journal of the Academy of Marketing Science, 1994, (22): 328-340.

[250] 王柯平.美之旅[M].南京:南京出版社,2009.

[251] 张海州,徐雨晨,陆林.民宿空间的地方表征与建构:网络博客的质性分析[J].旅游学刊,2020,35(10):122-134.

[252] Kotler P. Atmospherics as a marketing tool [J]. Journal of Retailing, 1973(49): 294-299.

[253] 吕兴洋,徐海军,谭慧敏,等.声音营销力:目的地歌曲对潜在旅游者的影响研究:以歌曲《成都》为例[J].旅游学刊,2020,35(5):124-138.

[254] Petty R E, Cacioppo J T. Source factors and the elaboration likelihood model of persuasion [J]. Advances in Consumer Research, 1984, 1(11): 668-672.

[255] Connell J, Gibson C. Vicarious journeys: travels in music [J]. Tourism Geographies, 2004, 6(1): 2-25.

[256] Milliman R E. Using Background music to affect the behavior of supermarket shoppers [J]. Journal of Marketing, 1982, 46(2): 86-91.

[257] Dube L, Chebat J, Morin S. The effects of background music on consumers' desire to affiliate in buyer-seller interactions [J]. Psychology and Marketing, 1995(12): 305-319.

[258] 白学军,马谐,陶云.中-西方音乐对情绪的诱发效应[J].心理学报,2016,48(7):757-769.

[259] Kellaris J J, Kent R J. An Exploratory investigation of responses elicited by music varying in tempo, tonality, and texture [J]. Journal of Consumer Psychology, 1993, 2(4): 381-401.

[260] Mehta R, Zhu R, Cheema A. Is noise always bad? Exploring the effects of ambient noise on creative cognition [J]. Journal of Consumer Research, 2012, 4(39): 784-799.

[261] Mitchell R, Charters S, Albrecht J N. Cultural systems and the wine tourism product [J]. Annals of Tourism Research, 2012, 39(1): 311-335.

[262] Smith V L. Hosts and Guests: The anthropology of tourism [M]. 2nd ed. Philadelphia: University of Pennsylvania Press, 1989.

[263] 张机,徐红罡.民族餐馆里的主客互动过程研究:以丽江白沙村为例[J].旅游学刊,2016,31(2):97-108.

[264] 彭丹.旅游体验研究新视角:旅游者互动的社会关系研究[J].旅游学刊,2013,28(10):89-96.

[265] Santos C A, Buzinde C. Politics of Identity adn space: representational dynamic [J]. Journal of Travel Research, 2015, 45(3): 322-332.

[266] 王慧晨.旅游演艺产品质量与旅游者游后行为意向的关系研究[D].海口:海南大

学,2019.
[267] Graburn N H H. The evolution of tourist arts [J]. Annals of Tourism Research,1984(11):393-419.
[268] Asplet M,Cooper M. Cultural designs in New Zealand souvenir clothing:the question of authenticity [J]. Tourism Management,2000(21):307-312.
[269] 王思怡.多感官体验在博物馆展览营造中的理论与运用:以浙江台州博物馆"海滨之民"展项为例[J].东南文化,2017(4):121-126.
[270] Lowenthal D. Past time, present place:landscape and memory [J]. Geographical Review,1975,1(65):1.
[271] 姜辽,雷熠雯,张洁.旅游引导文化产业空间审美修复的有效性研究[J].旅游学刊,2021,36(3):109-117.
[272] 克朗.文化地理学[M].杨淑华,宋慧敏,译.南京:南京大学出版社,2003.
[273] Mckercher B. Towards a classification of cultural tourists [J]. International Journal of Tourism Research,2002,4(1):29-38.
[274] Gnoth J,Zins A H. Developing a tourism cultural contact scale [J]. Journal of Business Research,2013,66(6):738-744.
[275] Reisinger Y. Tourist-host contact as a part of cultural tourism [J]. World Leisure & Recreation,1994,36(2):24-28.
[276] 陈晓萍,徐淑英,樊景立.组织与管理研究的实证方法[M].2版.北京:北京大学出版社,2012.
[277] Simon L S,Judge T A,Halvorsen-Ganepola M D K. In good company? A multi-study, multi-level investigation of the effects of coworker relationships on employee well-being [J]. Journal of vacation behavior,2010,76(3):534-546.
[278] Frisvoll S. Power in the production of spaces transformed by rural tourism [J]. Journal of Rural Studies,2012,28(4):447-457.
[279] Chen H T,Lin Y T. A study of the relationships among sensory experience,emotion, and buying behavior in coffeehouse chains [J]. Service Business,2018,12(3):551-573.
[280] Chhabra D,Healy R,Sills E. Staged authenticity and heritage tourism [J]. Annals of Tourism Research,2003,30(3):702-719.
[281] 焦世泰.基于因子分析的民族文化旅游演艺产品游客感知评价体系研究:以"印象刘三姐"实景演出为例[J].人文地理,2013,28(1):150-154.
[282] Kim W G,Moon Y J. Customers' cognitive,emotional,and actionable response to the servicescape:A test of the moderating effect of the restaurant type [J]. International Journal of Hospitality Management,2009,28(1):144-156.
[283] Turley L W,Milliman R E. Atmospheric effects on shopping behavior:a review of the experimental evidence [J]. Jounal of Business Research,2000,49(2):193-211.
[284] Stamatopoulou D. Integrating the philosophy and psychology of aesthetic experience development of the aesthetic experience scale [J]. Psychological Reports,2004,95

(2):673-695.

[285] Leder H, Belke B, Oeberst A, et al. A model of aesthetic appreciation and aesthetic judgment [J]. British Journal of Psychology, 2004, 95(4):489-508.

[286] Waterman A S, Schwartz S J, Zamboanga B L, et al. The questionnaire for eudaimonic well-being: psychometric properties, demographic compar-isons, and evidence of validity [J]. The Journal of Positive Psychology, 2010, 5(1):41-61.

[287] 程珊珊.国家公园旅游者主观幸福感研究[D].长沙:湖南师范大学,2019.

[288] 罗胜强,姜嬿.管理学问卷调查研究方法[M].重庆:重庆大学出版社,2014.

[289] 吴明隆.问价统计分析实务:SPSS操作与应用[M].重庆:重庆大学出版社,2010.

[290] Churchill G A Jr. A paradigm for developing better measures of marketing constructs [J]. Journal of marketing research, 1979, 1(2):245-276.

[291] Kaiser H, Kaiser H. An index of factor simplicity [J]. Psychometrika, 1974, 39(1):31-36.

[292] Joseph F H J, William C B, Barry J B. Multivariate data analysis [M]. 7th ed. Englewood: Prentice Hall, 2010.

[293] Cartell R. The screet test for the numbers of factors [J]. Multilvariate Behavioral Research, 1966, 1(2):245-276.

[294] 黄铭芳.结构方程模式理论与应用[M].北京:中国税务出版社,2005.

[295] Thompson B. Ten commandments of structural equation modeling: reading and understanding more multivariate statistics [A]. Washington DC: American Psychological Association, 2012.

[296] 陈希儒,王松桂.近代回归分析[M].合肥:安徽教育出版社,1987.

[297] 朱钰,郑屹然,尹默.统计学意义下的多重共线性检验方法[J].统计与决策,2020,36(7):34-36.

[298] 丁元林,孔丹莉,毛宗福.多重线性回归分析中的常用共线性诊断方法[J].数理医药学杂志,2004(4):299-300.

[299] Fornell C, Larcker D F. Evaluating structural equation models with unobservable variables and measurement error [J]. Journal of Marketing research, 1981(18):39-50.

[300] Kline R B. Principles and practice of structural equation modeling [J]. Journaof the American Statistical Association, 2011, 12(101):11-16.

[301] 周浩,龙立荣.共同方法偏差的统计检验与控制方法[J].心理科学进展,2004,6(12):942-950.

[302] 杜涛.关于共同方法偏差的统计检验与控制方法探讨[J].纳税,2018(5):183-185.

[303] Podsakoff P M, Mackenzie S B, Lee J Y. Common method biases in behavioral research: a critical review of the literature and recommended remedies [J]. Journal of Supplied Psychology, 2003, 88(5):879-903.

[304] 胡鹏,路红,马子程.验证性因子分析中允许误差相关的可行性与条件性[J].统计与决策,2018,34(19):37-41.

参 考 文 献

[305] 吴明隆.结构方程模型-Aoms 的操作与应用[M].重庆:重庆大学出版社,2013.

[306] 温忠麟,侯杰泰,马什赫伯特.结构方程模型检验:拟合指数与卡方准则[J].心理学报,2004,(2):186-194.

[307] 郑文智,吴文毅.结构方程模型拟合评鉴:整体拟合、内部拟合与复核效度检验[J].心理学探新,2014,34(1):57-61.

[308] Brady E. Imagination and the aesthetic appreciation of nature[J]. The Journal of Aesthetics and Art Criticism, 1998, 56(2): 139-147.

[309] Urry J. The tourist gaze-leisure and travel in contemporary societies[M]. London: Sage Publications Ltd., 1990.

[310] 王九顺.八廓街深处的黄房子:六世达赖的玛吉阿米[J].西藏民俗,2002(1):42-43.

[311] 梁炳琨,张长义.地理学的文化经济与地方再现[J].地理学报,2004(35):81-99.

[312] 吴建冰.审美人类学视野中的旅游研究[J].学术交流,2014(3):138.

[313] Govers R, Go F M, Kumar K. Virtual destination image: a new measurement approach.[J]. Social Science Electronic Publishing, 2010, 34(4): 977-997.

[314] Gretzel U, Fesenmaier D. Capturing sensory experiences through semistructured elicitation questions.// Morgan M, Lugosi P, Brentritchie Jr. The tourism and leisure experience: consumer and managerial perspectives[M]. London: Channel View Publications, 2010.

[315] Agapito D, Valle P, Mendes J. The sensory dimension of tourist experiences: capturing meaningful sensory-informed themes in southwest Portugal[J]. Tourism Management, 2014, 42: 224-237.

[316] Agapito D, Mendes J, Valle P. Conceptualizing the sensory dimension of tourist experiences[J]. Journal of Destination Marketing & Management, 2013, 2(2): 62-73.

[317] Mossberg L. A marketing approach to the tourist experience[J]. Scandinavian Journal of Hospitality and Tourism, 2007, 7(1): 59-74.

[318] 钟科.感官营销研究综述与展望[J].外国经济与管理,2016,38(5):68-79.

[319] 吴恒,何文俊.因何而美:旅游审美体验的溯源与机制[J].旅游学刊,2022,37(1):99-108.

[320] Seligman M, Csikszentmihalyi M. Positive psychology: an introduction. flow and the foundation of positive psychology[M]. Dordrecht: Springer, 2014.

[321] Moal-Ulvoas G. Positive emotions and spirituality in older travelers[J]. Annals of Tourism Research, 2017, 66: 151-158.

[322] 徐宁宁,董雪旺,张书元,等.游客积极情绪对游客满意和游客忠诚的影响研究:以江苏省无锡市灵山小镇拈花湾为例[J].地域研究与开发,2019,38(4):98-103.

[323] Sirgy M J. Toward a quality-of-life theory of leisure travel satisfaction[J]. Journal of Travel Research, 2009, 49(2): 246-260.

[324] Seligman M. Authentic happiness: using the new positive psychology to realize your potential for lasting fulfilment[M]. New York: Free Press, 2002.

[325] 陈才,卢昌崇.认同:旅游体验研究的新视角[J].旅游学刊,2011,26(3):37-42.

[326] Anderson B. Imagined communities: Reflections on the origins and spread of nationalism (revised ed.)[M]. London: Verso, 1983.

[327] 杨慧.朝圣与旅游:特纳"类中介性"研究与旅游人类学[J].怀化学院学报,2007,26(4):1-3.

[328] 黄清燕,白凯.旅游者自我概念的时空演变:典型网络游记的个案研究[J].地理科学进展,2017,36(5):644-654.

[329] Noy C. This trip really changed me: Backpacers' narrative of self-change[J]. Annals of Tourism Research, 2004, 31(1): 78-102.

[330] Pearce P L, Froster F. A "University of travel": backpacker learning[J]. Tourism Management,2007(28): 1285-1298.

[331] White N R, White P B. Travel as transition: identity and place[J]. Annals of Tourism Research, 2004, 31(1): 200-218.

[332] 余志远.成己之路:背包旅游者旅游体验研究[D].大连:东北财经大学,2012.

[333] 兰惠新.蒙顶山风景区茶文化景观审美研究[D].成都:四川农业大学,2016.